教育部哲学社会科学研究重大课题攻关项目成果（项目号：14JZD005）

《中国非公有制经济人士统战研究基地丛书》

主编　范柏乃

行动学习与县域治理

——龙州实践与未来设计

范柏乃　秦昆　闫伟　刘德智　著

中国财政经济出版社

图书在版编目（CIP）数据

行动学习与县域治理：龙州实践与未来设计/范柏乃等著．—北京：中国财政经济出版社，2016.3

（中国非公有制经济人士统战研究基地丛书）

ISBN 978-7-5095-6641-1

Ⅰ.①行…　Ⅱ.①范…　Ⅲ.①县-地方政府-行政管理-研究-龙州县　Ⅳ.①D625.674

中国版本图书馆CIP数据核字（2016）第035138号

责任编辑：周桂元　　　　责任校对：刘　靖

封面设计：楠竹文化　　　　版式设计：董生平

中国财政经济出版社 出版

URL：http：//www.cfeph.cn

E-mail：cfeph@cfeph.cn

社址：北京市海淀区阜成路甲28号　邮政编码：100142

营销中心电话：88190406　北京财经书店电话：64033436　84041336

北京富生印刷厂印刷　各地新华书店经销

787×1092毫米　16开　16.75印张　222 000字

2016年3月第1版　2016年3月北京第1次印刷

印数：1—4 000　定价：36.00元

ISBN 978-7-5095-6641-1/D·0416

（图书出现印装问题，本社负责调换）

本社质量投诉电话：010-88190744

打击盗版举报热线：010-88190492，QQ：634579818

总 序

党的十八届三中全会明确提出，要“支持非公有制经济健康发展”。《中共中央关于全面深化改革若干重大问题的决定》明确指出，“公有制经济和非公有制经济都是社会主义市场经济的重要组成部分，都是我国经济社会发展的重要基础。必须毫不动摇鼓励、支持、引导非公有制经济发展，激发非公有制经济活力和创造力。”改革开放以来，非公有制经济为中国经济社会发展做出了巨大贡献，在促进经济增长、激发创新、扩大就业、增加税收等方面发挥了重要作用。2013 年“两会”期间，全国工商联负责人披露，非公有制企业在城镇基础设施投资所占的比重超过60%，税收的贡献率超过了50%，CDP所占比重超过了60%，就业贡献率超过80%，在新增就业中，其贡献率达到了90%。

在中国经济加快转型发展和进入“新常态”的背景下，非公有制经济的发展形态正由传统工业化向新型工业化转变，发展动力从资源消耗为主向创新驱动为主转变，发展体系由外向型经济向统筹内外、内外结合转变，发展业态由传统集聚为主向现代产业集群为主转变，管理体制从家族管理为主向现代管理为主转变，发展目标从商品输出为主向资本输出为主转变。

非公有制经济的转型升级，离不开非公有制经济人士的智力支持。我国的非公有制经济人士，是适应社会主义初级阶段解放和发展生产力的需要，在改革开放、发展社会主义市场经济过程中出现的一个新的社会群体。经过30多年的发展，非公有制经济人士的构成主体已发生巨大变化：由过去的主要以农民和城镇待业人员为主，发展到包括从党政机关、国有企事业单位、大专院校、科研单位分流出来的行政干部和中高级知识分子在内的庞大队伍，并且这支队伍仍处于不断发展壮大之中。非公有制经济人士具有较强的社会责任感，为经济建设和社会发展做出了很大贡献，已成为我国社会主义现代化建设的一支积极力量、统一战线的重要成员。然而，一些非公有制经济人士也存在缺点、弱点和某些不法行为，其自身素质还有待于进一步提高。

非公有制经济的蓬勃发展以及非公有制经济人士的健康成长、队伍壮大更加离不开围绕非公有制企业和人士的体制机制和制度环境的建设，包括政府职能转变、行政体制改革以及法治环境、市场环境和资本环境的优化。

《中国非公有制经济人士统战研究基地丛书》正是基于以上背景，在中国统一战线理论研究会非公有制经济人士统战工作理论浙江研究基地的出版资助下，吸收宁波大学、浙江大学等省内高校和科研机构，长三角乃至全国范围内的非公有制经济和非公有制经济人士中的专家学者，以及实际工作部门人员，精心组织并撰写本套丛书。丛书主要围绕非公有制企业、非公有制人士以及相关体制机制和制度改革等三方面进行深入的系统研究，包括非公有制企业的市场拓展、技术创新、企业传承、文化建设、社会责任，非公有制经济人士的成长环境、成长动力、成长瓶颈、成长机制，以及相关的政府服务环境、法治环境、市场环境和资本环境等一系列重要问题。

《中国非公有制经济人士统战研究基地丛书》的出版，可以为促进中国非公有制经济健康发展提供理论政策依据，为党和政府提供决策参考，为非公有制经济企业转型提供咨询，为研究非公有制经济发展和非公有制经济人士成长提供丰富的个案材料，更好地服务政府和地方经济。

序

党的十八届三中全会上“国家治理体系和治理能力的现代化”的提出，标志着我国全面治理时代的到来，“治理”一词不论在学术话语还是改革实践中都逐渐占据主导地位。县域治理是国家治理体系的重要基石，习近平总书记把县域治理最大的特点形象地概括为既“接天线”又“接地气”。全面提升县域治理能力和科学治理水平，是推进国家治理体系和治理能力现代化的关键环节。

美国著名公共管理学者盖伊·彼得斯曾在《政府未来的治理模式》一书中写道：“只要有一个不完善的政府，人们就会持续不断地寻求理想的治理形态。”广西壮族自治区（以下简称广西）作为欠发达民族地区，更加没有停止过探索县域治理改革的脚步。2007年，中德合作广西行动学习项目作为政府间合作子项目被纳入《中德技术合作协定》，这是中德双方第一个省级且历时最长的管理培训项目。行动学习在广西的引入，最初旨在落实解决影响广西经济社会发展的重大项目，同时提升中高层领导干部的学习能力和执行力。随着行动学习的深入开展，行动学习愈发彰显治理的思想内核，其内含的跨部门合作理念是治理模式的新尝试。2010年起，广西逐步在全区县域推广行动学习，行动学习由短期的培训项目式逐步转变为党政部门工作的“新常态”，有效推动了县域治理能力的整体提升，实现了广西经济社会的跨越式发展。

仰望星空，脚踏实地！县域治理改革永远只有进行时，没有完成时。行动学习在广西已走入第九个年头，在全区县域的全面推广也已跨入第五载。为有效对接开放型经济新体制和“一带一路”重大发展战略，广西迫切需要对以往行动学习的经验进行总结提炼和优化完善，抓住新机遇、谋划新格局，推动行动学习的开展由经验式、运动式向科学化、制度化转变，推动广西的县域治理向现代化的高水平再出发。

浙江大学课题组对行动学习与县域治理问题进行了开创性的研究。课题组结合县域治理现代化的大背景，厘清了行动学习的概念内涵、关键要素和基本流程；并以广西龙州县为例，总结归纳了龙州行动学习的保障机制和运行成效；系统梳理了行动学习推动龙州经济治理、社会治理与党组织建设的具体经验；设计了具有较高信度和效度的问卷，通过开展问卷调查，对龙州行动学习与县域治理能力的关系进行了统计分析；最后为行动学习未来的深化推进提出具有现实性、前瞻性和可操作性的政策建议。

浙江大学课题组的研究成果为广西行动学习的深入完善进而推动县域治理水平的整体提升，提供了理论依据和实操指南。阅读全文，你会发现本书主要有如下三个显著特点：其一，研究问题具有较强的时代感。当下正处于由“十二五”向“十三五”迈进的转折点，“十三五”是全面建设小康社会的决胜期。本书既是对行动学习推动县域治理以往经验的回首总结，又体现了对未来的展望期盼。从这个层面来讲，本书的出版显得恰逢其时。其二，研究视角具有较强的前瞻性。本书是第一部创新性地将行动学习实践与县域治理理论相结合，从治理的视角和高度来研究行动学习的专著，本书的研究抢占先机，立足前沿，具有较强的前瞻性。其三，研究方法具有较强的科学性。本书不仅系统总结了龙州行动学习推动县域治理的现实经验，还通过问卷调查与结构方程模型对行动学习与县域治理的关系进行了实证检验，在研究内容和方法上体现了理论与实践的联系、质性研究与量化研究的结合，值得社会科学领域的研究者学习借鉴。

本书为县域治理改革及行动学习的深入开展提供了理论基础、创新观点以及可资参考借鉴的翔实资料，值得一读。我也非常乐意将此书推荐给广西及全国各级党政部门领导干部、社会科学理论工作者，希望通过大家的学术交流、思想碰撞和探索创新，进一步深化行动学习的理论研究与实践开展，为推动县域治理现代化作出贡献。

广西社会科学院院长

吕余生

2016 年 1 月 6 日

前　言

党的十八届三中全会提出，全面深化改革的总目标是“完善和发展中国特色社会主义制度，推进国家治理体系和治理能力的现代化”。由此，国家治理体系及治理能力现代化建设，将成为我国全面深化和推进改革历史进程的指南针。“十三五”时期将是我国全面建成小康社会的决胜期。面对这一重大历史时期，改革遇到的问题将必须通过深化改革来解决，治理现代化的任务亟待通过全面治理来完成。

“郡县治，则天下安。”自古以来，国家治理如何在县域层面破题始终是一个重点，也是一个难点，如何真正实现全面深化改革任务的“全面”和“深化”，最终落点在县域、在基层。治理现代化对执政者的基本素质、思维模式、手段措施及应变能力等提出了新的要求，这一任务的实现关键要从建设学习型政党、学习型政府入手，打开解放思想这个总开关。

行动学习是推动县域治理现代化的创新性探索。行动学习法起源于20世纪60年代的英国，由管理学思想家雷格·雷文斯教授（Reg Revans）在《发展高效管理者》一书中首次提及，他认为，学习必须在行动中完成，没有行动就没有学习。其实，行动学习的思想于国人也并不陌生。古代孔子的教育思想中，“行动”是学习的重要组成部分：“言之吾听，示之吾明，行之，吾知之矣。”行动学习从组织面临的现实问题出发，通过团队成员持续地学习、反思、分享和行动，充分激活和调动组织的内部人力资源，在解决实际工作问题的同时，提升个人和集体的工作能力，从而实现学习和工作的有机统一，自我与组织的双赢发展，是对传统学习模式的有效突破。

自1998年起，中组部培训中心将行动学习法引入我国党政部门内部，以国际合作项目为依托，先后在甘肃、青海、四川、内蒙古、广西等西部省区推广实践行动学习，在环境保护、生态旅游开发、区域经济发展等方面增强了治理能力，有效地促进了经济发展和社会进步。

2012年，广西壮族自治区党委组织部在全区推行行动学习，龙州县被列为中德合作广西行动学习项目第二期第二批实施单位。龙州地处桂西南边陲，与越南接壤，是一座具有1200多年历史的边关商贸历史文化名城，在广西近代发展史上，龙州是广西最早对外国开放的通商口岸，曾是左江流域乃至整个桂西南的政治经济文化中心，如今也是国家开放型经济体制和“一带一路”发展战略中的关键节点。为重振龙州百年辉煌，龙州县委县政府高度重视行动学习，在崇左市率先将行动学习向全县12个乡镇和26个县直试点单位推广。从龙州的行动学习实践来看，行动学习不仅造就了一支恪守“三严三实”精神的学习型干部队伍，其内含的跨部门合作理念也恰恰体现了县域治理的思想，对龙州的经济社会治理和党组织建设起到了有效的推动作用。

自行动学习开展以来，行动与学习一路相随，创新与实践始终相伴。然而，在县域治理视野下，目前还没有一本关于行动学习的专著来系统指导行动学习的理论与实践。在行动学习的推动下，龙州创造性探索的多种模式已获得自治区和国家的高度认可，有待及时总结提炼，将好的、可推广的经验固化。本书在县域治理现代化的背景下，首先概述了行动学习的概念内涵、关键要素和基本流程，随后总结了龙州行动学习的保障机制和主要成效，系统介绍了行动学习推动龙州经济治理、社会治理与党组织建设的经验，并通过问卷调查和统计分析，对行动学习与县域治理能力的关系进行了实证检验，最后为龙州行动学习未来的深化推进提出可操作性的优化路径。

本书是受教育部哲学社会科学研究重大课题攻关项目（项目号：14JZD005）和广西龙州县委组织部资助的研究成果。本书在撰写过程中，得到了龙州县委书记秦昆、县委组织部部长刘德智及原部长赵东方等同志的鼎力支持，尤其是他们对龙州行动学习的实践经验和未来发展动向提出了诸多宝贵的建议，在此表示诚挚的感谢！广西壮族自治区党委组织部干教处处长吕勇江博士，是广西行动学习的引入者和传播者，向其表示致敬！博士生闫伟投入了大量的时间和精力，不仅参与了本书行动学习理论部分特别是第七章“行动学习与县域治理能力的关联性”的研究问题提炼、问卷设计、统计分析处理和写作，还负责全书的文字校对工作。中国财政经济出版社的周桂元编辑为本书的出版付出了辛勤劳动。笔者引用了国内外学者的很多宝贵材料数据。在此，一并表示真诚谢意！

由于笔者能力所限和时间仓促，本书仍会存在着许多不足与需要完善之处，恳请各位同仁和读者批评指正。

范柏乃

2015 年 12 月 28 日

目　录

第一章

县域治理现代化呼唤行动学习

党的十八届三中全会通过的《中共中央关于全面深化改革若干重大问题的决定》（以下简称《决定》）指出，全面深化改革的总目标是“完善和发展中国特色社会主义制度，推进国家治理体系和治理能力的现代化”。由此，国家治理体系及治理能力现代化建设，将成为我国全面深化和推进改革历史进程的指南针。县域治理在整个国家治理体系中具有基础单元意义，在科层制治理架构中承上启下，尤其对乡村治理具有枢纽性带动作用（萨日娜、刘守亮，2015）。“郡县治，则天下安。”自古以来，县域治理作为面向广大乡村社会的基层治理从来就是国家治理的基础。县域治理既是国家治理的重点，也是国家治理的难点，如何把中央的顶层设计落到实处，如何真正实现全面深化改革任务的“全面”和“深化”效果，最终落点在县域、在基层。提升县域治理科学化水平，推进县域治理现代化，对国家治理体系建设和治理能力提升中具有重要地位和意义。

第一节 从公共管理走向公共治理

自20世纪七八十年代以来，政府治理模式变革，成为一种引人注目的国际性浪潮和趋势。在西方国家中，政府组织面临一系列的内部压力和外部挑战，为了提升国家的竞争能力，适应技术变革要求，稳固政府的合法性，政府部门自身进行了重大的改革，形成了强势的政府治理变革运动（孙柏瑛，2002）。此次改革运动不仅是西方政府在管理内容、管理形态或管理手段上的变化，更体现了政府职能与角色定位的深刻转变，以及整个经济社会层面上的政府、市场、社会之间互动关系的根本性变革。

党的十六大以来，党和政府日益强调科学发展与社会和谐，公平正义的价值得到党和政府的高度重视，以公众为中心、公平为导向的政府治理理念逐渐取代以往过于重视效率的政府管理理念而成为改革的出发点和落脚点。党的十八届三中全会《决定》指出，"科学的宏观调控，有效的政府治理，是发挥社会主义市场经济体制优势的内在要求"，这是在党的重要文献中首次使用了"政府治理"的概念。从政府管理走向政府治理，表明我们党在世情国情党情发生深刻变化的背景下，清醒地认识到我国改革开放事业深入发展所面临的严峻挑战，进一步明确了全面推进中国特色社会主义伟大事业的战略布局，是我们党治国理政的巨大进步（陈家刚，2013）。

一、地方政府面临一系列的管理危机

（一）职能危机

进入改革开放新时期以后，传统全能型政府职能体系的弊端日益凸显。为进一步使政府职能科学化，积极探索新型职能体系，我国逐步进入政府职能转变的新阶段。然而，政府职能的强大惯性往往使职能转变表现得相对迟缓，效果不明显。一方面，从党政关系来看，仍有相当一部分党的机关承担了许多应由政府承担的任务，党的组织过多地陷入行政事务性工作中，削弱了党组织研究制定路线、方针、政策和加强自身建设的职能。另一方面，从政企职能来看，地方政府出于自身“利益”和“权力”的扩张需要，直接管理经济的惯性“欲望”仍特别强，这虽然已被明令禁止。而许多企业治理也同样表现出高度的官本位和“行政化”，缺乏相应的自我发展的动力和主体创新能力。

2013 年 11 月，国务院总理李克强在地方政府职能转变和机构改革工作电视电话会议上指出，简政放权受地方和部门利益影响，有的含金量较高的审批事项仍留在手中，有的放权有水分，“干货”不多。当前我国已进入推进政府职能转变的深水区和攻坚期，未来需要进一步加大更实质的、含金量高的权力下放力度。

（二）效能危机

政府效能是评判一个政府是否良好运作的重要标准。长期以来，我国地方政府公共管理中的政策决策不科学、办事效率低下、公共服务职能弱化、危机管理能力缺乏，行政创新动力不足等一直为公众诟病，直接加剧了政府的行政效能危机。

政府行政效能在一定程度上可由行政成本反映出来，过高的行政成本往往导致政府效能低下。我国行政成本一直居高不下，臃肿的机构、数量庞大的行政人员、低效的机制都在使行政成本急剧增加。中国政府并未公布过行政成本数据，但一般认为，财政支出中的“行政管理费”（2007 年前）或“一般公共服务支出”（2007 年后）大致等同于行政成本和管理费用。从历年统计数据计算结果看（见图 1－1），我国行政管理费不仅规模大而且增速快，20 世纪 90 年代以来，中国政府运行的显性成本占财政支出的总比重几乎都在 10% 以上，而且大部分年份增速超过 15%，远远高于同期 GDP 的增长增速，2006 年这一比重增加至 18.73%。[①]

对比经合组织国家（世界主要发达国家），其行政支出占财政支出的比重普遍要低于中国。2010 年的数据显示，各国基本都能控制在 15% 以下，而超过 16% 的则均属深陷严重危机、处境艰难的国家。世界银行对全球 215

① 2007 年开始，全国财政预算实施了政府收支分类改革，现行预算报告中的“一般公共服务”大致相当于 2006 年及以前的“行政管理费”，但是又不能完全对应。因为一般公共服务之外，现有的 23 个支出大类中教育、科技、医疗卫生、社保、环保等支出中，仍然含有事务性支出，即行政费用。所以 2007 年之后的“一般公共服务支出”相比之前的“行政管理费”低了不少。

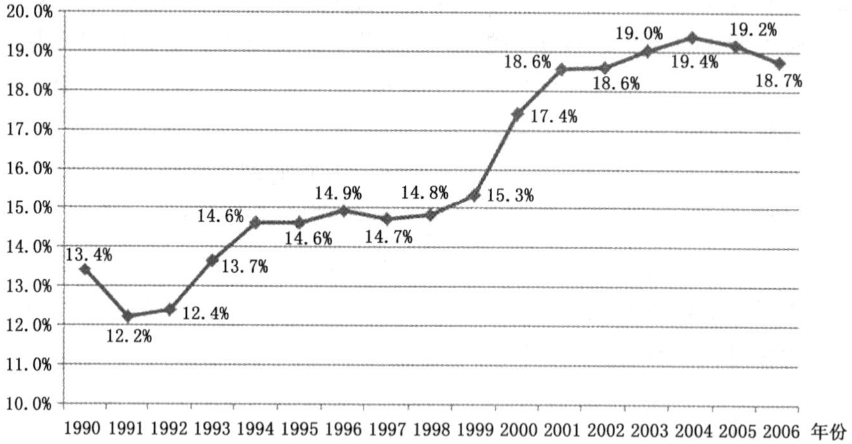

图 1-1　1990—2006 年我国行政成本占财政支出比重的趋势图

数据来源：《中国统计年鉴》1991—2007 年。

个政府的治理能力的评估显示，中国政府的效能仅列全球第 93 位。①

（三）债务危机

地方政府债务是当前我国必须加以正视的问题。2013 年，中国国家审计署发布的报告显示，截至 2013 年 6 月底，地方政府债务增长近 70%，达到 17.9 万亿元人民币（约 2.95 万亿美元）。2014 年，美国著名的债券评级机构穆迪公司，根据我国各省政府债务与该省国内生产总值（GDP）之比的数据，绘制了图 1-2。可以看出，我国 30 个省（市、区）在不同程度上都存在较高的政府债务。地方政府债务占当地 GDP 的平均比重高达 31.4%，贵州省这一比重甚至高达近 80%。

从债务结构看，80% 的地方政府债务来自于银行贷款，且大部分是银政合作和“打捆贷款”，存在违规担保、重复抵押、虚假出资等问题，埋下了较大的风险隐患。另外，我国地方政府债务中隐性债务、或有债务负担沉重，潜在的债务风险很大。尽管或有债务目前还不是地方政府的直接债务，但均是以政府信用或担保为基础，很可能地方政府出于公众压力承担还债责任时，或有债务会变成直接显性债务，最终还是由地方政府归还（刘金林、王春明、黄刚，2014）。

① 网易新闻网，http：//data.163.com/14/0421/07/9QBATP0B00014MTN.html.

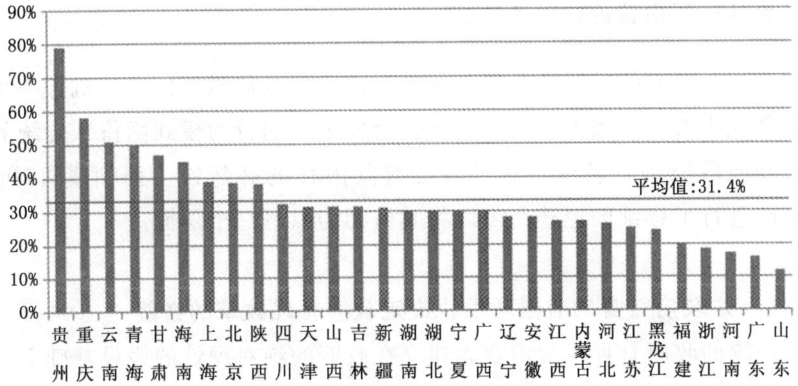

图 1－2　地方政府债务占 GDP 比重的省际差异

资料来源：新浪财经网，http：//finance. sina. com. cn/stock/usstock/c/20140325/194718609833. shtml.

（四）信任危机

当前，我国各级政府信用失范和信用缺失问题也比较严重。政府行为不规范，有法不依、执法不严、违法不究、执法犯法的现象时有披露；滥用权力、以权谋私、贪污腐化、形式主义和政绩工程、政务信息不透明、弄虚作假，政策缺乏连续性和稳定性等等（张鸣，2013），严重影响了政府形象。

《小康》杂志于 2009 年所做的“信用小康”调查显示，相对人际信用和公司信用，公众更担心政府的信用。有 49% 的人对政府、人际、公司三类的信用危机表示“都非常担心”；而 37. 8% 的人则更担心“政府”的信用危机。同时，公众对政府的信任度再度降低：在“您相信政府公布的各种社会经济调查数据吗?”的调查中，认为“仅作参考，掺假的成分很多”或“绝对是假的，从来都不信”的比例高达 91. 1%；而在 2007 年的调查中，这个比例是 79. 3%，公众对政府的信任度直线下降十多个百分点。从某种意义上说，中国各级地方政府正遭遇着新中国成立以来最为严重的信任危机（何显明，2007）。

当前，我国地方政府面临的职能危机、效能危机、债务危机和信任危机等一系列的管理危机，已经严重阻碍了经济社会的健康、协调、稳定发展，政府亟待实现由管理模式向治理模式的转变。

二、为什么要由管理向治理转变

地方政府面临的职能危机、效能危机、债务危机和信任危机等一系列的管理危机表明，地方政府在经济社会发展中的行为模式亟待从传统的政府管理向政府治理转变。这种转变有其内在的必然性，孙柏瑛（2002）曾对此进行了详细的论述，可以将其概括为以下三个层面。

（一）政府自身的有限理性，决定政府管理改革的必然

传统的政府管理或统治观念建立在政府的绝对理性的假设基础上。在传统的政府统治观念中，政府被认为是具有全知全能、完全理性的实体。也就是说，即使面对着高度不确定的外部环境和变化多样的需求偏好状况，政府组织也依然能够控制完全的信息，即掌握各种问题的性质，知晓问题发生的原因，明了公民的各种偏好选择，能够作出决策的各种备选方案，预测到所有备选方案实施后可能产生的所有后果，并从中抉择出最优的决策方案。这就等于假定了政府在任何情况下都具有无往而不胜的能力。这种假定指明的是，政府组织完全能够代表公民的意志和利益来行使社会管理权，分配各种社会资源，由此确立了政府在国家和社会事务管理中作为唯一权力中心的地位。

而治理主义的假设依据是政府组织的有限理性以及政府官员的“经济人”假定。在当今政府的治理变革过程中，人们对政府（组织及其人员）行为的分析和判断设定在有限理性和“经济人”的假设前提基础上。这意味着，政府作为一个由人组成的群体，同样面对着人类都必须面对的“理性无知”和“信息悖论”等问题。换句话说，在不确定的环境中，政府也只能了解和获得某些特定的信息，而对另外一些信息处于无知的状态。如果要想获取所有的信息，那么，必须支付极其高昂的成本。斯蒂格勒认为，很难有人付得起从一无所知到无所不知这一过程的信息成本。所以，政府全知的条件并不存在。在公共选择等学派的眼里，无论是政府组织本身，还是在政府机关里工作的政府官员都是理性的“经济人”，他们行为的基本出发点是要追求自身效用的最大化。为了获取效用最大化，政府机关往往追求预算的最大化，并不断扩张组织规模和过度供给公共物品。所以，政府能否不折不扣地代表公共利益是一个疑问，而将所有期望系于唯一的权力中心则是危险的。正是基于这样的行为假设，当代治理主

义才倡导发展多元化的、以公民社会为中心的、分权与参与的治理模式。

（二）市场在资源配置中的核心作用，需重理政府与市场的关系

传统的政府统治观念表现了极为明显的“亲政府”价值（Pro-Government Values）。这些价值认为，市场组织形式存在着重大的弊端，如公共物品供给缺乏、垄断、经济波动和收入分配的不平等性及贫富差距扩大与贫困等，而“市场失败”造成的这些缺陷只能依靠政府组织运用行政和规制的方式才能得到弥补或修正。“亲政府”价值暗含着一个基本的思想，即市场的组织形式是不可靠的，它固有的自发性和市场中个人“趋利避害”的自利倾向，都会让人联想到霍布斯在《利维坦》中描述的那种无序状态。美国1929—1933年的经济大衰退无疑是市场缺陷的最有力的注脚。由“市场失败”得到的推论是，为了避免市场缺陷，市场必须将一部分权能让渡给凌驾在它之上的组织，由这个组织体系对市场实施控制、规划和规制，而能够承担起这一职能的组织只能是国家及国家权力的执行机构。

当代治理主义观念则体现了“反政府”价值（Anti-government Values），它们认为，市场组织存在着失败，但政府组织同样存在着失败，而且“政府失败”带来的危害比“市场失败”的问题可能更大。但是，尽管“反政府”价值并不是倡导无政府主义，不是否认政府组织存在的意义，而是强调政府及其活动的有限性，强调在解决资源配置过程中市场作用的优先性。因此，治理主义主张政府要找到管理市场和社会的合理界限，通过多元化的制度和组织结构安排，在市场能够发挥作用和优势的，并能保证外部效应内在化的地方，应首先由市场组织来承担相关的责任。

（三）社会管理责任归属的多元化，需重构政府与社会的关系

传统的政府统治观始终强调，政府组织是行使国家事务管理与社会事务管理的唯一权力中心。这意味着，政府组织必然依靠其强制力和权威，集中掌握与控制国家、社会事务管理的各种资源，并以国家的名义组织各种公共物品与公共服务的提供和生产。由此产生的行动逻辑必然是：政府将不断地扩大其在经济、政治、文化和社会领域的管理职能；行政管理权愈加集中，政府各级组织，尤其是上级组织承担了越来越多的决策、管理与服务的责任；而政府组织自身的规模势必不断地扩张，公务员数量迅速增加，财政支出规模日益庞大。

在当代治理主义的精神下，政府组织在整个社会中依然充当着非常重要的角色，特别是在合法地使用暴力、决定重大的公共资源分配方向和维护公民基本权利，实现公平等方面，政府仍将发挥着其他组织不可替代的作用。但是，它不再是实施社会管理功能的唯一权力核心。这意味着，非政府组织、非盈利组织、社区组织、公民自组织等第三部门和私营机构将与政府一起共同承担管理公共事务、提供公共服务的责任，这些组织的权力也将得到社会和公民的认可。正如奥斯本和盖布勒在《改革政府：企业精神如何改革着公营部门》一书中分析的那样，政府实现公共服务的方式将是掌舵，而不是直接划桨，其控制的权力将从集中走向分散。这一变革内在的行动逻辑是，市民社会和民间组织将成为一种主要的发展潮流，公民的个人责任以及个人对自己决定承担的后果将上升为社会选择过程中的主要法则，多元竞争不断被引入公共物品和服务的提供与生产过程中。此外，在政府体系中，政府管理职能和权限也不断向地方政府转移，地方治理形成了权力下放、地方自主管理的格局，社会事务的管理则更多地由社区组织承担起来。

三、公共管理与公共治理的区别

与公共管理相比，公共治理具有以下比较突出的特点：

第一，在合法权力来源上，公共管理主要侧重于政府对国家经济社会等各项事务的主导，政府是管理活动合法权力的主要来源；而公共治理强调合法权力来源的多样性。公共治理的主体是多元的，任何一个单一主体都不能垄断全部规范和管理的实践过程。

第二，在互动关系上，公共管理的行使是自上而下的，政府习惯于扮演“全能型选手”，包揽一切经济社会事务，甚至混淆“裁判员”与“运动员”的区别，直接参与市场竞争；而公共治理更多是在多元行为主体之间形成密切的、平等的网络关系，它表明原先由国家和政府承担的责任正在越来越多地由各种社会组织、私人部门和公民自愿团体来承担。政府发挥的更多的是宏观的规范、调控作用，有效的治理是各主体之间的合作过程。

第三，在互动形式上，公共管理更多地表现为从政府自身主观意愿出发进行管控，习惯于对社会进行命令和控制；而公共治理是当代民主的一种新的实现形式，它更多地强调发挥多主体的作用，更多地鼓励参与者自主表达、协商对话，并达成共识，从而形成符合整体利益的公共政策。

第四，在执行工具上，公共管理的实践主要地依靠政府的权力，依靠发号施令；而公共治理则在运用权力之外，还形成了市场的、法律的、文化的、习俗的等多种治理方法和治理技术。公共治理行为者有责任使用这些新的方法和技术更好地对公共事务进行控制和引导。

第二节 治理现代化与县域治理

一、治理理论的缘起与发展

治理理论的思想和行动渊源久远。从历史经验看，治理存在着传统与现代的两个有区别的模式。众所周知，“治理”并不是一个新名词，从词源上说，英语中的 governance 一词源于拉丁文和古希腊语，原意是控制、引导和操纵，长期以来它一直与 government 一词交叉使用，并且主要用于与国家的公共事务相关的管理活动和政治活动中（滕世华，2003）。也就是说，传统的“治理”与“统治”几乎没有区别，都是指一种正式并制度化的过程，在民族、国家的层次上运作，其目的在于维持公共秩序和便于处理集体行动上的问题（何艳玲，2008）。正如同蓝志勇和陈国权（2007）认为的：历史上的统治活动都可以被认为是治理。

现代意义上的治理源自于 20 世纪 70 年代西方兴起的新公共管理运动，基本含义在于强调政府的企业化和政府管理的市场化，尤其主张实现政府管理网络化和扁平化。然而，此次改革运动不仅是西方政府在管理内容、管理形态或管理手段上的变化，更体现了政府职能与角色定位的深刻转变，以及整个经济社会层面上的政府、市场、社会之间互动关系的根本性变革（孙柏瑛，2002）。

20 世纪 90 年代，治理理论开始被国际社会实践界和理论界所重视，人们也逐渐对治理赋予更丰富的内涵。从这一轮治理理论热潮来看，最初主要源于世界银行和联合国等国际组织，之后以欧盟为主要代表的区域组织对这一理论积极实践，促进了治理理论的发展。自从世界银行在《1989 年世界发展报告》中首次使用了“治理危机”之后，许多国际组织和机构开始在其各种报告和文件中频频使用它，政治学、经济学和管理学等学科纷纷引入治理概念，治理被赋予了更丰富的内涵。可以说，20世纪末期以来西方各国的政府改革是对近代形成的现代政府体制的一次“再现代化”或“后现代主义”改造，是在政府现代化基础上的政府治理的现代化（何增科，2014）。

在治理的概念界定上，当下学界尚未达成一致的结论。全球治理委员会（Commission on Global Governance，1995）的定义比较权威，认为治理是个人和制度、公共和私营部门管理其共同事务的各种方法的综合。它是一个持续的过程，在其中，冲突或多元利益能够相互调适并能采取合作行动。它既包括正式的制度安排也包括非正式安排。1992年世界银行在《治理与发展》报告中更加系统阐述了关于治理的看法，在两个层次上使用这个概念：一是“技术领域”，强调治理就是建立“发展的法律框架”和“培养能力”，其中包括实现法治、改进政府管理、提高政府效率等。二是支持和培养公民社会的发展，自愿性组织、非政府组织、各种社团等都是要发展的对象。我国学者俞可平（2001）认为治理一词的基本含义是官方的或民间的公共管理组织在一个既定的范围内运用公共权威维持秩序，满足公众的需要。对治理理论的梳理见表1－1。

表1－1　“治理”的代表性概念厘清

提出者	概念内容	聚焦特点
R. Rhodes（1999）	①作为最小国家的治理，是指削减国家的开支，缩小政府的规模以取得更大的效益。②作为公司治理的治理，指的是指导和控制组织的体制。③作为新公共管理的治理，是指把私人部门的管理手段引入公共部门，把激励机制引入公共服务中。④作为“善治”的治理，是指一种有效率的、开放的、负责的并且被审计监督的公共服务体系。⑤作为社会—控制论系统的治理，是指政府与社会、公共部门与自愿部门及私人部门之间的合作与互动。⑥作为自组织网络的治理，是指建立在信任与合作基础上的自主而且自我管理的网络。	①组织之间的相互依存。治理比政府管理范围更广，包括了非国家的行为者；②相互交换资源以及协商共同目的需要导致的网络成员之间的持续互动；③以信任为基础的博弈式互动，由网络参与者协商和同意的博弈规则来调节；④保持相当程度的相对于国家的自主性。网络不对国家负责，它们是自组织的，但国家能够间接地并且在一定程度上调控网络。

续表

提出者	概念内容	聚焦特点
联合国全球治理委员会（1995）	是个人和公共或私人机构管理其公共事务的诸多方式的总和。	①治理不是一整套规则，也不是一种活动，而是一个过程；②治理过程的基础不是控制，而是协调；③治理既涉及公共部门，也包括私人部门；④治理不是一种正式的制度，而是持续的互动。
世界银行（1992）	为了发展而在一个国家的经济与社会资源的管理中运用权力的方式。	①“技术领域”，强调治理就是建立“发展的法律框架”和“培养能力”，其中包括实现法治、改进政府管理，提高政府效率等。②支持和培养公民社会的发展，自愿性组织、非政府组织、各种社团等都是要发展的对象。
国际行政学院治理研究小组	治理涉及的是社会构成要素运用权力和权威，影响和制定与公共生活、经济和社会发展相关的政策和决定的过程。	①治理的观念超出了政府的范围；②治理涉及的是正式机构和市民社会机构之间的互动。
俞可平（2001）	治理一词的基本含义是指在一个既定的范围内运用公共权威维持秩序，满足公众的需要。治理的目的是在各种不同的制度关系中运用权力去引导、控制和规范公民的各种活动，以最大限度地增进公共利益。	①从政治学的角度看，治理是指政治管理的过程，它包括政治权威的规范基础、处理政治事务的方式和对公共资源的管理。②它特别地关注在一个限定的领域内维持社会秩序所需要的政治权威的作用和对行政权力的适用。

经过多年流变，西方的新公共管理分化形成多种学术流派，从多中心治理、网络化治理，到协同性政府治理，再到整体性政府治理等等。这些学术流派或治理模式相互间虽然存在一定的差异，但普遍强调和认同以下三点：一是治理主体的多元化。在社会治理中，政府并不完全垄断一切合法权力。二是政府角色的转变。在社会治理中，政府职能必须从传统的直接提供公共服务的角色中转换出来，主要是“掌舵”而不是“划桨”，是服务而不是管制。三是合作生产的运行逻辑。在治理过程中，政府和其他各种社会力量共同构成了相互依存的网络体系。治理网络中的权力向度是

多元的、相互的，它既不靠单一等级制自上而下的控制，也不受完全市场机制的操纵。它的运行逻辑是以谈判为基础，强调行为者之间的对话与协作，以交换信息、增进合作、降低冲突。

二、县域治理相关概念辨析

治理、政府治理和社会治理作为21世纪初在我国学术界兴起的学术概念，其学术定义和内涵认识呈现多样性，迄今尚未形成普遍认同和共识。从治理的内核来看，目前尽管我国学术界对“治理”的研究开展得如火如荼，但是这些研究并没有廓清“治理”与“政府治理”的概念与研究范围，往往将“治理”与“政府治理”混同研究，有时候用“治理”代替“政府治理”；有时候又用“政府治理”代替“治理”；更有甚者，以“善治”（good governance）代替“治理”或“政府治理”（尚虎平，2009）在全面深入推进国家治理现代化的深刻历史进程中，基本认知的歧义却可能成为改革共识的思想困结，从而使得全面深化改革实践面临路径选择和实施方案的分歧或阻碍（王浦劬，2014）随着研究的深化发展，西方治理理论与中国本土治理理论的错位现象逐步凸显，国家发展和治理的实践表明，治理理论只有在本土化的基础上才能实现理想的重塑。应当认清我国与西方学术界关于治理实际具有两套不同的话语，基于我国国情政情社情，科学解析治理、政府治理和社会治理的含义，分辨和厘清其间的联系与差异（王浦劬，2014；包国宪和霍春龙，2011）。

（一）治理

在今天的西方学术话语语境中，“治理”一词主要意味着政府分权和社会自治，强调多中心的治理。中国学者一般从两个角度理解治理：一是从政府角度上理解和应用治理概念。这种理解主要从工具意义上理解政府在应对复杂公共环境，回应社会需求过程中政府组织结构和管理创新，以及政府职能的变化。俞可平（2008）指出，尽管治理行为体现着一定的政治价值，但与统治行为相比，治理行为是一种偏重于技术性的政治行为。二是在一般意义上理解治理。张康之（2006）认为，从西方传出中国的多中心治理的概念仅仅是其所界定的治理概念的一个维度，“治理”是一个比较宽泛的概念，它包括了人类管理社会的一切活动及其物化了的成果。

（二）政府治理

与治理概念一样，总体而言，中国学者对政府治理的界定大致包含两层意思：其一，从狭义来说，政府治理意味着政府内部的治理，这包括政府体制改革、政府管理创新、政府管理价值理念的创新等诸多内容。俞可平（2008）认为，中国的政府治理变革主要不涉及基本政治框架的变动，而是以政府管理体制为重点的改革。其二，从广义上说，政府治理意味着政府通过行使公共权力而管理社会公共事务，解决公共问题，创造公共价值的活动。在这一过程中，政府必须处理其与市场和社会的关系。

从学术概念本土化角度来看，政府治理可能是比较适合中国语境的概念。中国的治理实践远非西方发达国家的治理实践。政府治理可能是中国治理实践的准确概念。一是政府仍是当前我国的核心治理者或管理者；二是存在着一个治理能力强大的政府是我国转型过程中维持社会稳定的重要保障；三是我国当前的经济社会发展阶段，都决定了政府治理这一概念似乎更符合中国治理的实际情况，也最能概括中国治理实践的特征（包国宪和霍春龙，2011）。

（三）社会治理

从运行意义上讲，“社会治理”实际是指“治理社会”。或者换言之，所谓“社会治理”，就是特定的治理主体对于社会实施的管理。社会治理理论是西方治理理论的重要组成部分。由于西方国家治理理论奉行社会中心主义和公民个人本位，因此，理性经济人的社会自我治理，在理论逻辑上构成了西方国家治理理论的核心理论内容。在特定意义上可以认为，西方国家的治理理论，本质上即是理性“经济人”为基础的社会自我治理理论。

在我国，社会治理是由执政党领导、政府组织和负责、吸纳社会组织和公民等多方面主体有序参与、对社会公共事务进行的治理活动。从我国的实际情况来看，社会治理呈现三种基本状态，即政府对于社会的治理、政府与社会组织和公民的合作共同治理以及社会自治（王浦劬，2014）。

从我国国家治理的结构来看，政府、市场、社会在相对自主行为边界内的自主治理及其互动关系是现代国家治理体系的基本特征，因而政府治理、市场治理、社会治理便构成了现代国家治理体系三元鼎力的次级体系，其治理分域如图 1－3。

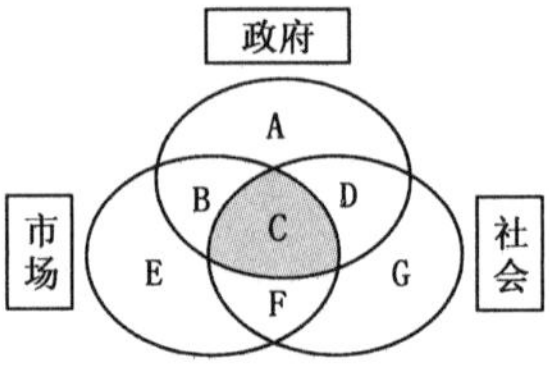

图 1－3 中国语境下的治理分域

本研究所称的县域治理，指的是广义上的政府治理，是指政府行政系统作为治理主体，行使公共权力，对社会公共事务的治理。就其治理对象和基本内容而言，政府治理包含着政府对于自身、对于市场及对于社会的公共管理活动。一是政府通过对自身的内部管理，优化政府组织结构，改进政府运行方式和流程，强化政府的治理能力，从而使得政府全面正确履行职能，提高政府行政管理的科学性、民主性和有效性。二是政府作为市场经济中“有形之手”，通过转变政府职能、健全宏观调控对市场经济健康运行，更好地发挥政府的作用，进行经济和市场治理活动。三是政府作为社会管理主体，在党委领导、政府负责、社会协同、公众参与和法治保障的基本格局下，对社会公共事务进行的管理活动。

三、县域治理能力的概念辨析

县域治理研究是治理理论在县级地方政府层面的运用，要提高县域治理能力，就必须弄清政府治理能力是什么，其构成的基本要素有哪些。相对于在极大范围内开展的治理活动，国内外对于政府治理能力的研究并不充分，人们对于治理能力的理解还停留在“治理能力意味着传统政府能力无法回应治理时期的能力要求”以及“治理能力的建设很重要”这样一些宽泛的认知上，强调治理能力的相关文献近年才有所出现（楼苏萍，2010）。究竟什么是政府治理能力，政府治理能力的构成要件有哪些，学者的研究和关注甚少，还相当缺乏深入、严谨的探讨。

大多数研究将治理能力与国家能力或政府能力混为一谈，或相互代替。关于国家能力或政府能力的构成要件，研究已经比较丰富，有几种代表性意见：一是从资源获取和能力运用角度分为政府集体行动的能力和政府获取资源的能力，包括社会汲取能力、合法性能力、政治强制能力、社会干预能力、改革适应能力等（胡宁生、张成福，1998）。二是按照能力的性质分为权利能力、政策能力、权威能力、组织能力（辛向阳，1994）。三是分为汲取财政能力、宏观调控能力、合法化能力、强制能力（王绍光、胡鞍钢，1993）。四是从国家与社会关系角度分为深入能力、汲取能力、商议能力（陈恒钧，2003）。上述几种对政府能力要素的划分方法具有较强的概括性，几乎囊括了政府管理的方方面面，很有参考价值。但不足之处就是从政府管理的角度出发，关注的是政府管理的具体事务，因此，这种政府中心主义下实际强调的还是政府管理能力，不能反映出政府的治理能力。政府管理能力要素与政府治理能力要素既有联系，又存在区别。从联系上来说，政府管理能力要素是政府治理能力构成的重要组成部分，政府治理能力包含了政府管理能力；从区别上来辨析，两者是局部与整体的关系，政府管理能力要素突出政府自身的管理过程和行为，而政府治理能力要素则突出的是政府管理与社会共治的合作与协调，而不是政府单方面采取行动（易学志，2009）。治理能力概念应该寻找与地方治理相匹配的能力结构与内容（楼苏萍，2010）。陈秀峰、李莉（2005）认为，政府的治理能力也表现为处理政府与社会、政府与政党、政府与市场、政府与公民等方面关系的能力。

当然，也有部分学者已经在政府治理能力的概念及要素方面进行了探索。代表性的有：①施雪华（1999）认为，政府的综合治理能力是政府社会行为的各项能力（政治行政、司法、军事、文化等能力）、政府履行职能的各项能力（政治统治社会管理、社会服务和社会平衡等能力）、政府公共产品生产的各项能力（生产、分配、交换、消费和再生产等能力）、政府社会资源配置的各项能力（资源动员、提取、分配和利用等能力）、政府政治社会化的各项能力（决定、执行、反馈和修正等能力）政府社会发展的各项能力（政治知识的积累和传播、政治情感的培育和交流、政治理念的建构和灌输、政治信仰的确立和维持、政治行为的模式化和大众化等能力）、政府政策过程的各项能力（社会反映、社会适应社会稳定社会调控和社会进步等能力）、政府国际关系的各项能力（国际竞争、国际合作、国际对抗、国际维和、国际稳定和国际发展等能力）的总和。②俞可平（2003）将地方治理价值原则（要素）概括为6个：合法性、透明性、责任性、法治、回应、有效。易学志（2009）从善治的视野出发，将政府治理能力的含义归纳为：政府治理能力是政府治理国家事务和社会公共事务所具有的能量和力量，而且这种治理所要达到的境界是善治。并根据善治的基本要素，构建起我国政府治理能力基本要素框架，包括政府获得合法性能力、透明能力、承担责任能力、法治能力、回应能力和高效管理能力 6 个要素。③王敬尧（2009）在前人研究的基础上提出县级治理能力的研究框架，认为县级治理能力包括财政能力、服务能力和应急能力三个构成要素。具体而言，财政能力是指政府从社会取得政策执行所需要的资源并提供民众所需资源的能力，可以通过收入能力、支出能力和平衡能力等指标来衡量；服务能力是指政府向民众提供其所需要的服务的能力，可以通过提供公共服务的对应性、普及度和贯彻力等指标来衡量；应急能力是指地方政府与民间社会互动中，能够规避风险并进行有效的危机管理，确保社会的协调与稳定的能力，可以通过应急制度设置、财政预备费和其他可调资源等指标来衡量。这三种能力构成县级治理能力的理解框架。④顾建光（2010）提出，国家的公共治理能力包括行政能力、政策能力和国家能力三种，并分析了三种公共治理能力的评价标准与支持系统。⑤楼苏萍（2010）提出了一个综合性的能力过程分析框架，从目标、资源、管理工具三个维度揭示了传统政府能力概念向治理能力概念变化的逻辑，并在此基础上提出目标识别与整合能力、资源整合能力、沟通协调能力以及合作治理的控制能力等四个地方治理时代治理能力的关键要素。⑥谭英俊（2012）将地方政府公共事务合作治理能力划分为培育合作伙伴的能力、运营合作关系的能力、供给合作资源的能力。

第三节

县域治理呼唤行动学习

随着治理理论与治理实践的发展和丰富，提升政府治理能力的呼声日益高涨。然而，学界对究竟如何提升政府治理能力讨论不足，多数从善治的理念出发，提出较为宏观的思路，尚缺乏系统、深入、可操作性的有益思考。在治理实践中，也未形成政府治理能力提升路径的经验共识。一场源自于国外企业的行动学习革命或许能为县域治理能力的提升带来创新性的思路和理念。

一、行动学习的兴起与发展

行动学习不是一种时尚，也不是一种潮流，而是一个有着漫长而丰富历史的过程（朱迪·奥尼尔和维多利亚·J. 马席克，2013）。行动学习的理念起源于20世纪40年代，雷格·雷文斯（Reg Revans）在威尔士和英格兰的煤矿项目中就开始运用行动学习这一理念，之后，行动学习的理念一直在传播，但直到20世纪70年代雷文斯教授在《发展高效管理者》一书中才首次明确提出了“行动学习”这一概念。Revans（1982）首先提出了关于学习的经典模型，即“L = P + Q”，其中P代表程序性的知识，Q代表反思性的质询。他认为，学习是程序性知识与反思性质疑的综合，其中反思性的质询更为重要。在此基础上，他指出，行动学习是一种发展的、知识的、情感的、有形的方法，它需要主体负责任地参与到一些真实的、复杂的、具有压力的问题，来达到所计划的改变，以便之后在这个问题领域改进可观则的行为。行动学习的一个基本假设是，学习必须在行动中完成，没有行动就没有学习。Mike Pedler（1991）进一步发展了行动学习理论，认为行动学习的成功主要靠询问，而不是想当然的知识或指导。他认为行动学习是一种组织中人员发展的方法，其中，任务是学习的媒介和载体。行动学习的基本信念是，没有行动就没有学习，没有学习就没有明智的行动。行动学习意味着自我发展与组织发展的双赢结果，基于问题的行动既解决问题，又改变着解决问题的人。McGill和Beaty（1992）指出：“行动学习是一个以完成预定的工作为目的，在同事支持下的持续不断地反思与学习的过程。行动学习中，参加者通过解决工作中遇到的实际问题，反思自己的经验，相互学习和提高。”

行动学习理论几经发展，逐渐形成不同的流派。朱迪·奥尼尔和维多利亚·J. 马席克（2013）根据行动学习过程中“学习如何发生”这一观点的不同认识，将行动学习划分为绩效流派、科学流派、经验流派和批判性反思流派，四个流派中学习的程度逐步深入，并逐步带来由个人到组织的转变。

20世纪90年代，美国通用公司开始引入行动学习的理念，通用公司的成功影响着其他企业逐步接纳行动学习法。1996年博夏克（Yury

Boshyk）发起的全球行动学习论坛邀请了全球一百多家企业负责人参与会议，IBM、GE、DuPont 等著名企业作为最佳实践者介绍了行动学习应用的前沿。行动学习提出以来，尤其是在最近 10 年内，开始真正席卷全球，成为解决关键问题和开发领导力的方法，并在全球 100 强企业（如通用、波音、索尼、丰田、三星、微软等公司）中得以应用，在一些公共机构中得到推广，同时也在遍布世界各地的中小型企业中广泛应用。行动学习理论不论是对文化迥异的国家、民族还是对各类型的公司，都具有强大的生命力。虽起源于西方国家的发展实践，但是现在在东西方文化中游刃有余。在韩国、日本，几乎每一家公司都在用行动学习法解决问题和提升领导力；在新加坡、在印度尼西亚的雅加达、在马来西亚的吉隆坡，行动学习已经成为很好的组织管理工具。在中国，越来越多的公司也开始采用行动学习法。2007 年，美国资深行动学习专家马奎特教授创办了全球最大的行动学习团体——国际行动学习协会（WIAL），目前在全世界 30 多个国家设立了分支机构。

行动学习之所以有如此强大的生命力，是因为它整合了来自管理学、教育学、心理学、社会学和政治学的多种基本理论。一是在管理学领域，行动学习结合了管理领域的理论学家如 Goleman（2006）和 Bryant（2011）提出的领导力原则和理论，整合了组织变革理论、复杂适应系统理论等。Mintzberg（2011）指出，领导力开发的最好办法是对自己的而非他人的（如案例研究）经验进行反思。二是在教育学领域，根据成人学习理论，成人学习活动的发生，通常是为了解决问题或排除困难。诺尔斯（Knowles. M，1995）将成人学习的原则归纳为：成人的经验是学习的起点，如何利用旧有的经验对学习非常重要；成人学习是自我引导的，具有自发性冬季，出于生活/工作需要而学习；成人学习是有目的的学习，也就是为了完成任务或解决问题，以便更好地生活与工作；成人以直觉反映其经验，而不是依赖教师太多的指示；提倡“做中学”，自己动手，在做中感悟和体验；成人的学习更多来自人与人之间的交互作用、模仿和经验，而不是正规的、逻辑的过程。三是在心理学领域，行动学习采取项目小组形式，无论是解决问题，还是获得新知识，都离不开小组成员之间相互合作和深度质疑，群体动力学理论为行动学习小组互动提供了心理学依据。在群体中，一方面，每个个体不同程度地承担着自我提升的实践者、创新者和领导者的角色，以及旨在支持他人的联络者、辅助者角色，这些角色提供了个体的动力能量；另一方面，群体承担着对个体思维的挑战者、行动督促者、合作者等角色，这些角色聚集了群体的动力能量。四是在社会学领域，社会学习理论家如 Dewey，Bandura，Lave 和 Wenger 强调学习的社会性，即学习发生于其中或使学习发生的背景或环境的重要性。学习需要社会的互动和协作。此外，从组织层级的多样性、年龄、性别、教育和经验方面获得的益处也让小组的行动学习变得强大（Weick，2000）。五是在政治学领域，行动学习利用和平衡了权力政治，并在小组中进行分配，确保所有人都有机会参与和引导（Shively，2009）。例如，行动学习的关键力量不一定是层级或级别最高的人，或知识最丰富的人，而是能够提出最佳问题的人。

二、行动学习对企业组织能力的提升

一项由美国公司执行委员会（The Corporate Executive Board）于 2009 年所做的研究表明，77% 的学习型高管认为，行动学习是发展后备领导者的最佳方法。美国培训与发展协会（ASDT）的最新调查显示，近 70% 的组织把行动学习作为其领导力开发计划的组成部分。《商业周刊》认为行动学习是“领导力开发最新且增长最迅速的组织工具”（Byrnes，2005）。

美国资深行动学习专家马奎特（Marquardt，2013）指出，行动学习在组织中的应用可划分为以下五大领域：①解决复杂问题。当前全球形势瞬息万变，组织所要面对的问题也日益复杂，而行动学习是解决复杂问题的最佳途径之一。②开发领导力。行动学习因其独特的学习模式，被广泛应用于发展领导力的项目当中。③团队建设。团队工作是当前大部分组织的主要工作模式之一，行动学习基于小组的特性自然适用于团队建设，而且是非常有效的团队建设方式。④创建学习型组织。学习型组织的构建主要围绕四个子系统展开：一是提升学习技能和能力；二是转变组织文化和结构；三是整个业务链在学习过程中的参与；四是强化知识管理的能力。⑤个人的持续学习和发展。Weinstein（1995）指出，行动学习参与者的学习体现在三个不同的层级上，一是理解知识；二是运用新获得的技能；三是经历并经受涉及信仰和态度的内在开发，实现个人和专业的发展。

行动学习对参与者和组织来说都有许多好处。首先，来自组织不同部门的人员形成小组并开发其技能、知识、工作和思维的方式，这对组织的文化会有重大的影响，是迈向学习型组织的基础。其次，当不同业务单元的人由原来各自为政到齐心协力地解决一个关键的组织问题时，组织中存在的孤岛和隔阂将会被打破，这会使组织逐步形成新的、强大的人际网络和协作关系。再次，行动学习有利于组织知识的增加和累积。Nonaka（1994）提出了“隐性知识”这一概念，认为许多组织并没有挖掘出员工的丰富知识或智力资本，大多数知识隐藏在个人或团队之中，并没有转移、扩散到组织的其他部门。行动学习通过反思性探询过程、同时关注行动和学习以及催化师的质疑等方法，将隐性知识转换为显性知识，并将个人与小组中的知识碰撞，实现知识的整合、升华与创造，以便为团队及组织所使用，最终形成巨大的新资产和能力。小组所开发的技能可以应用到个体成员所参与的日常工作小组中。最后，行动学习中的互动过程，使得小组能够以新的视角来看待问题，获得解决问题的新思路，从而创造性地解决组织中的难题（马奎特，2013）。

三、行动学习对党政部门的适应性

行动学习引发了一场深刻的学习革命，在解决复杂问题、发展领导力、团队建设、开发系统思考和创新能力方面具有重要的作用。作为一种发源于私营组织的方法论，是否同样在政府组织中适用呢，是否可以引入政府部门，实现对政府内部流程的再造，进而推动行政体制改革，推动政府治理能力的现代化呢？

（一）行动学习的普适性

行动学习虽然发源于私营组织，但是任何组织都存在学习过程，任何组织的管理者也都应该充分意识到学习对组织发展的重要意义。根据管理主义理论的观点，公共部门与私营部门在管理上并无本质差别，公共部门可以借用私营部门的管理模式进行重新改造。马奎特博士在对全球50多个国家的情况研究后认为，行动学习适合任何组织，不论其发展水平和组织规模的大小（2013）。

（二）公共问题的特殊性

随着科技的进步、全球化程度的加快和市场竞争的加剧，组织所面临的问题越来越复杂，问题变得越来越混乱和难以识别，很多问题没有现成的答案和经验可供参考，没有现成的人才可供使用。对于政府部门而言，政府面临的公共问题更是具有目标多元性、复杂性和动荡性，传统的工作学习方式由于存在脱离行动与情境、割裂了学习的连续性、较少深入个人需求、没有将学习与组织战略目标紧密联系等弊端（张鼎昆，2005），已经无法满足政府部门解决复杂公共问题的需求。而行动学习特别适合于没有现成解决方案也没有足够的专业技术知识的问题，因此行动学习具备导入政府部门，解决公共治理难题的必要性。

（三）行动学习在党政部门的应用探索

实际上，国外已有相当多的公共部门引入行动学习法来解决一些公共问题，如赫尔辛基市政府、马来西亚教育部、乔治·华盛顿大学和美国农业部，行动学习的应用取得了令人满意的效果。此外，自 1998 年中共中央组织部干部教育培训中心引入行动学习法以来，我国也有部分地方政府开始应用行动学习解决组织面临的工作难题、提升干部领导力（相关实践会在第二章详细说明）。行动学习在政府组织的成功实践昭示了政府行动学习的可能性和适应性。

马奎特（2013）曾指出，中国的组织面对未来复杂的问题要走一条革新之路，而这条革新之路必经行动学习法才走得通。在我国当前推进国家治理体系和治理能力现代化的大背景下，政府的运作方式、履行功能与任务的能力框架要随之发生重大及持久的变化，这无疑对执政者的基本素质、思维角度、手段措施及应变能力等提出了更高的要求。实现国家治理现代化的任务十分繁重，其中最关键的一点就是解放思想。要从建设学习型政党、学习型政府、学习型社会入手，打开解放思想这个总开关（高小平，2013）。行动学习强大的生命力及其在政府部门的适用性，让我们期待政府行动学习的全面发展和深入推进能够引爆一场政府治理的深刻变革。

第二章

县域治理中的行动学习

行动学习在党政部门具有较强的适应性，然而在由企业植入县域治理的过程中，行动学习必然要进行适当的调适和改良，以适应党政组织的特性。本章将在行动学习的理论基础上，对县域治理中行动学习的基本概念、关键要素及基本程序进行清晰界定和深入解析。

第一节 行动学习的基本概念与关键要素

一、行动学习的基本概念

关于行动学习，Reg Revans 教授本人一直没有给出具体明确的定义，这使得对行动学习的界定仍然是一个充满挑战性的难题。但是也让其他一些学者根据 Reg Revans 的思想以及行动学习的实践，从更多的视角对行动学习进行解释，其代表性观点见表 2－1。

Revans（1982）首先提出了关于学习的经典模型，即“L＝P＋Q”，其中 P 代表程序性的知识，Q 代表反思性的质询。他认为，学习是程序性知识与反思性质疑的综合，其中反思性的质询更为重要。在此基础上，他指出，行动学习是一种发展的、知识的、情感的、有形的方法，它需要主体负责任地参与到一些真实的、复杂的、具有压力的问题，来达到所计划的改变，以便之后在这个问题领域改进可观测的行为。Mike Pedler（1991）同样认为行动学习的成功主要靠询问，而不是想当然的知识或指导。但是他进一步发展了行动学习理论，他认为行动学习是一种组织中人员发展的方法，其中，任务是学习的媒介和载体。行动学习的基本信念是，没有行动就没有学习，没有学习就没有明智的行动。行动学习意味着自我发展与组织发展的双赢结果，基于问题的行动既解决问题，又改变着解决问题的人。McGill，Beaty（1992）指出："行动学习是一个以完成预定的工作为目的，在同事支持下的持续不断地反思与学习的过程。行动学习中，参加者通过解决工作中遇到的实际问题，总结经验，相互学习和提高。"Mumford（1997）发展了 Revans 提出的学习模型，他提出"L = Q1 + P + Q2"。学习是从问题开始的，行动学习始于学习者对实际问题的困惑和发问（Q1），然后个体在问题的驱使下，通过各种方式（如查阅资料、参加培训等）获取与问题相关的结构化知识（P），最后在团队的帮助下重新审视经验，对经验作出新的解释，从而认识和界定了问题（Q2）。张忠友、彭强（2006）指出，行动学习是"从做中学"与"反思中学"以及"在学习中学会学习"的有机结合，行动学习具有反思性、行动性、合作性、主体性、参与性等特征。张素玲（2009）认为，行动学习强调理论探索与解决实际问题的有机结合；它包含了崭新的学习理论，提出掌握学习能力是个人发展中最为重要的因素；强调个体经验对学习的意义，不是简单地主张在做事中获得新知识和新能力，而是更关注对以往经验的总结和反思，期望通过对过去事件的理解；强调在掌握知识技能的过程中不仅要能指导、会行动，而且要能从深刻的反思中获得经验提升，使个人通过反思和体验过程获得专业发展。陈伟兰、谷昀、陈菲（2009）指出，行动学习法是行动学习小组成员集思广益、共同努力和配合，解决实际问题的学习过程；是有效利用时间，通过项目解决问题，促进个人和组织共同成长的工具。李红波（2010）提出，行动学习就是在行动中学习，在思考中行动，强调在一个以学习为目标的背景环境下，以小组为单位，针对现实中需要解决的问题，在小组成员的支持和催化师的帮助下，通过持续不断地反思与学习解决问题。江彩云、成秋英（2011）

认为，行动学习以当事者或相关者为主体，以当前面对的现实问题、项目为主题，通过“反思—行动—再反思—再行动”的循环方式展开学习，从而使学习者在团队协作下快速解决有关问题的同时，不断提高体验、认识和行动能力，即在行动中学习，在学习中行动。奥尼尔和马席克（2013）认为，行动学习是一种人们共同工作并致力于开发人才的方法，该方法把实际问题的解决过程作为学习的方式。参与者以小组的方式采取行动来解决问题，并学习如何从行动中学习。通常来说，一位行动学习催化师会和小组一起工作，以帮助成员学会如何平衡行动与学习。

表 2－1　　行动学习的概念梳理

学者	行动学习的概念	关键词
Revans（1985）	行动学习是一种发展的、知识的、情感的、有形的方法，它需要主体负责任地参与到一些真实的、复杂的、具有压力的问题，来改进他的行为。“L＝P＋Q”学习是程序性知识与反思性质疑的综合。	知识　反思
Mike Pedler（1991）	行动学习是一种组织中人员发展的方法，其中，任务是学习的媒介和载体。行动学习的基本信念是，没有行动就没有学习，没有学习就没有明智的行动。行动学习意味着自我发展与组织发展的双赢结果，基于问题的行动既解决问题，又改变着解决问题的人。行动学习的成功主要靠询问，而不是想当然的知识或指导。	问题　行动　质询
McGill，Beaty（1992）	行动学习是一个以完成预定的工作为目的，在同事的支持下的持续不断地反思与学习的过程。行动学习中，参加者通过解决工作中遇到的实际问题，反思他们自己的经验，相互学习和提高。	问题　团队　反思
Weinstein（1995）	行动学习让学习者更具有反思性和行动力。	反思　行动
Mumford A（1997）	“L＝Q1＋P＋Q2”。学习是从问题开始的，行动学习始于学习者对实际问题的困惑和发问（Q1），然后个体在问题的驱使下，通过各种方式（如查阅资料、参加培训等）获取与问题相关的结构化知识（P），最后再团队的帮助下重新审视经验，对经验作出新的解释，从而认识和界定了问题（Q2）。	问题　质询　知识　反思

续表

学者	行动学习的概念	关键词
张忠友、彭强（2006）	行动学习是“从做中学”与“反思中学”以及“在学习中学会学习”的有机结合。	行动　反思　学习
陈伟兰、谷昀、陈菲（2009）	行动学习法是行动学习小组成员集思广益、共同努力和配合，解决实际问题的学习过程；是有效利用时间，通过项目解决问题，促进个人和组织共同成长的工具。	团队　问题　学习　成长
张素玲（2009）	行动学习强调理论探索与解决实际问题的有机结合，提出学会学习是个人发展中最为重要的因素，强调个体经验对学习的意义，不是简单的主张在做中获得新知识和新能力，而是更关注对以往经验的总结和反思，期望通过对过去事件的理解，在掌握知识技能的过程中不仅要能指导、会行动，而且要能从深刻的反思中获得经验提升，使个人通过反思和体验过程获得专业发展。	反思　经验　行动
李红波（2010）	行动学习就是在行动中学习，在思考中行动，强调在一个以学习为目标的背景环境下，以小组为单位，针对现实中需要解决的问题，在小组成员的支持和催化师的帮助下，通过持续不断地反思与学习解决问题。	团队　问题　催化师　反思　学习
江彩云、成秋英（2011）	行动学习以当事者或相关者为主体，以当前面对的现实问题、项目为主题，通过“反思—行动—再反思—再行动”的循环方式展开学习，从而使学习者在团队协作下快速解决有关问题的同时，不断提高体验、认识和行动能力，即在行动中学习，在学习中行动。	问题　团队　学习　行动　循环
J. O'Neil 和 V. J. Marsick（2013）	行动学习是一种人们共同工作并致力于开发人才的方法，该方法把实际问题的完成或解决过程作为学习的方式。参与者以小组的方式采取行动来解决问题，并学习如何从行动中学习。通常来说，一位行动学习催化师会和小组一起工作，帮助成员学会如何平衡行动与学习。	问题　小组　学习　行动　催化师

虽然自雷吉·瑞文斯于20世纪40年代提出行动学习以来，行动学习在概念上几经变化，但无论是哪一个行动学习流派，都认同以下元素：真实的员工在实践中解决真实的问题，采取行动并在这个过程中学习。在此基础上，本研究认为，在县域治理视域下，行动学习是指政府行动学习小组根据地方经济社会发展的实际需求，选择具有较强针对性和现实意义的研究课题，经过充分的调查研究，组织召开行动学习研讨会，在催化师的协助下，采用科学的理论、方法与技术，在现状分析、问题诊断、成因探寻的基础上，寻找、评价和制定解决方案，付诸行动实施并予以不断修正和完善的动态循环过程。

二、行动学习的基本特征

可以说，行动学习是一套系统化的决策工具和方法，行动学习的过程本质上是一个决策的过程，包括决策的制定、执行和反馈。在县域治理视域下，行动学习具有如下特征：

（一）决策问题的非程序化

Heifetz，Linsky 和 Grashow（2009）曾对20世纪和21世纪普遍存在的最重要的问题进行区分，即20世纪的问题是“技术性”问题（解决问题所必需的知识已经以合法化的形式或程序集的形式存在），而21世纪的问题是对于自然和环境的“适应性”问题（尚没有满意的答案且没有足够的专业技术知识的问题）。当前，政府所面临的大多是“适应性”问题亦即非程序化问题，由于公共问题的目标多元性和价值多元化，所选择的问题往往没有现成的答案，也没有足够的知识来应对。政府行动学习所选择的问题应该是关乎公众利益、具有较强现实意义的问题，这能够有效避免学习与工作的脱节，学习对工作时间、精力的挤占，较好地实现学习与工作的有效统一。

（二）决策主体的多元化

学者戴维·伊斯顿（David Easten）曾指出，“公共政策是对全社会的价值作权威性的分配”。公共政策作用的对象是社会公众利益的分配和调整。因此，公共政策常常需要在各种利益冲突之间达到某种均衡，以保证公共政策的顺利实施和社会的稳定发展。公共问题的目标多元性决定了政府决策主体应多元化。在政府行动学习过程中，行动学习的主体应横跨多个政府部门或岗位，实现不同部门的工作协调性；应包括公众或企业代表等利益相关者，以保障公共利益不受侵害；还应包括具有采取行动权力的执行者（张鼎昆，2005），以增强决策信息的对称性，保障决策执行的顺畅性。

（三）决策过程的民主化与工具化

在政府行动学习过程中，行动学习小组通过催化师的引导，借助头脑风暴、团体列名法、六顶帽子法等决策工具和预设的程序规范，能够保证行动学习小组成员畅所欲言，营造民主、平等的氛围，有效避免政府决策中的"一言堂"或领导拍板的现象。同时，通过运用科学的决策工具能够激发政府行动学习小组成员通过质疑发现问题的能力，借助反思检验自己的内心假设，调整原有的心智模式，从而促进行动学习中决策过程的民主化和科学化，从而能够更加有效地、富有创造性地解决问题。

（四）决策方案的行动化与动态化

执行力是政府工作的生命力，执行力决定政府的战斗力、凝聚力和公信力。行动学习的精髓就在于边学习边行动，边行动边学习，行动是必不可少的。在政府行动学习的过程中，小组成员根据行动学习过程中制定的执行计划，采取行动，并在行动中实现深层的反思和学习。也就是说，政府行动学习通过采取实际行动，才能促进行动学习成果切实落地。同时，公共问题的复杂性决定了公共问题的解决往往不是一蹴而就，一劳永逸的。因为随着社会的发展和进步，公众的需求更加多样化，原有的问题很可能会随之发生质的改变，而且也会有新的问题出现，因此，决策方案需要在政府行动学习的动态循环过程中不断予以调整和修正。

三、行动学习的关键要素

国际行动学习资深专家马奎特博士曾提出，行动学习的成功必须具备六个要素（见图2-1），包括一个重要而紧迫的项目（问题）、由4—8人组成的多样化小组、反思性质询、采取行动、对学习的承诺和行动学习催化师。相应地，本研究认为，政府行动学习也应具备这六个要素。

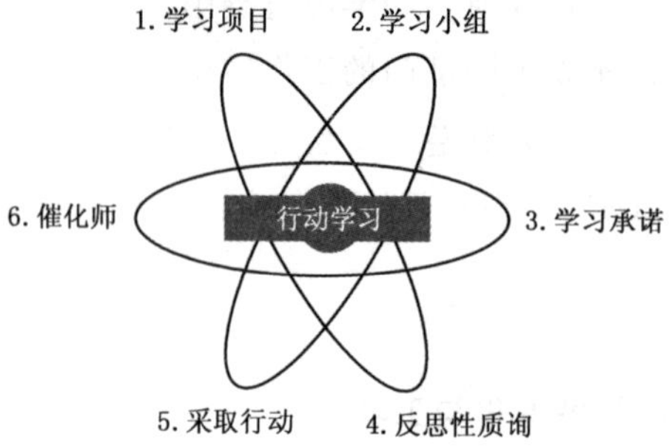

图 2－1 行动学习六要素示意图

（一）政府行动学习项目

行动学习起始于行动学习问题，因此，政府行动学习的首要关键要素就是所选择的行动学习项目。行动学习项目的选择应符合以下标准：①重要性。问题的选择对于政府组织或个人来说是重要而关键的，所选问题的解决应有利于公共利益的最大化。②紧迫性。问题必须具有一定的紧迫性，对于问题的解决、策略的制定以及行动的实施，应该有一个时间框架。③未知性。问题必须是真实的工作问题，没有现成的解决方案，但不同的人可能会拿出不同的解决方案和策略。④可行性。所选择的问题应在组织的职权或能力范围内，政府行动学习小组必须被授权解决这个问题和采取相应的行动。

（二）政府行动学习小组

政府行动学习的核心实体是政府行动学习小组。理想情况下，小组应该由具有不同背景和经验的4—8人组成。这种多样性可以提供不同的视角和新鲜的观点，最终实现思维的突破，又避免了人数过多带来的信息交换的复杂性。政府行动学习小组的成员应尽可能包括来自跨职能或部门的个人，甚至包括公众或企业等利益相关群体，这不仅可以使政府组织获得不同的观点和想法，而且还可以通过建立组织以前并不存在的人际网络来推进组织的学习和联系。

（三）小组成员的学习承诺

Dilworth（1998）曾指出，发生在行动学习中的学习相比于立即解决问题的战术优势来说，对组织有更大的战略价值。除非小组进行了学习，否则不可能创造性地解决复杂的问题。尽管解决问题可以给组织带来即时的、短期的利益，但是新的学习收获在整个组织和参与者的职业生涯中更具有长期性的、战略性的价值。因此，在行动学习的过程中，要特别注重团队成员学习能力的开发，这样才能使团队成员更快、更有效地解决问题。

（四）小组成员的反思性质询

一旦小组拿到问题或任务，其成员在直接跳到如何解决问题之前，首先要通过提问来澄清问题。提问的数量和质量与最终行动的质量和学习之间存在直接的相关性。提问不会降低解决问题的速度，却能产生更有智慧的想法。运用科学的工具激发小组成员通过质疑发现问题的能力，借助反思检验自己的内心假设，从而改变个人的心智模式。反思性质询有助于建立团队精神，更好地开发成员的倾听能力；反思性质询还能够使小组成员理解并澄清问题，获得进行探索的新途径，并让小组成员在解决问题和提出策略时更加有见解。马奎特（2013）曾给出了一些学习型质疑的例子：

- 这种情况下有哪些好的或有用的地方？
- 这种情况催生了哪些可能性？
- 我们能做些什么？
- 我们怎样才能跟上步伐？
- 我们能从中学到什么？

（五）采取实际行动

行动学习需要小组切实就所要解决的问题采取行动。小组成员必须有权自己采取行动或确保他们的建议得以实施。除非采取行动并进行反思，否则就失去了行动学习的真正意义，因为在想法或计划实施之前没人能确定它们是否有效。如果只是提供建议，小组就会失去能量、创造力和学习承诺。行动学习成果必须通过行动才能得到验证，也只有通过行动才能对组织产生实质性的影响；行动强化了学习，因为它为反思提供了基础和参照。小组成员也只有在行动的过程中才能进一步反思以加深对问题的认识，实现真正的学习。

（六）政府行动学习催化师

在政府科层组织中，由于公共权力结构和政府管理体制的僵化，导致政府公务人员长期思想较为僵化，缺乏开放性、创新性的思维，甚至是不敢讲真话、不敢创新。要实现高质量的行动学习，政府部门特别需要专业的行动学习催化师来引导行动学习参与者冲破传统体制的惯性和束缚，勇于提出质疑，为自身工作开辟一条创新之路。

行动学习催化师不参与问题的解决，而是通过选择性介入和富有洞察力的提问，帮助小组反思：他们是如何倾听，如何重构问题，如何相互给予反馈，如何制定计划和开展工作，以及他们的信念和行动由哪些假设所塑造。在整个行动学习项目中，行动学习催化师可以自始至终由一个人担任；也可以由其他催化师担任，还可以由小组成员轮流担任，每次会议由不同的人来担任催化师。世界各地越来越多的组织开发了内部行动学习催化师队伍，以提升其实施行动学习项目的能力，在危机出现需要及时处理时，能够快速为行动学习小组提供催化师。政府部门也应培育一支专业有素的行动学习催化师队伍，为政府部门行动学习的开展提供强有力的人才支撑。

第二节 行动学习的基本程序

结合行动学习的基本流程及政府行动学习的概念、特征和关键要素，政府行动学习主要包含以下九大程序。

一、选择政府行动学习项目

行动学习源于组织中需要解决的现实工作问题，因此，政府行动学习的第一步就是要选择确定政府行动学习的项目。政府应面向公众征集行动学习项目，了解公众利益诉求，并结合本地发展的现实需求，参照外地先进经验，依据重要性、紧迫性、可行性等问题选择标准综合确定政府行动学习项目。

二、组建政府行动学习小组

选定行动学习项目以后，政府部门要结合所选项目组建行动学习小组，或在原有行动学习小组的基础上进行调整。在政府行动学习小组成员的构成上要注意以下三点：一是为确保团队规模有利于关键信息的交换，政府行动学习小组成员以4—8人为宜。二是为保障小组成员的多样性，小组成员应由来自不同部门或不同岗位的公务人员组成，最好具有互补的专业知识、技能或经验，相关的利益相关者如公众或企业代表也可纳入行动学习小组。三是为了最大限度地保障行动学习的质量和效果，应特别注意小组成员对所选行动学习项目具有不同的熟悉度，以保障小组成员能够对行动学习项目提供不同程度的贡献。小组成员既要包括对行动学习项目非常熟悉的或直接负责的人员，又要选择具有行动权力或负责采取实际行动的人员，还要有部分对选定行动学习项目熟悉度一般的人员，以确保小组成员能够从多方面提供创新性的思维。

三、开展行动学习前期调研

没有调查就没有发言权，习近平总书记特别强调调查研究的重要性。在行动学习研讨会开展之前，政府行动学习小组成员应对所选行动学习项目进行初步调研，掌握行动学习项目的现实情况，获取丰富的信息资料，以便能够在行动学习研讨会上，对当前存在的问题、产生的原因和解决问题的方案作出有依据的、较为准确的判断。

四、现状描述

前期准备工作就绪后，政府部门可以组织召开行动学习研讨会，在行动学习小组的第一次会议上，催化师要向小组成员明确行动学习的规范、要求和团队的基本规则，明确各类角色的职责和行动学习的时间安排。

随后，由问题持有者对行动学习项目进行问题描述。问题的初始描述要简短、强调重点。如这个问题为什么重要？问题当前的进展情况？可能存在什么问题？问题如果得到缓解，会有什么收获？尽可能简短的问题描述可以迫使小组成员进行发问。问题描述完毕后，小组成员根据前期调研已占有的信息，一一对陈述者发问，通过发问，使得行动学习小组成员都能对所选行动学习项目有更加丰富、立体、深入的认识。

五、问题诊断

组织心理学家 Block（2011）曾指出，所提出的初始问题很少是小组要解决的真正的关键问题。通常情况下，它仅仅是一个“症状”，在小组探索初始问题的过程中，更为紧迫和重要的问题才会逐步显现出来。如果一直陷入最初的问题，往往会错失审视问题的深度和复杂性的机会。现状描述和成员发问阶段结束后，政府行动学习小组开始进入问题诊断阶段。小组成员在催化师的引导下，运用科学的工具通过质疑获得清晰而真正的问题，对原有问题重新定义并就问题达成共识。

六、成因探寻

成因探寻是制定行动方案的关键。只有找到问题产生的本质原因，对症下药，制定的方案才能具有较强的针对性和有效性。在成因探寻阶段，小组成员在催化师的引导下，通过头脑风暴法、团体列名法、六顶帽子法等，从问题的利益相关群体各方面，寻找可能的原因，并采用鱼骨图法对小组成员提出的问题产生原因进行整合、归纳和分类。

七、制定行动方案

行动方案的制定是行动学习的关键环节。政府行动学习小组针对上一阶段得到的问题成因，相互交流和深入思考，继续采用头脑风暴法等方法，结合外地已有的先进经验，提出富有创造性的问题解决方案。采用隶属度分析法、矩阵分析法等，对产生的多个行动方案进行评估，筛选出当前最为紧迫、重要、有价值的行动方案，并制定出详细的行动计划。

八、执行行动方案

实践是检验真理的唯一标准。古希腊哲学家亚里士多德曾说过，人必须从做中学，因为尽管你认为自己知道，但在尝试之前，你根本没有什么把握。行动方案制定后，政府行动学习小组中具有执行权力的参与者独立工作或与小组成员合作，收集相关信息，搜寻支持要素，执行行动计划，并在行动的过程中进一步反思以加深对问题的认识，实现真正的学习。

九、执行效果评估

行动计划执行一段时间后，政府行动学习小组成员再次聚集在一起，对行动计划的执行效果进行评估。任何一项研究都不会是所研究问题的终结者。一方面，随着社会的发展和进步，原有的问题也会随之发生质的改变，而且也会有新的伴随性问题出现；另一方面，随着新的理论和研究方法的丰富和扩充，研究者对研究问题的角度和深度会有所不同。如通过评估发现行动方案的执行效果较差，原有问题尚未得到解决或有新的问题出现，则行动学习小组讨论是否变更、调整小组成员，并继续通过现状描述、问题诊断、成因探寻、制定行动计划、执行行动计划的循环过程开展行动学习，直到原有的行动学习问题得到有效的解决。如执行效果良好，原有问题已得到解决，则小组成员共同回顾、反思和分享行动学习的过程和经历，总结行动学习中的经验和不足，撰写行动学习报告并归档（见图 2－2）。

第三节　行动学习的实践探索

一、国外政府行动学习的实践探索

在国外政府行动学习的实践中，英国政府管理学院（NSG）的“高层管理培训”（TMP）和“领导力提升培训”（ALP）项目，美国国家农业统计局（NASS）的“通过行动学习进行领导力开发”（LDAL）项目、阿富汗公务员学院的“公务员领导才能发展”（CSLD）项目，韩国中央公务员培训学院（COTI）的“高级公务员培训项目”以及英国伯明翰伯恩维尔学院（BBc）的“公共服务的领导力培训项目”（DIPSL）中，都使用了“行动学习法单元”。以上项目的培训对象是政府部门的中高级公务员，培训期限一般为半年以上（陈伟兰、谷昀、陈菲，2009）。Sylvia Horton（2007）分析了国外政府行动学习单元实践中的程序：首先，教师介绍什么是行动学习法以及行动学习的方法和基本要求，并要求学员把行

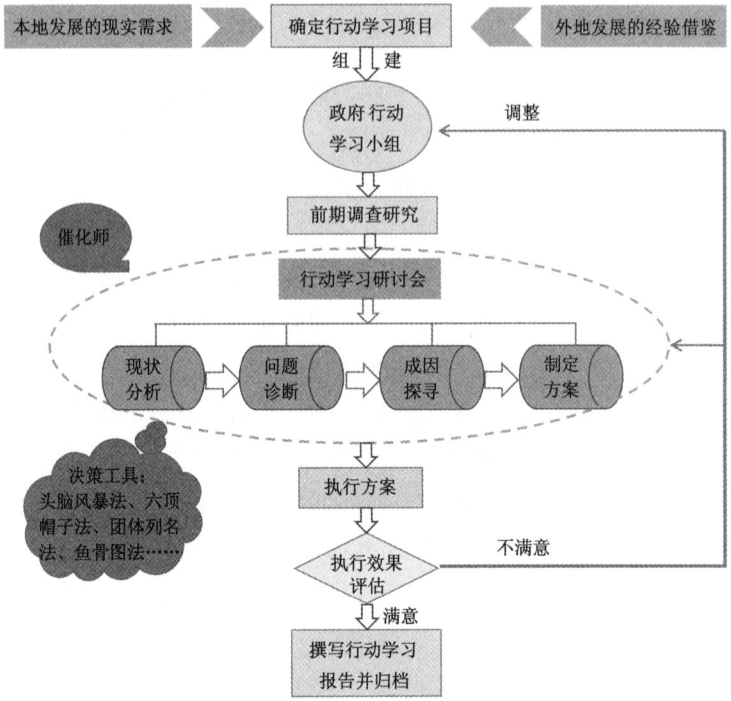

图 2－2 政府行动学习的基本程序

动技能应用于今后学习和工作的过程中；其次，学员自由组成 4 个行动学习小组，每组人数不超过 7 人，每个小组成员提出自己工作中需要解决的真实问题，请本组学员共同提出解决办法；最后，小组定期举行会议，讨论所面临的问题的性质、问题解决的方案及解决方案的可行性等。

韩国中央公务员培训学院于 2004 年引进行动学习方法。2006 年，韩国运用行动学习法共完成了两次高级公务员培训项目。第一次时间为 3 月 3 日至 5 月 30 日，共培训 171 人；第二次培训时间为 8 月 24 日至 10 月 31 日，共培训 224 人。行动学习结束前，参训人需提交三种报告：个人反馈报告、团队反馈报告及研究报告。研究报告中的很多政策建议被整合到韩国中央政府制定的部长级政策中（Pan Suk Kim，Jongsoon Jin，2008）。

二、我国政府行动学习的早期实践

行动学习法作为一种新型的管理培训方法，1990 年以后开始受到我国政府培训机构的关注。1998 年起，中组部培训中心将行动学习法引进我国公务员培训领域，进行了积极的研究和探索。该中心以多期中瑞合作管理培训项目为依托，采用国内研究和国外学习相结合的形式，先后在甘肃、青海、四川、内蒙古等西部省区推广实践“行动学习”，解决了包括环境保护、生态旅游开发、区域经济发展等一系列难题，有效地推动了这些省区的经济建设和改革发展（陈伟兰，2005）。1998 年，该培训中心率先在国内运用行动学习法，协助甘肃省解决“中小企业发展”、“人力资源开发”及“城市规划与环境保护”等方面的问题，获得了宝贵的体验，加深了对组织学习与创新发展的理解。2004 年 3 月，中组部决定在中瑞合作项目中增加四川子项目，该子项目是四川省在干部培训中应用行动学习法的首次尝试。在中组部培训中心和瑞方项目组的指导下，借鉴甘肃、青海子项目经验，四川子项目在项目专题设置上深入调研，并在专题选择上引入竞争机制，从省旅游局、省环保局、省林业厅、省建设厅、省农办提出的六个专题设想中，通过比选和评审择优确定了“四川省生态旅游可持续发展研究”、“四川省岷江、沱江流域水环境管理研究”、“长江上游生态屏障建设研究”三个专题。从 2005 年起每年实施一个专题，三个专题分别是四川经济社会发展的热点、难点和战略问题，与中央提出的科学发展观和可持续发展战略相吻合（张忠友、彭强，2006）。海南省继甘肃、青海、四川、内蒙古之后引进行动学习法，并成功地将其应用于干部教育培训中。海南省在训前、训中实施需求调研，充分尊重学员的意愿、需求，合情合理地设计培训进程，满足学员个性化需求，尊重学员主体性地位；以问题为导向，以提高学员综合素质和能力为最终目的；综合运用多元化教学形式，充分激发学员学习兴趣，体验培训乐趣；行动学习中不分行政级别，不论职务高低，充分体现学员话语权的平等性和主体地位；搭建行动学习平台，整合优势资源，变执行的单向力为多向性合力以提高政府执行力。领导的高度重视，组织部门、执行部门的严格管理是行动学习法在干部教育培训中成功运用的组织保障，培训主客体之间的单向性向双向性转变，创新了干部培训方法，在一定程度上改变了组织人事管理模式（江彩云、成秋英，2011）。

国家行政学院从 2006 年开始也将行动学习法应用到中、高级公务员培训，先后在澳门特区政府高级公务员管理培训项目和第一期东北地区领导干部培训中运用了行动学习法（陈伟兰，2005）。

2005 年以来，绍兴市也开始探索将行动学习理论引入干部教育培训中。绍兴市的干部教育培训以行动学习理论为指导，以专题研修班为主要载体，围绕绍兴市委市政府提出的中心工作和重大战略部署，以大力提升领导干部解决实际问题能力为重点，以促进地方区域经济社会科学发展、和谐发展为目的，大大加强了干部教育培训的针对性和实效性、感染力和吸引力。到2009年年底，绍兴全市举办了62期专题研修班，专题研修班在主体班次的比重和范围不断扩大。专题研修班所采取的集中培训、现场教学、调查研究、答辩交流四合一的教学模式被清华大学公共管理学院称之为干部培训教育的“绍兴模式”（陈汉荣，2010）。2009年初，绍兴市又制订实施了《绍兴市深化行动学习与研究型培训工作实施方案》，着力在研修环节、参加对象、应用领域三方面进一步深化（绍祖文，2009）。

陈伟兰（2005）对国外、国外政府行动学习的开展进行了比较和区分。她认为，行动学习法用于我国中、高级公务员的培训与开发以来，为适应中国的文化背景和政治体制、机制，进行了一定的变化和创新。在我国培训领域实施的行动学习法与西方传统的行动学习法主要有以下三个方面的不同。一是问题的产生不同。西方行动学习项目中的问题是由参训学员本人提出，问题的个性化特征明显，指向学员个体。问题的解决更侧重于个人的发展和成长。而我国开展的行动学习的问题来自组织，一般是某省、某地区经济社会发展的热点或难点问题，问题的解决更有助于组织的发展。二是学员的选择不同。在西方行动学习项目中，学员先加入行动学习小组，而后由学员提出在今后行动学习中需要解决的问题。而我们的行动学习是先确定问题，然后根据问题选择相关业务或者研究部门的骨干，学员通过组织调训参与到行动学习项目中。三是项目的组织不同。西方的行动学习过程主要以小组自我管理为主，题目自选，参加人自愿，行动学习的过程自我控制。在我国公务员培训的实践中，则通过成立项目领导小组（组长一般由较高职务的领导担任）、执行小组，任命组长、小组长，开展项目成果评比等活动加强对项目的组织管理，与西方的行动学习项目相比，组织更加严密，物化成果也更丰富。

三、广西政府行动学习的总体发展

从以上分析可以看出，无论是国外政府部门的行动学习实践还是我国政府行动学习的早起探索，行动学习大多是作为一种干部教育培训的方法或领导力开发的工具，是一种范围较小的、短期的项目形式。近年来广西壮族自治区在全区逐步推广行动学习实践，行动学习已由短期的培训项目形式逐步转变为政府部门工作中的“新常态”，建立起基于行动学习的长效工作机制（见图 2-3）。

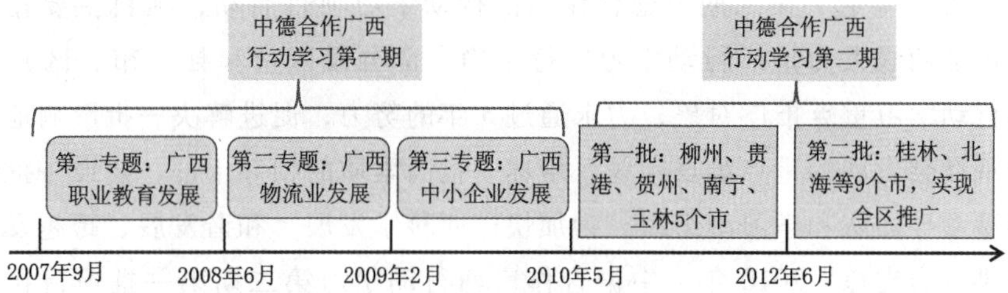

图 2-3　广西行动学习的发展历程

2007 年，中德合作广西行动学习项目第一期作为政府间合作子项目被纳入《中德技术合作协定》中，这是中德间第一个省级且历时最长的管理培训项目。项目要求应用“行动学习法”，每年选择一个影响当地经济社会发展的重大问题，组织一批在职干部进学员通过考察借鉴国外的经验，接受国际专家的指导，对问题提出解决方案，最终的方案将上升为处理相关问题的制度规范和工作成果。通过这样一种边培训学习，边行动实践的“行动学习”方法，培养高素质的领导干部和业务骨干，扩大对外开放与合作交流，为广西的经济发展积累人才资源。

其中，第一专题为“广西职业教育发展”，来自自治区直属机关及有关市的 23 名领导干部成为该项目的首批学员；第二专题为“区域合作下的广西物流业发展”，24 名来自广西各有关市、区直单位和企业的领导干部成为该专题的核心学员；第三专题为“广西中小企业发展”，17 个相关单位的 23 名厅、处级干部和相关企业领导参加学习。

第一期行动学习项目结束后，行动学习参与者在相关理论研究和工作实践上取得了丰硕成果。围绕三期行动学习专题项目，形成了数十篇研究报告、研究论文，并据此草拟了相关的条例、意见、方案、可行性报告等，供各级党委、政府决策参考。其中，职业教育条例已列入自治区人大 2009 年的立法计划。这些专题成果的陆续实施，为广西职业教育发展、物流业发展和中小企业发展注入了强大的推动力。在大量的物化成果背后，“行动学习法”的成功植入是最大的亮点。广西建立了中德合作广西行动学习网，为学员日常交流构建便捷、快速的网络平台，开辟了学习研讨的“第二课堂”。通过推行行动学习法，“学”与“用”、“业务培训”与“心智成长”、“个体学习”与“集体研究”被有效地结合起来，既提高了干部参与学习的积极性，又推动了自治区干部教育培训方法的创新。

2010年起，第二期中德合作广西行动学习项目启动，项目主要在广西市县两级大力推广行动学习，每年确定部分设区市和县（市、区）作为行动学习重点推广对象，力求通过3年的努力，促进解决一批影响地方经济社会发展的重点难点问题，培养一批高素质的领导干部，建设一批学习型领导团队和学习型组织，为加快广西科学发展、和谐发展、跨越发展提供有力支撑。2010年，中德合作广西行动学习第二期第一批项目在柳州市、贵港市、贺州市及南宁市宾阳县、玉林市玉州区5个市开展。2012年，广西行动学习项目第二期第二批实施单位，在桂林、梧州、北海等9市全面启动实施行动学习项目，至此，行动学习在广西壮族自治区实现了全区推广。

第三章

龙州行动学习的保障机制与主要成效

龙州地处桂西南边陲，是一座具有1200多年历史的边关商贸历史文化名城，在广西近代发展史上，曾是左江流域乃至整个桂西南的政治经济文化中心，创造过20多个“广西之最”，商贸盛极一时，被誉为“千年古城，百年商埠”。

2012年，自治区党委组织部在全区推行行动学习，龙州县被列为中德合作广西行动学习项目第二期第二批实施单位。为了理清全县发展思路，县委班子成员带头深入机关单位、工矿企业、农村基层等进行实地调研，并在深刻分析国内外发展趋势、准确把握县情、广泛征求各方意见的基础上，提出了实施“富民兴边，贸工强县”战略，构建“两带四区”（“两带”即边境口岸经济带和水口—龙州—上降/上金经济带；“四区”即中越国际口岸经济区、龙水综合产业园区、祥龙产业集中发展区、新旺循环经济工业区），发展“两集群四支柱产业”（“两集群”即加工制造产业集群、商贸物流产业集群；“四支柱产业”即能源产业、特色农业、文化旅游、住建产业），打造“东盟商务港、产业桥头堡、边贸新一极”，建设陆路东盟商务口岸工业文化旅游名城的发展思路。这些思路和重点，较好地反映了全县经济社会发展实际和群众愿望，起到了统领全局、凝聚人心、鼓舞士气的作用，使全县上下形成了谋发展、促发展、快发展的强大合力。

龙州县委高度重视行动学习工作，把行动学习作为抓班子、带队伍、促发展的有效载体，于2012年8月成立了以县委书记为组长的领导小组，组织实施了“全力推进龙州打造‘东盟商务港、产业桥头堡、边贸新一极’，建设陆路东盟商务口岸工业文化旅游名城”研究总课题，并在崇左市率先将行动学习向全县12个乡镇和26个县直试点单位推广。龙州县全县初步确定分课题42个，下设子课题75个；课题涉及核心学员658人，带动参与学员1980人。

龙州县委、县政府的行动学习贯穿于工作决策、部署、推进、落实全过程，着力破解了制约经济社会发展的瓶颈问题，带来了工作方式、领导方式、作风建设的创新，有力促进了龙州县科学发展、和谐发展、跨越发展。

第一节 龙州行动学习的保障机制

龙州县委、县政府在借鉴兄弟县市尤其是广西第一期行动学习活动的经验基础上，从完善行动学习保障制度、构建行动学习网络体系、建立行动学习推进组织、加强行动学习人员培训四个方面，探索出了一套具有龙州特色的了“322”（三项制度、两张网络、两大培训）的运行保障机制（如图3-1所示），进而建立健全行动学习长效机制，使行动学习可持续开展，成为推动龙州发展新跨越的永续动力源。

一、龙州行动学习的制度保障

制度是指在社会活动过程中所形成的约束和规范人们行为的一系列规则的总和。一个组织或团体内部的制度建设水平和机制创新水平直接决定着组织或团体的发展水平。改革开放的实践证明，政府制度创新是引导和推动经济社会发展的强有力杠杆（周业安，2000）。

政府治理离不开制度权威，政府只有借助于制度所赋予的权威性，才

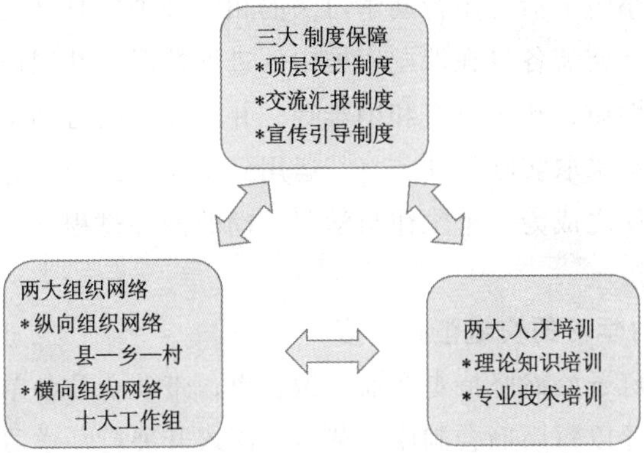

图 3-1　龙州县政府行动学习的运行保障机制

能获得“普遍的合法性认同”，为政府的治理行为提供公共权威基础。加强制度权威建设，还应注重建立合理、完善的制度体系，促使各项制度之间相互衔接和配套（周湘莲、林琛，2007）。政府行动学习作为提升地方政府治理能力的有效途径，同样需要强有力的制度保障。龙州县政府积极建立长效机制，着力健全各项制度，以制度推动行动学习各项工作，以制度巩固行动学习成果。

（一）行动学习的顶层设计制度

2012 年，龙州县委、县政府成立了以县委书记为组长的行动学习领导小组。根据广西壮族自治区党委组织部印发的《中德合作广西行动学习项目第二期第二批行动学习实施方案》和崇左市委办、市政府办印发的《崇左市实施中德合作广西行动学习项目方案》，领导小组及时制定了《龙州县实施中德合作广西行动学习项目方案》，明确了龙州县行动学习的指导思想、目标任务、活动安排和实施步骤，对全县行动学习的全面开展具有重要的指导和引领意义。随后，县十大工作组、县直 26 家试点单位及 12 个乡镇均制定了相应的行动学习项目方案。

根据行动学习项目方案，各单位行动学习的开展主要包含以下程序：①组建领导小组，指导行动学习工作。②精选行动学习项目，各领导小组要在广泛调研征求意见的基础上，根据“重要性、紧迫性、综合性、可行性”等原则，选定行动学习专题。③根据行动学习专题实施需要，组建专题学习小组。④召开行动学习专题研讨会。由组长召集组员召开专题研讨会，学习小组灵活运用行动学习法的相关理论工具开展学习研讨，由小组成员间相互交流各自在课题实施中的进展情况，共同研讨实施过程中遇到的问题的性质，解决方案和困难等，并形成新的行动学习方案。⑤根据行动学习方案采取实际行动，将其运用到工作实践中，并在行动中进行反思与学习，使之成为一个工作与学习互动的循环过程。

（二）行动学习的交流汇报制度

龙州县委班子始终坚持走在前、做表率，带动全县各单位各部门实行党、政主要领导以每周例会制度为载体，深入开展行动学习活动，确保了县委、县政府各项重大决策部署落实到位、取得实效。2013 年 4 月，龙州县创新施行《龙州党政工作协调每周例会制度》，即每周星期一上午，由县委书记主持召开县委、县政府主要领导碰头会，总结上一周工作完成情况，分析研究存在问题及解决办法，协调部署县委、县政府当周的重大事项和工作要点，明确任务目标和完成时限，循序渐进，加快工作进度，推动工作落实。

各县直单位、乡镇也积极响应县委、县政府号召，自发施行了每周例会制度。现在，党政每周例会制度已经成为龙州县各级单位的常态化工作机制，始终把行动学习工作纳入全局中，做到同研究、同部署、同落实。一方面，通过每周例会制度保障和跟踪行动学习进展情况，提高学习的针对性和实效性，做到把行动学习融入各项工作中，以促进学习工作化、工作学习化。另一方面，坚持每周例会制度，能够加强信息互通和工作互动，不断深化治理思维，提高政府决策的科学化水平和政府执行力。为了促进县四套班子工作协调运转，根据县委工作部署，县委督查室根据党政每周工作例会的内容，编辑了《中共龙州县委领导班子成员一周工作简况》，主要刊发县委常委一周主要工作简要，积极推动行动学习活动深入开展，探索建立县四套班子成员沟通协调新机制，努力形成班子成员间相互理解、互相支持、互相补台的良好风气，齐心协力推动全县各项工作“上档进位”。

（三）行动学习的宣传引导制度

行动学习作为一种新鲜理念，需要政府各部门强有力的宣传引导，来提升行动学习的影响力，营造浓厚的行动学习氛围。

一方面，龙州县委、县政府加强对外的宣传引导。加强宣传队伍网络建设，实行新闻宣传目标管理责任制，充分利用广播、电视、报刊、网络等媒体的舆论宣传引导作用，新闻宣传工作实现了质的飞跃。截至 2012 年 12 月，全县新闻稿件被中央级媒体采用 9 篇、被《广西日报》采用 89 篇、被《左江日报》采用 850 篇。通过及时总结和推广行动学习的好做法、好经验，及时宣传报道行动学习取得的成就，为行动学习的顺利推进营造良好舆论氛围。

另一方面，龙州县委、县政府更加注重对内的宣传引导。2012 年 8 月印发了《龙州县实施中德合作广西行动学习项目方案》。通过左江日报社、崇左电视台、龙州电视台、龙州广播电台、《今日龙州》等媒体，编印简报等方式对行动学习知识和学习活动来源、意义、目标、任务及各单位项目推进情况等进行广泛宣传，使行动学习的理念和方法逐渐为广大群众所接受。目前，已下发和通知各单位印发学习资料 3000 份，编印《简报》3 期，出专题板报 2 期，营造了良好的学习氛围。在市、县主流媒体上刊登行动学习相关知识及工作动态消息 9 条。各单位主要通过板报、报道、横幅、会议、简报等形式对本单位开展行动学习的情况进行宣传，使广大干部职工及社会充分认识和了解政府行动学习的重要作用、目的意义、指导思想和措施方法。

二、龙州行动学习的组织网络体系

管理学认为，组织职能是指为了实施计划而建立起来的一种结构，该种结构在很大程度上决定着计划能否得以实现。组织作为一种管理职能，是根据决策目标和计划方案的要求，再按照权利责任关系的原理，把工作人员组合成一个分工协作管理系统，以便实现人员、工作、资源条件和外部环境的优化组合，达到组织的既定目标。组织职能对于发挥集体力量、合理配置资源、提高劳动生产率具有重要的作用。为切实推进行动学习在龙州的生根、落地和发展，龙州县委、县政府高度重视，创建了行动学习的纵向和横向两张组织网络。

（一）行动学习的纵向组织网络

建立政府行动学习的纵向组织网络，有利于各部门行动学习信息的上通下达和有效对接，在县域范围内培育行动学习的连续体，以提升行动学习在各政府部门的向心力和凝聚力。在全县建立起“县—乡—村”三级的行动学习纵向网络，使得行动学习快速全面铺开（见图3-2）。

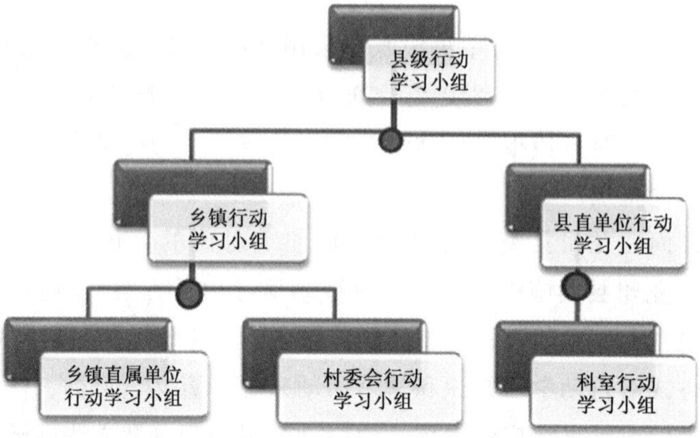

图3-2 龙州政府行动学习的组织网络

1. 县级行动学习小组

2012年，龙州县委、县政府成立了以县委书记为组长的行动学习领导小组，加强对行动学习的组织和领导，并组建了推动小组和项目执行办公室，成立了课题学习团队，确保活动深入开展。县四套班子领导率先带头开展行动学习，县委常委会组成人员、县政府常务会议组成人员、县人大班子、县政协班子各作为一个行动学习小组开展行动学习。

2. 县直单位行动学习小组

龙州县确定了26个县直行动学习试点单位，每个试点单位的领导班子作为一个学习小组。各县直单位结合实际，制定本单位的行动学习工作方案，成立以局长和党组书记为组长，副局长为副组长，办公室主任及各二级单位主要负责人为核心成员的工作领导小组，领导小组下设推动小组和项目执行办公室，共同推进行动学习，形成统一思想，认真落实，全面铺开。

政府行动学习带来了政府部门内部工作面貌的革新。很多单位以行动学习活动推动单位内部各项工作的开展，通过行动学习有效提升了单位内部成员的学习能力和工作能力，创造性地解决了工作中的难题，得到上级领导单位的表彰和鼓励。例如，由于工作成绩突出，2012年以来龙州县财政局分别荣获“广西财政厅2012年度广西财政基层培训工作先进单位”、“2012年度广西财政国库管理改革工作量化考核评比基础目标奖”、

“公务卡改革奖”、“2012 年度非税收入收缴管理改革工作量化考核基础目标奖”、“崇左市创业十周年先进集体”、“2013 年度广西财政国库管理改革量化考核工作先进集体”、“2013 年度广西非税收入收缴管理改革量化考核工作先进集体”等自治区、市部门 10 个奖项。此外，2013 年，在全市公安机关 2013 年年中工作会议上，龙州县公安局成为全市公安机关唯一在会上作“一村一警”工作经验介绍发言的单位。在 2013 年 11 月 21 日召开的全市社会公众安全感分析会上，龙州县公安局还作了推进社会公众安全感工作典型经验的介绍发言。

3. 乡镇行动学习小组

龙州县下属 12 个乡镇也都组建了行动学习小组，在崇左市率先实现了行动学习的全县推广。一是，成立乡镇实施中德合作广西行动学习项目领导小组。由乡镇党委书记、乡镇长担任组长，乡镇党委副书记任副组长，领导小组下设推动小组和项目执行办公室，主要职责是负责统一领导整个乡镇行动学习实施工作，审议推进过程中的重大事项。二是组建乡镇实施中德合作广西行动学习项目推动小组。由乡镇党委副书记、人大主任任组长，组织委员任副组长，主要职责是促进行动学习在乡镇的推广，及时了解和指导乡镇行动学习实施情况，研究解决推进过程中的有关问题。三是成立乡镇实施中德合作行动学习项目执行办公室。办公室设在乡镇党委组织委员办公室，由乡镇党委组织委员任主任，主要负责乡镇行动学习实施工作的具体组织、统筹推进和服务工作。

为了使行动学习法在乡镇范围内全面推广，龙州县部分乡镇还将行动学习的网络延伸至村一级。例如，八角乡党委要求各乡直单位、村委会都成立行动学习小组。乡行动学习项目小组每一个成员都作为催化师挂点指导 1—2 个小组开展行动学习。八角乡共成立了 9 个行动学习小组（即乡政府行动学习小组、乡直单位行动学习小组、7 个村行动学习小组），带动参与人员 100 人，行动学习法在全乡各单位推广并运用到平时的工作中。八角乡还创新推出“八角一周谈”活动，要求全乡 9 个行动学习小组一周内开展一次行动学习，结合工作实际，选择课题开展讨论，形成主题汇报材料。每周乡党委政府组织 9 个行动学习小组召开一次座谈会，各行动学习小组派出代表发言。乡党政办负责收集整理每位代表的发言材料，作为今后全乡工作开展的参考资料。再比如，上降乡行动学习催化师分三期对 68 名村干部进行了培训，并以开展“我为上降乡发展谋出路”

主题活动为载体，组建8个行动学习项目推进小组，采用行动学习的方法深入各村进行研讨、征求发展点子，得到村委的积极响应，村委干部自觉将行动学习理念和方法运用到村委“三会一课”中，推动行动学习运用从乡到村一级会议的实质性转变。

（二）行动学习的横向组织网络

随着党的十八大的胜利召开，中国行政体制改革进入一个新阶段。在继续深化职能转变的同时，行政体制改革的侧重点从机构改革转变为机构改革与运行机制、管理方式改革并重。健全部门间协调配合机制，无疑是完善运行机制和创新行政管理方式的重要内容（周志忍、蒋敏娟，2013）。发达国家跨部门协同的努力是在“整体政府”的旗帜下进行的，它发端于20世纪90年代后期的英国布莱尔政府推动的公共改革运动。整体政府理念及其相关改革被视为“21世纪公共服务改革最鲜明的特征，就像20世纪末‘新公共管理’或‘政府再造’所带来的变革一样”（Laugharne，2003），它标志着政府改革从公共管理转向公共治理的新阶段。面对日益复杂和快速变化的环境，建立并逐渐完善政府跨部门的组织整合和工作协同机制是当代政府治理现代化进程的紧迫而核心的任务。

2011年，崇左市召开“两加”（即加力开放合作、加快南崇经济带建设）工作动员会后，龙州县打破层级、岗位界限，以口岸、工交、农业、城建、文化旅游、项目招商等县十大工作组为基础，组建工作团队，分别就贯彻落实市“两加”动员会精神，推进全县项目建设、招商引资、征地拆迁等各项重点工作进行专题研讨，并作出了以“两高”（即南宁—龙州—凭祥高速铁路、崇左—水口高速公路）、“两联”（即龙州与越南实现交通联通、口岸及互市点与越南口岸实现联通）、“两铝（旅）”（即生态氧化铝项目建设和文化旅游产业）、“两商”（即举办中越水口—驮隆口岸商品交易会、引进一批商贸物流企业或项目入驻龙州）为抓手，加力开放合作、加快融入南崇经济带建设的决策部署，为龙州加速经济腾飞、重振百年辉煌指明了方向。

具体来说，2011年10月，龙州县委、县政府办公室联合发布了《关于成立龙州县‘十大’工作指挥部及各领导小组的通知》，成立了由人大主任、政协主席以及县委常委亲自担任组长的十大工作组，涵盖全县要抓的各项重点工作：农业发展组、工业交通组、边境口岸经济组、城镇化建设组、项目招商组、文化旅游组、筹资融资组、民生工作组、社会综治组、党建工作组，这十大工作组每个组都是一个学习小组。龙州县还及时调整充实县“十大”工作指挥部及各领导小组成员，出台《龙州县十大工作组工作责任制》，进一步明确十大工作组组长、副组长和项目责任领导、责任单位和配合单位工作职责（如表 3－1 所示）。

表 3－1　　龙州县行动学习十大工作组概况

十大工作组	领导小组办公室	成员单位	工作职责
边境口岸经济组	县口岸办	水口口岸经济区管理委员会、县口岸办	1. 扩大边贸进出口总量、提高口岸经济的财政贡献率；2. 完成“东盟商务港、产业桥头堡、边贸新一极”建设规划；3. 推进水口中越界河二桥建设；4. 协调理顺联检部门，营造便利通关环境；5. 解决已落户企业项目建设中的难题，争取早日竣工投产；6. 设立和建设龙州边境经济合作区；7. 把水口口岸提升为向第三国人员开放的国际性口岸，并扩大开放至二桥，科甲口岸升格为国家类口岸；8. 完成口岸类固定资产投资任务。
工业交通组	县工信局	县工信局、交通运输局、工业集中区管委会、国土局等	1. 统筹协调工业交通发展工作；2. 筹建工业交通投资公司；3. 推动工业项目发展；4. 推动交通基础设施建设；5. 完成工业交通类固定资产投资任务。
农业发展组	县农业局	县农业局、糖业发展局、水利局、林业局	1. 统筹协调三农工作；2. 推进新农村建设，发展现代农业；3. 提高甘蔗产量；规划水利项目，提高甘蔗节水灌溉面积；4. 打造跨国现代农业合作示范区；5. 抓好林权制度改革，发展林下经济；6. 推进农村土地流转，提高农业规模化经营水平；7. 抓好茶叶产业发展；推动特色农业规模化经营；8. 完成农业固定资产投资任务。
筹资融资组	县财政局	县财政局、税务局、各银行金融机构	1. 抓好甘蔗主导产业财源建设，强化税收征管；2. 协调各有关部门申报项目，积极争取上级资金；3. 发挥政府融资平台的作用，并完善“政、企、银”合作的投融资平台。

续表

十大工作组	领导小组办公室	成员单位	工作职责
城镇化建设组	县住建局	县住建局、国土局、公投公司等	1. 统筹协调城市建设工作；2. 完善县城总体规划，编制县城控制性详细规划；3. 抓好“一路一站一江一湖一中心一公园”相关规划建设；4. 抓好县城防洪提建设；5. 推进小区建设，解决干部职工住房难问题；6. 深入实施“城乡清洁工程”；7. 抓好征地拆迁工作；做好农村土地整治工作；8. 推进边关历史文化名城三年大会战城建项目；9. 建立土管和城建委员会；完成城建类固定资产投资任务。
项目招商组	县发改局	县发改局、招商局	1. 完成年度固定资产投资工作；2. 开展本县列入自治区层面重点项目工作；3. 组织各县招商工作；4. 做好协调和服务客商有关工作。
文化旅游组	县旅游局	县旅游局、文体局、纪念馆	1. 统筹协调旅游工作；2. 制定全县旅游总体规划，建立旅游管理体制；3. 筹建县旅游投资公司；4. 建立覆盖城乡的公共文化体系；5. 尽快开通中越边境旅游异地办证业务；6. 抓好广西优秀旅游名县创建工作；7. 推进边关历史文化名城三年大会战旅游项目；8. 完成旅游类固定资产投资任务。
民生工作组	县民政局	县民政局、人社局、教育局、计生局、卫生局	1. 统筹协调民生工作；2. 加强社会保障体制建设；3. 发挥重大项目的就业带动作用；4. 健全城乡养老保险制度；5. 加快城乡教育布局调整；6. 加强农村医疗卫生基础设施建设；7. 加大计生工作力度；8. 做好农村扶贫工作；9. 抓好稳定物价工作；10. 完成民生类固定资产投资任务。
社会综治组	县政法委	县政法委、司法局	1. 统筹协调社会管理工作；2. 矛盾纠纷调节；3. 干部接访工作；4. 开展服务群众，当好“三员”主题活动；5. 落实安全生产工作责任制；6. 完成政法类固定资产投资任务。
党建工作组	县委组织部	县委、组织部、纪委、宣传部、党校	1. 统筹协调党建工作；2. 学习贯彻党中央领导重要讲话精神；3. 开展基层党建创先争优活动；4. 推进干部人事制度改革；5. 加强领导班子建设；6. 推进反腐倡廉建设。

三、政府行动学习的人员培训

在公共部门人力资源管理中，培训与开发的作用十分重要，它不仅是公共组织人力资源开发的重要手段，而且也是组织战略管理的重要部分，关系到公共部门的公职人员队伍素质和能力的提升，关系为社会提供公共服务的质量和水平。尤其是在推动国家治理能力现代化的背景下，这一全新改革理念的运作与落实需要一支庞大的有改革开拓思想和创新观念的干部队伍，尤其需要加强对行政人员教育培训，大力提升他们的素质和能力。

行动学习是提升地方政府治理能力的重要路径，但行动学习本身作为发源于企业的组织学习方式，对政府部门来说还是新鲜事物。为加速行动学习在龙州的落地生根，龙州县委、县政府大力开展行动学习的理论培训及行动学习项目的专题培训，以深化政府公职人员的行动学习理念，提升行动学习技能，拓宽行动学习思路。

（一）强化理论培训，提升行动学习技能

行动学习引入龙州县之初，对龙州县各级领导干部来说还只是一个新鲜名词。为促进行动学习在全县的开展、推广和常态化应用，龙州县委、县政府采取派出学习、导入培训、内部培训、专家指导多种形式，对全县领导干部进行行动学习理论知识的培训。

一是派出学习。2012 年，龙州县委党校首先派出三位骨干教师参加自治区举办的骨干催化师培训会，为全县开展行动学习奠定了基础。

二是导入培训。为了让全县各部门、各乡镇都认识行动学习，运用行动学习，县委党校从 2012 年起，面向全县先后举办了一系列的行动学习培训班，将行动学习的理念导入全县各单位，为全县行动学习的铺开奠定了理论基础。2012 举办了 3 期龙州县催化师队伍提升培训班，受训 159 人次，为全县培训了大批催化师人才。2013 年举办了 8 期科级主体培训班，680 人参加，使干部队伍普遍了解了行动学习的重要意义及相关理论知识。2014 年上半年已举办 1 期引进人才培训班，47 人参加。

三是内部培训。为了有效推动行动学习的开展，龙州县各县直单位、乡镇根据县委党校行动学习的理念和方法自行召开了培训会，截至目前，

各乡镇、各单位共召开了108个不同层次的动员会和研讨会。

四是专家指导。为了进一步强化龙州县公务员队伍整体的行动学习理论水平，龙州县委多次邀请外部专家来指导。2012年10月，龙州县邀请自治区党委组织部干教处和自治区行动学习项目办领导和专家举办行动学习知识专题辅导讲座，全县600多名领导干部聆听了讲座。领导和专家从行动学习的起源、定义、基本流程、价值作用、实施要素等方面介绍了行动学习的基础知识和操作方法，帮助大家掌握行动学习的方法和技能。龙州县还邀请了北流市委党校教师、崇左市行动学习催化师等作了行动学习专题讲座培训，共1000多名领导干部接受培训，有效提高了干部系统性思维和创造性思维的能力。此外，自治区党委组织部干教处领导多次莅临龙州县上降乡、龙门镇等指导行动学习工作，崇左市行动学习督察组也多次对龙州县行动学习的开展情况进行检查指导。

（二）深化专题培训，拓宽行动学习思路

在行动学习的过程中，由于所选取的行动学习项目一般来源于具有重要性、紧迫性和综合性的现实工作问题，对学习项目当前存在的问题以及对策的分析需要开放性思维和先进性经验的指引，否则行动学习得到的成果可能是非常狭隘的，仍然不能有效解决实际问题。因此，针对行动学习项目的专业技术培训非常必要，能够有效拓宽行动学习的思路。从2012年12月起，龙州县委组织部组织县处级领导和科级正职，分三批到浙江大学参加产业发展和社会管理专题研修班，共培训科级以上领导干部43人。2013年5月，龙州县举办“学用政策、加快发展”文化旅游专题知识讲座，邀请广西文物保护研究设计中心副主任黎之津、广西旅游规划设计院院长滕健作文物保护和开发政策解读。2013年下半年，龙州县又围绕边境贸易、扶贫开发、特色农业、工业产业和文化旅游等专题，邀请自治区内外专家，共举办了5期科级领导干部“加力开放合作、加快南崇经济带建设”系列专题研讨班，对全县450多名科级领导干部进行轮训。为做好甘蔗高效节水灌溉工作，壮大甘蔗生产支柱产业，龙州县还借鉴以色列先进农业发展经验，邀请以色列专家召开专家咨询会，并对龙州县进行实地指导。2015年，龙州县坚持“服务科学发展、服务干部成长”的原则，将干部分成7类，即党政干部、企业经营管理人员、专业技术人员、中青年干部、基层干部、少数民族干部、换届后村（社区）“两委”

干部，分类别进行“精准培训”，共培训干部1700多人次。

除了参加县举办的各类培训外，各乡镇和县直单位也非常重视内部专业技能培训的开展。2012年以来，龙州县政协分别举办了两期共7天的政协机关工作人员及全体政协委员的培训活动，邀请了区政协领导、广西民族学院教授等分别为学员讲授政协理论知识和提案民主协商的有关操作方法。彬桥乡采用活动课堂、农家课堂等形式，积极开展甘蔗田间管理、澳洲坚果种植、珍贵树种培育、龟鳖和桑蚕养殖等各类实用技术培训，参训党员达368人次。通过各类实用技术培训，逐步打造一批有文化、懂技术、会经营的新型党员队伍，提升带领农民增收致富能力。

第二节 龙州行动学习的主要成效

行动学习是围绕现实中的工作难题组建跨层级、跨领域的项目团队，通过调查研究、学习研讨、方案实施、总结反思等流程步骤，实现群策群力解决问题、推动工作，促进个人与组织共同、科学、快速发展的一种方法。行动学习自企业引入党政部门后，在保留其原有的“干中学、学中干，强调以学习推动工作，以工作带动学习，促进工作学习化、学习工作化”基本理念的基础上，更强调了跨部门、跨组织的多元合作理念，凸显了整体性治理的思维，行动学习已成为推动县域治理的一种创新实践和有力抓手。

随着2012年行动学习引入龙州，并在全县推广，行动学习切实转变了干部队伍的工作作风，不断提高领导干部的执行力，打造了一批学习型、实干型的“双型”领导班子，焕发了基层党组织的创造力；强化提升了县域经济治理能力和社会治理能力，解决了一堆制约龙州经济社会发展的“瓶颈”问题，推进了县域经济社会的健康、快速发展。

一、行动学习焕发了龙州的党组织创造力

党的基层组织是党全部工作和战斗力的基础，是落实党的路线方针

政策和各项工作任务的战斗堡垒。加强基层党组织建设，强化党的领导是推动县域经济社会发展的内生动力。行动学习在龙州的全面推广，切实加强了党组织的作风建设，焕发了党组织的创造力和工作活力，逐步培育了一支善于发现问题、善于解决问题和善于抓落实的基层党组织和党员队伍。

（一）催生了每周的党政协调会

龙州创新施行了《龙州党政工作协调每周例会制度》。每周一上午，由县委书记主持召开县委、县政府主要领导碰头会，总结上一周工作完成情况，分析研究存在的问题及解决办法，协调部署当周重大事项和工作要点，明确任务目标和完成时限；并定期通报县委、县政府班子成员一周工作简况，树立标杆，以上率下，比学赶超。各县直单位、乡镇也积极响应县委、县政府号召，自发施行了每周例会制度。同时，县委督查室会根据党政每周工作例会的内容，编写《中共龙州县委领导班子成员一周工作简况》，进一步保障党政部门间的信息互通和工作互动。如今，党政工作协调每周例会制度已经成为龙州全县各级单位的常态化工作机制，始终把行动学习工作纳入全局中，做到同研究、同部署、同落实，努力营造党政一心一意谋发展、齐心协力促和谐的良好局面。

（二）孕育了“第一书记产业联盟”

2012 年，龙州县立足本县实际，针对农户个体力量单薄、微弱，农业产业规模不足，缺乏龙头带动作用等现实难题，采用行动学习法，群策群力，创造性地推行了“第一书记产业联盟”工作机制。县委向全县 33 个贫困村党组织选派了 33 名“第一书记”，组建“第一书记产业联盟”。第一书记发挥党员带头作用，发挥自身原有的人脉和平台优势，通过组织、产业、销售上的整合，组织带领群众开展生产发展，提升农产品质量，拓宽销售市场，逐步走出了一条具有龙州特色的可持续发展的产业化扶贫之路。龙州“第一书记产业联盟”的创新做法，获得了广西壮族自治区党委领导的批示肯定和亲临现场指导，自治区党委组织部要求全区各地学习借鉴推广，新华网、人民网等 40 多家国内主流媒体和《中国组织人事报》等知名党报党刊宣传报道。这项工作还被中组部作为边疆民族地区创新基层党建工作经验在《组工信息》和《组工通讯》刊物上刊登。

（三）完善了县管干部联系点制度

针对一些基层党组织涣散问题及基层党员干部在工作中因循守旧，不善于发现问题、不善于解决问题、不善于抓落实等情况，龙州县以开展教育实践活动和“三严三实”专题教育为契机，结合行动学习法，创新群众工作体制机制和方式方法，完善了县管干部联系点制度，着力打造一支善于发现问题、善于解决问题、善于抓落实的干部队伍。一是出台了《关于龙州县四套班子领导成员、公检法部门主要领导和县直及中、区、市直驻龙州各单位挂点联系乡镇、村工作安排的通知》，确保每个乡镇都有 3 位县四套班子领导成员或公检法部门主要领导及 1 个牵头单位挂点帮扶，每个行政村有 1 个挂点单位和 1 位负责人对接帮扶，并大力推行《民情日记》、一线工作法。二是研究制定《龙州县开展精准扶贫领导干部结对帮扶工作实施方案》，实施“领导挂点、单位包村、干部包户”扶贫开发工作责任制。每个扶贫开发重点村都有 1 名县处级以上领导挂点联系，有 1 个实力部门包村帮扶，有 1 名脱产干部蹲点，包村部门每个干部都联系帮扶 1 户贫困户。

二、行动学习强化了龙州的经济治理能力

近年来，龙州将行动学习紧密融入经济治理工作中，深入实施“富民兴边、生态立县、贸工强县、旅游旺县、文化兴县”战略，全力打造“东盟商务港、产业桥头堡、边贸新一极、生态长寿乡”，努力建设口岸经济大县、特色旅游名县。行动学习的深入实施强化了龙州的经济治理能力，推动龙州经济在“十二五”期间迈上新的台阶。

（一）主要经济指标排名前列

图 3-3 显示了“十二五”以来，龙州经济发展情况。可以看出，自行动学习开展以来，龙州县在地区生产总值、固定资产投资总额、外贸进出口总额、规模以上工业增加值、社会消费品零售额、财政收入等主要经济指标上均实现显著增长。尤其是外贸进出口总额每年都大幅增长，2011 年龙州全县外贸进出口总额完成 6.2 亿美元，2014 年全县外贸进出口总额完成 39.21 亿美元，比 2011 年增长 531.38%，年均增长约 84.8%。2014 年，龙州县外贸总量在广西全区 8 个边境县（市、区）中排第 2 位，

占全区、全市外贸总量的比重分别为9.7%、26.7%。2015年上半年，龙州主要指标增速继续保持全市前列，部分指标增速、总量在全区排位靠前。一是取得“6个第一”，即地区生产总值、规模以上工业总产值、规模以上工业增加值、固定资产投资、财政收入5项指标增速排全市第一，外贸总量排全市第一；二是实现“3个连续第一”，即地区生产总值、规模以上工业增加值、财政收入3项指标增速连续三年排全市第一。2015年，在全区91个县（市、区）中，龙州地区生产总值、规模以上工业增加值分别排第12位、11位；固定资产投资排第17位，较去年同期的第27位上升10位。

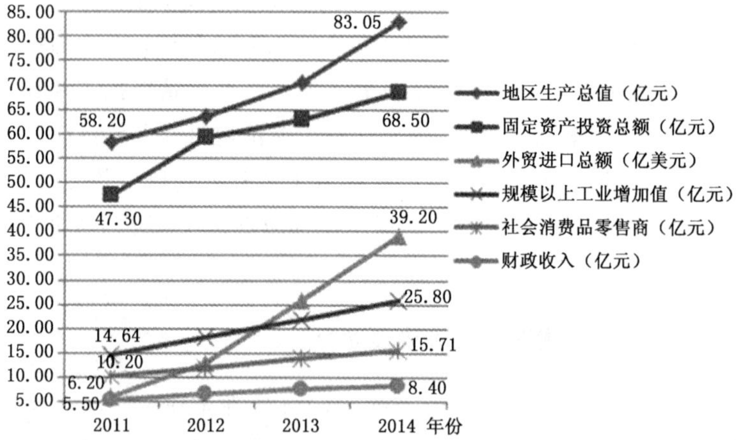

图3-3 2011—2014年龙州主要经济指标状况

（二）多项重大项目取得突破性进展

“十二五”以来，多项关系龙州长远发展的重大项目、重大事项取得突破性进展。崇左至水口高速公路列入全区“县县通高速公路”建设方案，将于2015年底开工建设，2018年竣工；湘桂铁路扩能改造南宁—龙州—凭祥高速铁路列入《西江—珠江经济带规划》重大项目，计划于2016年开工建设。竣工后，将彻底改变龙州没有高铁、没有高速公路的历史。龙州边境经济合作区申报材料已由自治区政府呈报国务院，国务院已转商务部办理。水口至驮隆中越界河二桥初步设计获交通部批复，将于2015年底前开工建设。龙州通用机场项目列入全区首批30个骨干通用机场之一。随着铁路、公路、水路、航空综合交通运输体系的不断完善，龙州正逐步实现由交通“节点”向交通“枢纽”的转变，必将成为桂西南重要的交通枢纽。

（三）成功申报多个国家级、自治区级品牌

“十二五”期间，龙州在多个经济领域成功申报了国家级、自治区级品牌。龙州发展纳入已上升为国家战略的广西北部湾经济区发展规划、珠江—西江经济带规划，和即将上升为国家战略的左右江革命老区振兴规划，填补了龙州一直以来没有国家区域发展规划的空白。在农业发展与改革层面，龙州水窿生态果蔗产业（核心）示范区成为全区首批授予的12个自治区级“现代特色农业（核心）示范区”之一，是崇左市唯一获此殊荣的县份。2014年6月，龙州县被国家林业局列为“国家珍贵树种培育示范县”。此外，龙州推行的耕地“小块并大块”整治的“龙州模式”被列为全国土地改革试点，并在西南8省区喀斯特地区进行推广。在文化旅游层面，2015年县荣获第二届“中国长寿之乡”称号，国家旅游局批准同意建设“全国红色旅游国际合作创建区”。同时，龙州红色旅游景区在全区13个后备县中以总分第一的成绩通过自治区质量等级评定，成功晋级广西特色旅游名县创建县。在沿边开放层面，2015年11月，“国门镇”水口镇以广西第13名、崇左市第1名的优异成绩成为2016年广西百强名镇建设示范点之一。同时，将水口口岸由国家一类口岸升格为国际性口岸和扩大开放的申报工作也已进入国家审理阶段。

2015年7月7日，第二届“中国长寿之乡”——广西龙州授牌仪式在龙州县隆重举行。

三、行动学习提升了龙州的社会治理能力

龙州地处边境地区，也是少数民族地区，其社会事业的发展和社会治理的水平影响整个国家的稳定、团结乃至和谐社会的构建。行动学习在龙州的深入开展和全面推广，大大促进了龙州社会治理中现实问题的挖掘、深层成因的探寻、“治本”方案的制度和执行，解决了一批社会发展中的顽疾。通过行动学习，龙州民生福祉不断改善，在社会治安、教育均衡、卫生发展、扶贫开发及美丽乡村建设方面均取得可喜的成绩。

（一）行动学习强化了社会治安

龙州县地处西南边陲，边境线长达 184 公里，缺乏天然屏障，边境管控任务十分繁重，农村治安形势非常严峻。通过行动学习，龙州创造性地推行了“一村一警”警务机制，全县 127 个村（社区）都配备了挂点、驻村民警，实现了“村村有警、月月见警”的目标。“一村一警”工作机制实施以来，龙州社会公众安全感及社会稳定动态两项指标评价良好，均排名全区、全市前列，尤其是 2014 年第一季度，龙州在全区社会稳定动态评比中排名上升至第 2 位。“一村一警”工作机制得到了自治区、崇左市等上级领导和有关部门的充分肯定，在 2013 年底的崇左市社会公众安全感分析会上，龙州县公安局作了推进社会公众安全感工作典型经验介绍发言。目前，龙州全县平安建设整体水平迈上新台阶，实现了无暴力恐怖活动、无重大治安灾害事故、无大规模群体性事件、无进京上访、无重大安全生产事故、无危害国家安全的重大事件的“六个无”目标。

（二）行动学习促进了教育均衡

一直以来，龙州的基础教育状况比较落后，教育发展不平衡问题尤为突出。2012 年以来，通过撤并分散、规模小的中小学校，大力实施教育提升工程，龙州中小学学校布局不断优化，教育设施不断完善，师资力量实现优化配置。2015 年 9 月，龙州顺利通过了自治区义务教育均衡发展评估验收，义务教育均衡发展各项指标均达到国家基本均衡县标准要求，成为全区第一个“老、少、边、山、穷”地区通过评估验收的县，也是全区第一个按照自治区规划提前 5 年通过验收的县。2015 年 11 月 3 日至 4 日，全区县域义务教育均衡发展推进现场会暨培训会在龙州召开，相关

机构介绍了龙州的经验和做法。在着力推动全县义务教育均衡发展的同时，龙州还结合本地实际，积极开拓特色教育，打造了“爱国固边”、“红领巾讲解员”、“书香茶韵”、天琴艺术、校园足球等边境国门特色教育品牌。

（三）行动学习推动了卫生发展

行动学习有力地推动了龙州卫生事业的发展，构筑起县—乡—村一体化卫生管理体系，较好地满足了城乡居民的医疗卫生服务需求，尤其是在防艾事业上取得了可喜的成绩。防艾工作是龙州卫生工作中的重要组成部分。近年来，龙州在防艾工作上也进行了积极的探索，创造性地建立了多层级的防艾工作保障机制、多元化的防艾宣传体系，尤其是探索创新了县、乡、村三级艾滋病宣传干预网络模式。2014 年，在全国艾滋病新发现患者数量普遍提升的情况下，龙州却实现两率（艾滋病新发现率和病死率）下降，非常难能可贵。龙州开创的县、乡、村三级防艾网络体系以及“自省式防艾宣传”模式，得到了上级部门的充分认可。2013 年 9 月自治区、崇左市县乡村防控网络规范化建设工作现场会相继在龙州召开，该模式随后在全区推广。2014 年，龙州被评为第三轮全国艾滋病综合防治示范区，是目前崇左市唯一的示范区。

（四）行动学习对接扶贫开发

龙州是广西 28 个国家扶贫开发工作重点县之一。“十二五”期间，龙州有 33 个贫困村共 11.33 万贫困人口，涉及 12 个乡镇，贫困人口占全县总人口的 43.6%，贫困面很大，扶贫工作任务艰巨。为切实推进扶贫攻坚工程，龙州县委、县政府落实了“领导挂点、单位包村、干部包户”扶贫工作挂钩联系制度，推出了农业产业扶贫、工业产业扶贫、边境贸易扶贫、文化旅游扶贫、教育培训扶贫、劳务输出扶贫、易地搬迁扶贫、交通路网扶贫、沿边金融扶贫、思想解放扶贫等 10 大综合扶贫工程。通过行动学习，龙州在扶贫开发方面取得了实实在在的成绩。全县贫困人口由 2011 年初的 11.33 万人减少到 2014 年末的 6.03 万人，净减 5.3 万人，减贫率达 46.7%，年均减贫率达 11.67%；贫困村农民人均纯收入由 2011 年的 2308 元增加到 2014 年的 4668 元，增加 2360 元，实现了翻一番，年均增长 25.56%，增幅高于全县平均水平；贫困地区生产生活条件也得到明显改善，全部完成了建制村“村村通”道路工程。

在着力推进综合扶贫的同时，龙州大力响应国家号召，实施精准扶贫战略。龙州县委、县政府领导率先垂范，创新“一个绝不，两个关键，三个原则，四个坚决，五个必须，六个精准，七个到位”工作机制，坚持把精准扶贫作为“一把手”工程，围绕“三找”（找穷户、找穷根、找富方）、“三真”（真扶贫、扶真贫、真富民）以及精准扶贫“回头看”机制，率先在全市开展扶贫对象精准识别工作。新一轮精准识别贫困户任务的高效完成，为龙州“十三五”期间的彻底脱贫“摘帽”奠定了坚实稳定的基础。

（五）行动学习建设美丽乡村

2012年底，龙州县组团到浙江安吉考察学习“中国美丽乡村”建设的成功经验，随后制定了《龙州县持续推进“美丽广西清洁乡村”活动实施方案》，形成领导带头、包片指导的工作责任制，制订完善文明村规民约，广泛开展文明创建评比活动，加快形成统一管理、相互监督、自我约束的村落社区化管理模式，促进村屯卫生管理长效化。龙州在全县创新并推广的“户分—村收—乡转运—片区处理”的垃圾处理新模式，不仅节约了垃圾处理成本，还从源头上减少和杜绝了垃圾产生。2013年，龙州探索实施的这一垃圾处理新方式，得到了自治区领导的充分肯定。此外，通过因地制宜地实施不同的污水处理模式，龙州县农村污水处理问题实现了低成本和生态环保的双重效果。垃圾分类与清洁水源工程的推进，使得龙州整体的生态环境有了明显的改善，龙州乡村逐步实现了美丽的蜕变。

第四章

行动学习焕发了龙州的党组织创造力

在发展中国特色社会主义历史进程中，中国共产党始终是坚强的领导核心。中共十八届五中全会强调，要加强党的领导，完善党领导经济社会发展工作体制机制，加强党的各级组织建设，强化基层党组织整体功能。习近平总书记也多次强调，贯彻党要管党、从严治党方针，必须扎实做好抓基层、打基础的工作，使每个基层党组织都成为坚强战斗堡垒，党的领导干部要自觉践行"严以修身、严以用权、严以律己，谋事要实、创业要实、做人要实"的为官之道和行为准则。

为切实增强基层党组织的战斗力和凝聚力，以实际行动深入践行"三严三实"，2012年以来，在县委的正确领导下，龙州率先在全县范围内推广行动学习工作法，并指导县委组织部、纪委、宣传部、党校等部门联合组建"行动学习促党建"工作组，不断解放思想、开拓创新，将行动学习法融入"三严三实"专题教育和党建实际工作中。行动学习在龙州的全面推广，切实加强了党组织的作风建设，焕发了党组织的创造力和工作活力，逐步培育了一支善于发现问题、善于解决问题和善于抓落实的基层党组织和党员队伍。

第一节
行动学习催生了每周的党政协调会

党政关系问题是现代民主政治的基本问题，其本质是执政党如何领导并掌握国家政权，实现执政党对国家和社会的领导和治理。社会主义国家是党通过革命建立的，党的先进性是党的领导和执政的合法性基本源泉，党的领导是社会主义国家建设和发展的前提，是国家政权的核心。

著名学者林尚立2002年发表在《学习时报》上的一篇文章对党政关系建设的制度安排进行了精辟论述。他强调，在社会主义国家不能把党政关系从党的领导制度中抽象出来，简单地从执政的角度来安排执政党与国家的关系。相反，必须充分考虑党的领导制度的内在规定性。从社会主义政治逻辑来看，党的领导是党执政的政治前提，而党的执政是党的领导的具体实现。虽然党政关系主要在党执政的过程中展开，但是处理党政关系的基本原则和制度安排，则必须同时考虑党的领导与党的执政两大方面。在社会主义政治逻辑下，从这两个角度出发所形成的党政关系制度安排具有内在的统一性：以“总揽全局、协调各方”为原则所形成的党政关系的制度安排，保证了执政党对国家政权的领导；以“依法治国”为原则所形成的党政关系的制度安排，保证了执政党对国家政权的有效运作，并借此来增强和完善党的执政能力。

因此，在新的历史时期，党政关系的制度安排的理想状态是党与政府在制度、功能和政治过程上的协调与耦合，而不是简单的党政分开。改革开放后强调的党政分开，主要是针对党政不分的党的一元化领导而言的，其战略目的是要消除过去那种以党代政、党统一切的集权化局面，通过改变党的领导体制和领导方式，加强党的领导。因而，改革开放以来强调的党政分开，不是为党政分开而党政分开，而是为了建立新型的党政关系而强调党政分开。这种党政关系虽然以党政职能分开为前提，但其关系的形式却不单单是党政分开，而是党政之间在制度、功能和政治过程上的协调与耦合。党政之间的协调与耦合是以党政职能的各自相对独立为基础的，强调党的领导和国家管理在制度上的耦合性、在功能上的协调性、在政治过程上的统一性。中国的改革实践证明，如果党政关系建设仅仅做到党政分开，而不在党政职能分开的基础上，建立新型的党政关系，党政分开就不可能获得有效的制度保障，其结果要么出现党政关系倒退，要么出现党政关系混乱，从而使党的领导被削弱。

随着中国社会发展进入一个全面创新的时代，党政关系建设应该走出党政分开的传统思维模式，同时依据党的领导的内在要求和现代国家制度建设和发展的基本原理，重构党政关系。在新的时期，中国的政治建设已然进入了一个新的发展时期，形成合理、有效的党政关系制度安排，应该列为其重要的主题。过去的经验告诉我们，党政关系不协调容易造成决策的制定和执行不顺畅，很多思想认识难以达成一致，党政成员间内耗严重，只能勉强维持表面工作，组织的整体效能不高。

新型的党政关系应是和谐、协调的关系。建设和谐党政机关，就是通过人与人之间的和谐，促进机关与机关、部门与部门之间的和谐，最终实现党政机关的总体和谐，提高工作效率，营造一种政令畅通、心齐气顺、工作有序、运转高效、蓬勃发展的良好氛围。为创造和谐的党政关系，龙州创新施行《龙州党政工作协调每周例会制度》。每周一上午，由县委书记主持召开县委、县政府主要领导碰头会，总结上一周工作完成情况，分析研究存在问题及解决办法，协调部署当周重大事项和工作要点，明确任务目标和完成时限，并定期通报县委、县政府班子成员一周工作简况，树立标杆，以上率下，比学赶超。同时，龙州还着力加强民主政治建设，先后制定出台了县委常委会议、县政府常务会议、县委与县政府联席会议等制度和《重大事项科学决策制度》、《基层党委议事规则》等议事规则，坚持“一把手”与班子成员每半年谈心一次，副职与分管单位的班子成员每半年谈心一次，努力营造党政一心一意谋发展、齐心协力促和谐的良好局面。

第二节
行动学习孕育了“第一书记产业联盟”

龙州县是“老少边穷”县，是广西28个国定贫困县之一，全县有33个贫困村。这些贫困村党组织战斗力薄弱，存在农民专业合作社组建难、农产品难形成规模、销售渠道不畅通等问题。

2012年，龙州县立足本县实际，针对农户个体力量单薄、微弱，农业产业规模不足，缺乏龙头带动作用等现实难题，采用行动学习法，群策群力，创造性地推行了“第一书记产业联盟”工作机制。龙州县向全县33个贫困村党组织选派了33名“第一书记”，组建“第一书记产业联盟”，第一书记发挥党员带头作用，发挥自身原有的人脉和平台优势，通过组织、产业、销售上的整合，组织带领群众开展生产发展，提升农产品质量，拓宽销售市场，逐步走出了一条具有龙州特色的可持续发展的产业化扶贫之路。

2014年5月15日，龙州县“第一书记产业联盟”正式挂牌成立。通过“第一书记产业联盟”，龙州县贫困村农民专业合作社的群众可以共享信息、共享技术、共闯市场。目前入盟合作社有63家，发展特色种养产业项目28个，2014年总产值达6600多万元，惠及贫困人口1.47万人，带动贫困农户人均增收750多元。2015年以来，全县第一书记产业联盟共销售红枫香菇总价值650万元、灵芝200万元、山羊100万元、蔗海肉鸡350万元、蔗香牛80万元、澳洲坚果700万元、蔬菜110万元，竹鼠、肉蛇、肉猪、中草药等约500万元。

2015年以来，龙州县继续推行行动学习法，全面梳理和查找制约“第一书记产业联盟”扩容升级的“瓶颈”和短板，通过采取“四项机制”，助推“第一书记产业联盟”扩容升级。

一是建立联系包抓机制。龙州将“第一书记产业联盟”产业纳入2015年县委、县政府十大重点工作之一，进一步健全完善“第一书记产业联盟”组织、领导、工作机制，建立健全领导联系、部门帮扶、政策扶持、项目倾斜和银企对接等服务体系，实行“领导挂点、部门包村、干部帮户”责任制。由县、乡（镇）、县直部门三级领导分别对1—2个贫困村进行定点帮扶，负责对推进“第一书记产业联盟”中的重点项目、龙头企业、生产基地和扶持政策落实情况，实行跟踪监测和检查督办。同时，把联系点向联席会议成员单位延伸，每个联席会议成员单位包抓1—2家农民专业合作社，并保持相对稳定。

二是实施经费投入机制。将“第一书记产业联盟”工作经费纳入县财政年初预算，每年县财政扶持“第一书记产业联盟”1000万元以上；制定出台《龙州县“第一书记产业联盟”扶持工作方案》《龙州县产业扶贫实施办法（试行）》等机制，学好用足国家、自治区扶贫开发政策，争取上级更多资金扶持，并大力整合政府各部门、社会各方面项目资金。2015年以来，全县共筹集1500多万元专门用于“第一书记扶贫产业”开发，分别给予各个贫困村50万元至80万元的产业扶持资金。

三是拓宽销售联盟机制。与广西阳光传奇文化投资有限公司、百色恒惠南莱北运股份有限公司、广西一帆农业科技股份公司和广西力豪投资有限公司等知名企业合作，借力提高龙州“第一书记产业联盟”产品知名度，不断拓宽销售渠道、开拓销售市场。

四是健全激励引导机制。把“第一书记产业联盟”摆上农村基层党建重要位置，列入县乡绩效考评的一项重要指标，作为乡镇党委抓党建、抓扶贫工作的基本要求。每半年由龙州县纪委和组织部派出考核组深入乡镇、村委对“第一书记”开展民主测评和考核，对在推进“第一书记产业联盟”中业绩突出、群众评价良好的给予提拔重用，对于工作不积极、群众有意见的给予严肃处理。

龙州“第一书记产业联盟”的创新做法，获得了自治区领导批示肯定和亲临现场指导，自治区党委组织部要求全区各地学习借鉴推广。新华网、人民网等40多家国内主流媒体和《中国组织人事报》等知名党报党刊进行了宣传报道。这项工作还被中共中央组织部作为边疆民族地区创新基层党建工作经验在《组工信息》和《组工通讯》上进行介绍。

第三节 行动学习完善了县管干部联系点制度

建立党员领导干部联系点制度是坚持党的群众路线，实行从群众中来到群众中去的工作方法的具体体现，是转变领导干部工作作风、密切党群关系与干群关系的有效形式，也是了解民情、倾听民声、集中民智、提高党的执政能力的有效途径。

针对一些基层党组织涣散问题及基层党员干部在工作中因循守旧，不善于发现问题、不善于解决问题、不善于抓落实等情况，龙州县以开展教育实践活动和“三严三实”专题教育为契机，结合行动学习法，创新群众工作体制机制和方式方法，完善了县管干部联系点制度，着力打造一支善于发现问题、善于解决问题、善于抓落实的干部队伍。

（一）县级领导、部门挂点联系乡镇、村机制

2012 年，龙州就出台了《关于龙州县四套班子领导成员、公检法部门主要领导和县直及中、区、市驻龙州各单位挂点联系乡镇、村甘蔗高效节水灌溉及土地小块并大块工作安排的通知》文件，要求各级党政一把手亲自抓、负总责，班子领导成员实行分工包村包屯，通过划分责任区和工作职责，确保土地“小块并大块”及流转工作和甘蔗节水灌溉项目建设工作的顺利完成。随后，龙州又进一步拓展领导干部、部门挂点帮扶范围，出台了《关于龙州县四套班子领导成员、公检法部门主要领导和县直及中、区、市直驻龙州各单位挂点联系乡镇、村工作安排的通知》，确保每个乡镇都有三位县四套班子领导成员或公检法部门主要领导及一个牵头单位挂点帮扶，每个行政村有一个挂点单位和一位负责人对接帮扶。在具体工作机制上，一是推行《民情日记》，通过走、问、听、记，培养干部善于发现问题的能力。在开展“三严三实”教育实践活动中，全县各级领导干部共走访群众 6600 多人次，记录群众反映的征地拆迁、行路难、就医难、入学难等问题 4200 多则，梳理出意见、建议 4022 条，为群众解

决生产生活实际困难630多件，并定期抽查《民情日记》，将督查结果纳入干部绩效考核。二是推行“一线工作法”，培养干部善于抓落实的能力。动员领导干部紧盯项目不放松，走出办公室、会议室，深入实地、深入现场，结合群众工作，深入项目一线了解民情民意，及时解决矛盾纠纷，排除隐患。通过征地拆迁、项目建设等一线工作锻炼、考察干部，使敢于担当、善抓落实的干部脱颖而出，得到提拔重用。

（二）贫困村定点帮扶机制

为进一步增强龙州“十二五”时期贫困村定点帮扶单位帮扶意识，顺利实现全县“十二五”时期定点帮扶贫困村的各项目标任务，龙州县委、县政府落实了“领导挂点、单位包村、干部包户”扶贫工作挂钩联系制度。龙州县及时研究制定《龙州县党政领导班子和领导干部经济社会发展实绩考核办法》，建立扶贫开发考评机制，将扶贫开发工作纳入各级、各部门年度绩效考评体系。

为切实推进扶贫攻坚工程，龙州实行县四套班子领导挂点推进机制。县委书记、县长亲自部署，研究制定《龙州县开展精准扶贫领导干部结对帮扶工作实施方案》，实施“领导挂点、单位包村、干部包户”扶贫开发工作责任制。每个扶贫开发重点村都有一名县处级以上领导挂点联系，有一个实力部门包村帮扶，有一名脱产干部蹲点，包村部门每个干部都联系帮扶一户贫困户。龙州还成立了县精准识别工作领导小组，党政主要领导亲自担任组长，全面统筹，率领县四套班子领导亲自抓、亲自部署、亲自入户、亲自识别、亲自参加评议。截至目前，全县共有37名处级领导、456个科级干部，139个县直及中、区、市驻龙州各单位挂点联系和帮扶126个行政村，联系帮扶4501个贫困户。县四套班子领导亲自进村入户开展精准识别工作达300多人次。

（三）领导联系重大项目机制

龙州县实施重大项目倒逼工作机制，出台了《龙州县重大项目推进工作机制》、《龙州县500万元以上重大项目推进时间计划表》，将全县各重大项目具体明确到县级联系领导和责任单位，全面推进“一个项目、一名挂点县领导、一个领办单位、一套人马、一张倒排工期表、一抓到底”的“六个一”项目推进机制，确保项目建设有效推进。

（四）县级领导党建工作联系点制度

针对一些基层党组织涣散、部分基层党员干部在工作中因循守旧等情况，龙州建立了县四套班子领导成员挂点联系乡镇、村工作制度，有32名县级领导共联系52个点，覆盖全县各基层党（工）委、党建示范点及软弱涣散党组织。

第四节 龙州党组织建设的未来发展动向

正如任何一项研究都不会是研究的终点一样，发展永远没有终点，发展永不停止。加强党的领导是实现“十三五”时期经济社会发展目标的根本保证。随着中国—东盟自由贸易区的建成，新一轮西部大开发、兴边富民和扶贫开发战略的实施，龙州迎来了多重机遇叠加的黄金发展期。抓住机遇、加快发展，关键要靠具有凝聚力和战斗力的党组织，靠一支讲学习、讲效率、讲实干的干部队伍。“十二五”期间，通过行动学习，龙州催生了每周的党政协调会，孕育了“第一书记产业联盟”，完善了县管干部联系点制度，充分焕发了党组织的整体创造力。在“十三五”时期，龙州要继续深化行动学习，通过行动学习践行“三严三实”，进一步提高各级党委的领导能力和水平，更好地促进和推动经济社会发展。

一、创新多种渠道推进党政协调

龙州创新施行的《龙州党政工作协调每周例会制度》，切实推动了党政工作的协调，促进了党政关系的和谐发展，营造了党政齐心协力谋发展的良好局面。随着网络技术的快速发展以及智能手机的普及，我国已全面进入移动互联网时代，人们的生活和沟通方式发生了深刻变革。人与人之间的信息交流早已摆脱了时间、空间的束缚，沟通方式更加凸显及时性和便利化。今后，龙州可以建立线上和线下两种渠道，促进党政沟通协调。例如，可以创建四套领导班子工作微信群、QQ群，充分利用文字、语音、图片、链接等传递功能，及时发布领导班子工作进展、下乡考察、外出学习等实况，着力将工作微信群、QQ 群打造为四套领导班子成员间互通互联、信息沟通、情感联系和工作互动的平台。

二、推动“第一书记产业联盟”开放式扩容

党的十八届五中全会提出了“开放”的发展理念。面临新的发展机遇，“十三五”时期，龙州应进一步推动“第一书记产业联盟”开放式扩容，提升“第一书记产业联盟”的乘数效应，推动龙州品牌的农产品走向全国。一是完善联盟成员 QQ 群、微信群等交流平台，互通产品供求信息，进一步提高农业生产调控能力和组织化程度。二是缩短流通环节，开辟产品直销网点，在南宁五里亭批发市场、柳州柳邕批发市场、长沙马王堆果蔬批发市场、武汉白沙洲蔬菜批发市场、山东寿光农产品物流园等多个大流通市场建立“第一书记产业联盟”品牌产品直销点。三是发展电子商务，在阿里巴巴南宁产业带建设广西贫困村“第一书记产业联盟”产品展销旗舰店，为“第一书记产业联盟”提供销售、广告、融资和经营团队等四大平台，打通线上销售网络。四是积极对接东部发达县市，引入区内外相关农业发展、生物工程、电子商务等公司进行投资融资。

三、优化干部定点帮扶绩效考核机制

针对目前还存在的基层党建发展不平衡、基层党组织发动组织群众的能力不够强、部分党员干部工作主动性、积极性和责任心不强的问题，今后龙州应着力优化干部定点帮扶绩效考核机制。当前对干部定点帮扶的考核机制还不科学，主要通过听述职报告、民主测评、抽查民情日记等粗犷方法，很难得出严格精确的考核结论，考核结果运用乏力，没能充分发挥激励先进、鞭策后进的作用。建议明确干部定点帮扶绩效的评价指标体系，采用认同度评估法，即被评对象首先进行自我评价，根据评估指标及标准进行自我打分，并对所做工作进行描述，提供相应评价依据。在此基础上，由多元评估主体（评估小组、上级领导、同事、公众等）对被评对象自我评估的结果进行认同度判断。被评对象的最终绩效得分等于自我评分与他评主体认同度相乘结果的加权。通过认同度评估法，能够有效解决传统评估中绩效信息难以采集和量化、评估信息不对称以及自评与他评相互割裂的难题，有利于提升评估结果的客观性、公正性和可信度。

第五章

行动学习强化了龙州的经济治理能力

推动经济发展是政府的重要职能。县域经济是国民经济的基本单元和重要基础。县域经济是一个具有区域性、层次性、开放性特点的经济系统，处于宏观经济与微观经济结合部、城市经济与农村经济连接点，是国民经济的基础部分，是解决“三农”问题的载体、建设社会主义新农村的根本，是全面建设小康社会的难点所在、希望所寄，也是贯彻落实科学发展观、建设和谐社会的应有之义①。

龙州是广西28个国家扶贫开发工作重点县之一，“十二五”期间，全县有33个贫困村，11.33万贫困人口，经济的发展对龙州脱贫致富，解决“三农”问题至关重要。近年来，龙州县经济取得了较快的发展。但在广西全区和崇左全市仍处于较为落后的水平。表5-1、表5-2分别显示了2008—2011年龙州县在崇左市7个县区和广西壮族自治区91个县区经济发展的排名②。可以看出，2008—2011年，龙州绝大部分经济发展指标在崇左市、广西全区的排名均较为靠后，整体处于崇左和广西县域经济的下游水平。龙州经济发展总体呈现的态势是：第一产业陷入瓶颈，后劲不足；第二产业基础薄弱，发展迟缓；第三产业潜力较大，动力不足。

① 王军，张蕴萍．县域经济创新发展研究［M］．北京：人民出版社，2011：1.

② 根据2009—2012年广西统计年鉴“91个县域社会经济主要指标”统计数据排序得到。

表 5-1　2008—2011 年龙州县在崇左市 7 个县区经济指标排名

指标＼年份	2008	2009	2010	2011	指标＼年份	2008	2009	2010	2011
GDP	5	5	5	5	农作物总播种面积	5	5	5	5
第一产业	5	5	4	5	糖料产量	3	3	4	4
第二产业	6	5	6	5	全社会固定资产投资	6	7	5	6
第三产业	5	3	3	3	社会消费品零售总额	4	4	4	4
人均 GDP	5	4	4	3	境内公路里程	5	5	5	5
财政收入	6	6	6	6	城镇人均可支配收入	5	5	5	5
规上工业企业数	7	6	6	6	农民人均纯收入	6	6	6	6
规上工业总产值	6	5	5	2					

表 5-2　2008—2011 年龙州县在广西壮族自治区 91 个县区经济指标排名

指标＼年份	2008	2009	2010	2011	指标＼年份	2008	2009	2010	2011
GDP	62	57	55	54	农作物总播种面积	45	45	44	36
第一产业	52	49	42	42	糖料产量	5	4	5	5
第二产业	72	66	68	63	全社会固定资产投资	76	70	66	63
第三产业	48	47	47	47	社会消费品零售总额	66	23	68	68
人均 GDP	42	30	30	19	境内公路里程	57	52	55	58
财政收入	50	48	46	42	城镇人均可支配收入	74	18	75	78
规上工业企业数	79	76	78	81	农民人均纯收入	57	31	62	68
规上工业总产值	62	54	57	27					

为了加快提升龙州县经济发展水平，推动龙州产业结构转型升级，龙州县围绕经济发展的重大议题，成立了农业发展组、边境贸易组、工业交通组、文化旅游组、项目招商组、筹资融资组六个跨部门的工作组，基本囊括了与龙州县经济发展相关的全部单位。此外，各乡镇在两委班子的带领下也成立了行动学习小组，负责乡镇经济发展的统筹协调。各级行动学习小组在《龙州行动学习方案》的指导下，通过党政一周例会及一周工作要点等制度，开展行动学习，在现状分析、问题诊断、成因探寻、制订方案、执行方案、执行效果评估的循环过程中，不断解决龙州经济发展的现实难题。

第一节 行动学习助推农业产业化

农业产业化是解决当前一系列制约农业和农村经济发展深层次矛盾和问题的必然选择，是实现农业现代化的必由之路，是农业结构调整和农民增收的重要带动力量。因而要实现龙州县的跨越式发展，关键在于“写”好农业产业化经济这一篇“文章”。

一直以来，农业都是龙州县经济的主体和支柱产业，农业产值占GDP比重超过30%。然而，与兄弟县市相比，农业发展规模和发展成效还比较落后。2010年，龙州县农业总产值15.1亿元，是扶绥县农业产值的二分之一；农民人均纯收入仅为4093.4元，比扶绥县低1500元。

为此，龙州县农业局、糖业发展局、水利局、林业局等相关单位共同组建农业发展组，统筹协调农业的发展工作。各乡镇也成立了行动学习小组解决当地“三农”问题。各行动学习小组在《龙州行动学习方案》的指导下，通过党政一周例会及一周工作要点等制度，开展行动学习，在现状分析、问题诊断、成因探寻、制订方案、执行方案、执行效果评估的循环过程中，不断解决农业发展中的难题（如图5－1所示）。

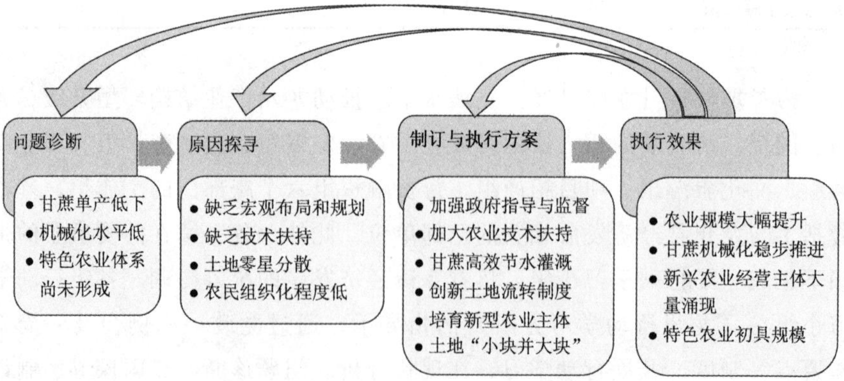

图5－1 行动学习助推农业产业化

一、现状分析与问题诊断

在实地调研的基础上，通过头脑风暴、团体列名等决策方法和决策工具，龙州行动学习小组发现，本县农业产业化发展缓慢、规模较小，主要存在以下三个核心问题。

（一）甘蔗单产较低

龙州县是国家重点扶持的蔗糖优势区域县之一。蔗糖产业已成为龙州县的支柱产业，是增加地方财政和农民收入的主要渠道。虽然龙州县甘蔗产量在广西全区排在前列，但是与普遍生产甘蔗的周边县市相比，龙州甘蔗产量仍较低。2010 年，龙州县糖料产量 305. 8 万吨，低于扶绥县、江州区、宁明县的产量，且仅为扶绥县的一半。虽然甘蔗种植面积在不断增加，但甘蔗中低产田面积大，甘蔗单产提升仍有很大空间。甘蔗产量低，使得甘蔗原料远远不能满足制糖企业规模入榨量，严重制约着龙州蔗糖产业的可持续稳定增长。

（二）机械化水平较低

2014 年中央一号文件《关于全面深化农村改革加快推进农业现代化的若干意见》指出，要加快推进大田作物生产全程机械化，主攻机插秧、机采棉、甘蔗机收等薄弱环节，实现作物品种、栽培技术和机械装备的集成配套。农业机械化发展是我国农业现代化发展的必然要求，是现代农业的重要标志。实践证明，农业机械化能够提高土地利用率，提高农业生产效率，增强农业综合生产能力，推动农业生产规模化、产业化、标准化的发展，增强了农产品的竞争力，加快现代农业的发展脚步。随着种植成本上升、劳动力短缺，对于龙州个体种植农户来说，种甘蔗效益正在下降。而从种到收全程采取机械化方式，可以大大提高甘蔗亩产，且种植成本跟农户相比大大降低。然而，龙州县农业生产大多仍是依靠人力的粗放型经营，农业机械化耕作率低，种植规模化和标准化基地更是凤毛麟角。

（三）特色农业体系尚未形成

农业部 2002 年出台的《关于加快西部地区特色农业发展的意见》指出，发展特色农业是我国西部地区增加农民收入、推动农业结构战略调整、加快西部农业和农村经济发展的主要途径。特色农业是指具有独特的资源条件、明显的区域特征、特殊的产品品质和特定的消费市场的农业产业。县域经济要创新发展，必须把握特色产业的培植，在做大做强特色经济上进行重点突破[①]。龙州作为西部边境毗邻越南的县区，具有自身独特的生物物种优势、自然资源优势、环境优势，具有发展特色农业的优势和潜力。然而，龙州还未充分利用当地的自然条件、资源禀赋，形成与其他县域差异化的特色农业体系，特色农业的发展距市场化、产业化、品牌化相去甚远。

二、成因探寻

找到龙州经济发展存在的主要问题及其成因，是治理龙州经济难题的前提。各级行动学习小组经过头脑风暴法、团体列名法、六顶帽子法、鱼骨图法及矩阵分析等方法的训练，通过不断的反思、质询，剔除一些不可控的自然因素，如气候、地域因素，归纳了影响龙州县农业产业化发展的四大因素。

（一）缺乏宏观布局和总体规划

以往，在行政归属上，龙州县的农业发展涉及农业局、糖业发展局、水利局、林业局、粮食局等多个单位。农业发展的多头管理、资金分散，导致龙州县农业发展缺乏宏观的布局和指导，从体制上制约了农业各产业的协调有序发展。

（二）缺乏农业技术扶持

近年来龙州大量见多识广、学历高、能力强的青壮年农民转移出农业生产，从事农业生产的多是所谓的“3860”部队[②]，影响到农业劳动者整体素质的提高，不论是劳动力的提供、新技术的掌握，还是思想意识的转变，难度都非常大，难以适应以科技化、机械化、信息化为基本特征的现代农业发展需要。此外，由于政府各职能部门技术扶持指导不到位，农民

---

① 孙琪．县域经济创新发展的路径选择［J］.理论前沿，2009（6）.

② “3860”部队，指由妇女、老人、儿童组成的群体。其中，“38”代指妇女，“60”表示60岁以上的老人。

不能及时掌握和更新科学有效的种养殖方法，尤其是土地流转后，部分农户对非种植领域如养殖等并不了解，不知道选择什么项目为好。另外，对于高效节水灌溉等重要基础工程，单靠农业企业的技术力量，基本无法满足农业发展的需求。

（三）土地零星分散

龙州县是山区县，总面积达2317.8平方公里，其中石山面积占全县总面积的53.1%，属典型大石山区。龙州耕地面积共75万亩，地块分布本来就比较零散（分散成约300多万块地），责任田承包到户时又被人为分割为更多的小块，土地零星分散的自然条件严重阻碍了龙州甘蔗种植、管理、收获的机械化、集约化。

（四）农民组织化程度不高

过去仅依靠个人力量自给自足的小农生产模式只能解决农民的温饱问题，而不能满足农民增产增收、改善生活水平的需要。要积极引入市场机制，让市场调节农产品的供求，让农产品的价值在市场中得以实现。如大力发展农业龙头企业，采取“公司+基地”或“公司+基地+农户”的组织形式，通过建立“利益共享、风险共担”的经营机制，将生产过程的产前、产中、产后服务联合起来，组成独立完整的经营体系或经济实体，建立共同的营销组织。目前，龙州县大部分乡镇建立有果蔗产销协会、香蕉产销协会、蔬菜协会及用水者协会等等各种农业协会，但协会的发展总体并不容乐观，自身存在的一些根本性问题不容忽视，一方面是协会缺少活动资金，协会自身没有建立积累机制，没有固定的收入来源，协会农业活动正常开展受到影响；另一方面是组织化和信息化程度不高。虽然各农业协会均制定有协会章程，但没能形成良好的运行机制和体制，一些农业知识及农产品购销等“三农”信息无法通过农业协会得以及时发布，大大制约了农业协会在农业产业化发展中的促进作用。

三、制订方案与执行方案

对龙州经济发展存在的问题进行准确诊断后，寻找到有效的、可操作性的解决方案，并将解决方案在执行中落地，是治理龙州经济难题的核心环节。各级行动学习小组从加强政府统一指导与监督、强化农业技术扶持、推动高校节水灌溉、培育新型农村经营组织、土地“小块并大块”等方面，找到了破除龙州发展困局的有效方案。

（一）加强政府统一指导与监督

在龙州“十大”工作指挥部的指导下，根据龙州县行动学习方案，龙州县农业局、糖业发展局、水利局、林业局等相关单位的主要领导人共同组建农业发展领导小组，统筹协调农业的发展工作。各部门工作服从农业发展领导小组指挥，在工作推进过程中全力配合领导小组工作。领导小组每周发布一周工作要点，下达给各单位，做到信息互通。

为全面落实崇左市实施百万亩甘蔗高效节水灌溉战略部署，加快完成县“十二五”时期建设甘蔗高效节水灌溉面积15万亩目标，实现农民收入倍增计划，龙州县委、县政府从2013年起实施甘蔗高效节水灌溉项目领导挂点和单位包村目标责任制。县委、县政府与各乡镇签订了责任状，全县四套班子领导、中区市直（指中直、区直、市直）机关各单位挂点到乡镇和村屯开展工作，多形式开展甘蔗高效节水灌溉工作，确实做到全县人民动员，全体干部参与。县联合督查办公室、县绩效办和阳光效能办强化督查，对县四套班子领导、各乡镇、各单位甘蔗节水灌溉完成情况，以及县直机关、单位挂点包村完成情况进行年中及年度考核，将考核结果列入绩效考评内容并通报全县，通过加强督促检查，确保各项工作落到实处。

（二）强化农业技术扶持

农业资本品要和科学技术相结合才能发挥巨大的生产能力。行动学习开展以来，龙州县非常重视对农业生产栽培技术、间套种植技术、节水灌溉技术、科学饲养技术等助农增收实用技术的推广。一是加快培育新型农民。按照推进农业现代化的要求，建立起多渠道、多层次、多形式的农民教育和培训体系，通过科技下乡、技术服务、科技直通车、农民科技书屋、农业科技信息网等方式，加强对农民的科技培训和技术服务，切实提高农民职业技能，培养和造就一大批有文化、懂技术、会经营的现代新型农民。二是重点探索建立对农业专业大户、农民专业合作社和农业企业等新型经营主体的扶持机制，充分发挥它们在现代农业建设中的引领和带动作用。凡连片100亩以上实行土地“小块并大块”和土地整理的村集体，新建规模2000亩以上的甘蔗种植专业公司、300亩以上的合作社、100亩以上的家庭农场，都被列为甘蔗产业发展的重点扶持对象，扶持奖励内容涉及机耕、土地整理、农机化肥购买补贴等多方面。

2013年初，按照“组织到乡、培训到村”的要求，县乡两级农业科技人员在全县各乡镇开展为期1个月的冬春季科技培训、科技下乡活动。科技、渔牧、林业等有关部门组织技术人员走村入户，向农民讲解田间管理要点和各种病虫害的防治方法，并印制讲解要点发放到农民手中，提高他们科学种田的意识和操作技能以及春季农业科技含量。短短一个月，开展科技培训120场次，培训农民3500名，发放宣传资料1万多份，捐赠各种农业实用技术图书8600多册、科技光盘500多盘，播放多媒体实用技术15场次，现场指导大场大户56户，使全县重点户、科技示范户、技术骨干的培训面达到了90%以上。2014年2月初，龙州县组织召开春季农业生产动员大会，将农技人员分成6个组，由6名县领导带队，深入各乡镇村屯、田间地头宣讲党的十八届三中全会精神和中央一号文件精神，帮助群众解决在农业生产中遇到的困难和问题。同时，还积极做好农业生产资料储备工作，在全县12个乡镇设置100多个种子销售点，为农民提供早稻超级稻等优质品种7.06万公斤，储备化肥1300万吨，积沤农家肥和土杂肥113.5万担，防寒育秧薄膜63.5吨。

（三）甘蔗高效节水灌溉

2011年起，龙州就开始实施甘蔗高效节水灌溉工程。2013年制定出台《龙州县2013—2015年甘蔗产业发展扶持实施办法》，提出在“十二五”期间实施15万亩甘蔗高效节水灌溉项目。龙州实行“群众参与、政府引导、企业投资”的运作模式，以快速推动龙州甘蔗生产规模化、机械化、集约化、专业化经营。

一方面，龙州县政府也为甘蔗高效节水灌溉的开展进行多方面筹措资金。龙州县政府整合发改、财政、水利、扶贫、民族、国土、交通、农业、农机、糖业等部门的资金，投入项目区建设，做到甘蔗高效节水灌溉项目建设在哪里，相关涉农资金就整合到哪里。截至2012年底，龙州已整合资金5850万元，实施了2.58万亩甘蔗高效节水灌溉建设。2012年7月，龙州县还被列为第四批中央财政小型农田水利高效节水灌溉试点重点县，三年内获得1.08亿元建设甘蔗高效节水灌溉工程资金。

另一方面，龙州以扶持政策吸引有实力的企业，支持其对流转土地实施甘蔗高效节水灌溉项目。龙州南华糖业公司每年从入厂原料蔗中提取2元/吨用于蔗区水利建设，每年安排甘蔗高效节水灌溉项目建设补助资金1200万元，同时给予每亩55元机耕补助、50公斤化肥补助、30元地膜补助、200元良种补助。此外，全县已有龙州节节高、广西英德、广西丰满地、广西陇上鋆、南宁瑞圣5家农业开发企业共流转土地2.5万亩，投入建设资金3000万元实施甘蔗高效节水灌溉项目。通过企业投资，建设了大容量水池、机耕路、水肥一体化泵站，完成了网管铺设，实施微喷灌、滴灌等高效节水灌溉技术，节水灌溉、科学施肥、防治病虫害同时进行，推动龙州甘蔗高效节水灌溉工程由点到面全面铺开。

（四）创新土地流转制度

创新县域经济发展要以改革和创新制度为动力。县域经济较快发展很大程度上得益于制度创新的推动。

针对龙州土地分散不利于规模化、产业化的问题，龙州积极探索土地的“小块并大块”，创新土地流转制度。龙州创新实施大户承包经营、“公司+基地+农户”新型农场模式、土地整理项目模式等多种“并地”模式。2013年，龙州整合县财政和企业资金1000万元，对实行“小块并大块”达到一定规模的农民或企业给予每亩150元的奖励扶持；争取到自治区第一批“小块并大块”耕地整治以奖代补资金815.3万元，第二批资金807万元。截至2014年上半年，全县共实施了土地“小块并大块”面积19.3万亩，土地流转面积4.018万亩（其中农业公司1.43万亩、专业合作社0.12万亩、农户2.47万亩。国土资源部已将“小块并大块，分钱不分田”耕地整治的龙州模式列为全国土地改革试点，优先在西南八省区喀斯特地区进行推广。2013年，3月21日至23日，中央电视台连续三天在《新闻直播间》栏目对龙州土地流转成效进行系列报道。2013年11月，自治区党委办公厅发文，在全区推广龙州“小块并大块”的耕地整治经验。

并地让田变“宽”了。据龙州县国土资源局调查，合并后通过实施土地整理，对原来未利用地整治、机耕路统筹规划，田埂大量减少，耕地面积可增加5%—8%。“并地”后，农民承包地面积没有减少，反而为土地流转打下了基础。2014年以来，龙州积极试水农村产权交易，着力保障农民增收。龙州以水口镇埂宜村上灶屯、八角乡菊埂村百沙屯和上龙乡整乡推进为试点，扎实有序推进农村土地承包经营权确权登记工作。截至目前，全县5个试点村屯共完成土地确权调查4278亩270户，已完成土地重新测绘面积4068亩，已完成土地确权登记面积1166亩，已发证书71本。2014年2月，龙州还成立了广西边境市县第一家综合性农村产权交易所——龙州县农村综合产权交易所。积极搭建农村综合产权交易、产权托管和产权融资三大服务平台，逐步将10类农村产权纳入经营交易范围。龙州农交所根据县政府统一规划，入驻县政务服务中心，联合县国土、农业、林业、房管、水利等涉及农村产权交易的职能部门，按照“统一受理、分职履责、归口管理”的运作方式为农村产权交易提供一站式服务。2014年上半年，交易所共完成农村产权流转交易4宗，总交易额1460万元，总面积2912亩。

（五）培育新型农村经营主体

2013年的中央一号文件指出，农业生产经营组织创新是推进现代农业建设的核心和基础。要尊重和保障农户生产经营的主体地位，培育和壮大新型农业生产经营组织，充分激发农村生产要素潜能。鼓励和支持成立种养、农机等各类农民专业合作社，组织农业龙头企业签订农产品购销协议，鼓励、扶持“龙头企业”和农民专业合作社通过“公司+合作社+农户”等多种形式开展订单农业，带动基地产业发展。

根据龙州县土地资源、水利资源情况和地域发展前景，龙州县构建了甘蔗产业三类发展主体的规划布局。上降、八角、金龙、响水、武德等离县城较远的乡镇，农民对土地依赖性较大，采取以家庭农场适度集中发展为主的方式；龙州、上金、水口、下冻等乡镇，离县城较近，水土条件较好，但人口太多，农户全部脱离土地不可能，则采取以农业合作社为主的发展方式；上龙、逐卜、彬桥等乡镇，群众有较多机会外出打工，土地平坦，土地条件较好，则作为土地流转的重点区域，采取以企业为主的发展方式。

（六）加强特色产业培育

近年来，龙州县在稳定16万亩粮食种植面积、不断巩固和发展甘蔗支柱产业的基础上，大力培育乌龙茶、黑皮果蔗、早熟柑、木薯等高效经济作物特色优势产业。2013年，龙州县出台了《龙州县特色农业产业扶持工作方案》，大力发展现代特色农业产业，拓宽农民增收渠道。

目前，龙州已形成“上龙模式”、“下冻模式”、“水口合平模式”、“彬桥模式”、“第一书记产业联盟+合作社+农户”模式、集中寄养扶贫模式等多种特色农业产业经营模式。尤其是“第一书记产业联盟+合作社+农户”模式，得到自治区和崇左市领导的高度认可。龙州积极组建“第一书记产业联盟”，抱团发展，整合全县33个贫困村的“第一书记”，发挥每个书记自身的人脉和平台优势，通过组织、产业、销售上的整合，组织带领群众开展生产发展，提升产品质量，拓宽市场，成为推动龙州县产业发展和新一轮扶贫开发工作的一个抓手。2014年5月，龙州县“第一书记产业联盟”正式挂牌成立，龙州县委、县政府决定从县财政中拿出1000万元支持“第一书记产业联盟”扶贫产业开发。

为加快蔬菜产业、瓜果产业、茶药产业和生态畜牧、水产养殖等特色农业产业发展，龙州县还加大了对特色农业产业基地建设扶持力度，加大了对特色农业产业龙头企业和专业合作社扶持力度，加大了对特色农业产业自主创新扶持力度，加大了对特色农业产业经纪人的奖励力度，完善了工业企业参与特色农业产业发展的激励机制。

四、执行效果评估

（一）农业发展规模大幅提升

自2012年行动学习开展以来，龙州县农业生产得到快速持续健康的发展，促进了农业增效和农民增收。农业发展的各项指标都节节攀升（见图5-2a、5-2b）。农业生产总值由2010年的151062万元增加至2014年的21436万元，增长了41%；农村居民人均纯收入也由2010年的4093.4元增加至2014年的6763元，涨幅为65%；园林水果产量由2010年的79585吨增加至2014年的118860吨，增长近乎49%；油料产量由2010年1155吨攀升至2014年的2688吨，比2010年翻了一番还多；2014年，农作物总播种面积、糖料产量、粮食总产量、蔬菜产量分别比2010年增长了12.7%、18.5%、23.9%、28.5%。2013年，全年完成原料蔗增产10%左右，总产量达290万吨以上。2013/2014年榨季全县共入厂原料蔗286.97万吨，比上榨季增产46.93万吨。全县甘蔗种植面积达59.11万亩，约有19.13万人种植甘蔗，蔗农每年每户种植甘蔗收入3万多元。

2014/2015 年榨季入厂原料蔗 224.61 万吨，产糖 26.85 万吨，蔗农收入 8.96 亿元。

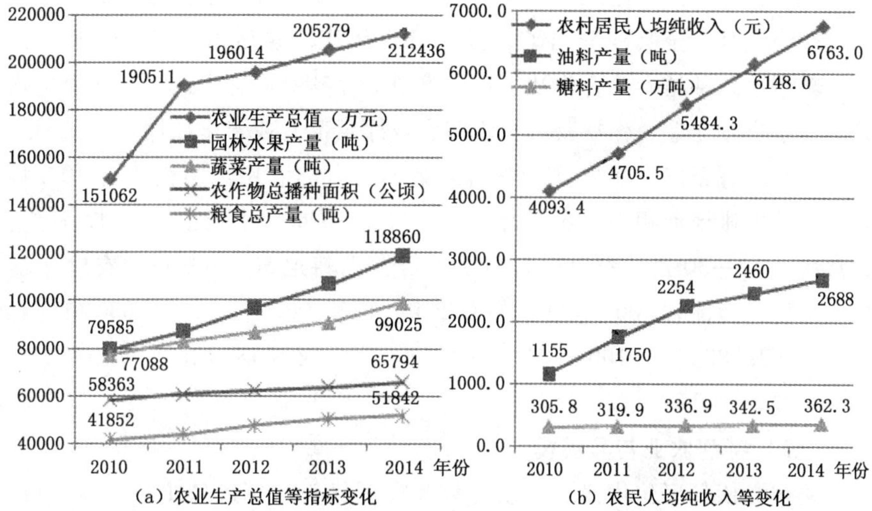

图 5-2　2010—2014 年龙州农业发展变化

（二）甘蔗机械化生产稳步推进

截至 2014 年上半年，全县农机总动力达 28.7 万千瓦，新增甘蔗生产机械 412 台（其中 100 马力以上拖拉机 15 台，甘蔗收获机 1 台，中耕培土机 287 台，破垄盖膜机 109 台）；已发展农机专业合作社 12 个、农机服务组织 136 个；春耕期间，共投入 8700 多台次农业机械田间作业，完成蔗地机械深耕深松面积 22.6 万亩，完成甘蔗“双高”示范基地机械化作业面积 4 万亩，完成甘蔗机械种植面积 4.17 万亩，完成甘蔗机收面积 0.38 万亩，完成甘蔗机械破垄盖膜面积 1.52 亩。

（三）涌现出大批新型农业经营主体

行动学习开展以来，龙州县涌现出大批新型农业经营主体，服务和开拓市场能力得到增强，引领龙州县农民逐步走上标准化、市场化、机械化的道路。

一是农民合作经济组织不断涌现，服务和开拓市场能力得到增强。目前已形成以专业企业为示范带动、家庭农场为基础、农业合作社和专业种植大户为推动的甘蔗产业化发展格局。全县已发展农民专业合作经济组织87个，其中全县33个贫困村已成立农民专业合作社13个，并且全部在工商行政管理部门登记注册，成立农民专业合作协会2个，已全部在民政部门登记注册。全县涌现出了一批先进合作社，如乌龙茶产业专业合作社、璞矩生态种植专业合作社、青山泉龟鳖养殖专业合作社等，其中龙州县乌龙茶产业专业合作社获得自治区农业厅示范专业合作社称号。

二是推进家庭农场发展。龙州县集体所有的农用地总面积有107.47万亩，其中耕地面积40.46万亩，经营耕地10亩以下的农户3.47万户，经营耕地10—30亩的农户达1.51万户，经营耕地50—100亩的农户有29户；土地连片流转200—500亩的有2家，面积346亩；501—1000亩的有2家，面积1884亩；1001—5000亩的有1家，面积1850亩。

（四）特色农业初具规模

龙州县依托区位优势、气候优势和资源优势，打造乌龙茶、早熟柑、黑皮果蔗、蔬菜和瓜果“四大产业基地”，大力发展四大特色产业，增加农民收入。一是把下冻、彬桥、水口、武德、八角等乡镇打造成乌龙茶生产基地，加大对种植乌龙茶农户的扶持力度，把乌龙茶产业作为新兴经济增长点加以培植；二是把逐卜、上龙、龙州、水口等乡镇打造成黑皮果蔗种植基地，利用得天独厚的水资源优势，发展黑皮果蔗种植；三是把龙州、水口等乡镇打造成早熟柑种植基地；四是把下冻、彬桥、八角、龙州、上龙、上降等乡镇打造成“菜篮子”生产基地。

截至2014年，龙州基本形成“一乡一业，一村一品”的产业格局，其中，全县33个贫困村已形成“一村一业”村22个、“多村一业”村11个。乌龙茶、龟鳖、灵芝等特色种养形成规模，2013年完成新种植乌龙茶2100亩、早熟柑1500亩；龟鳖养殖户发展至1200户、竹鼠养殖达300多户；完成竹子种植1.12万亩、珍贵树种送农家24.42万株。2014年6月，龙州被国家林业局列为“国家珍贵树种培育示范县”。

第二节
行动学习推进工业发展

美国著名的经济学家罗托斯曾经提出，经济发展一般要经历五个阶段，包括传统社会阶段、起飞前准备阶段、起飞阶段、走向成熟阶段及大众消费阶段。龙州县目前经济发展水平正处于起飞阶段，这个阶段本身就是一个工业化的过程。当前，强调工业强县的发展战略对于龙州农业、服务业以及整个经济来说意义重大。工业部门的关联效应是最大的，它对整个经济发展的“推拉”力量最强。一方面，农业生产的持续增长必须依赖于工业部门的发展。解决“三农”问题，要有大视野，不能“就农谈农”。另一方面，工业化和城市化是必由之路。只有工业发展了，才可以吸纳农村剩余劳动力，增加农民的收入，进而推动农业发展的规模化、产业化、机械化。而服务业，尤其是重中之重的生产性服务业，主要是服务于工业的，如果工业不发达，服务业不可能有大的发展（见表5－3）。

表5－3　2008—2010年龙州县工业发展指标排名

指　标	在崇左7县市区排名			在广西壮族自治区91县市区排名		
	2008年	2009年	2010年	2008年	2009年	2010年
工业产值	6	5	6	72	66	68
工业产值比重	6	6	6	77	75	76
规模以上工业企业数	7	6	6	79	76	78
规模以上工业总产值	6	5	5	62	54	57

当前，龙州经济仍然是以农业和农村经济为主体的经济，工业经济基础薄弱，发展较为滞后。表5－3显示了2008—2010年龙州县工业发展指标在崇左和广西自治区的县域排名。可以看出，往年不论是工业总体规模还是规模以上工业的发展，龙州县在崇左市及广西壮族自治区都排名靠后，属于下游水平。为破解龙州工业经济发展的困局，龙州组成了工业交

通组、招商引资组、筹资融资组等三个工作组，采用行动学习的方法，群策群力，在问题诊断、原因探寻、方案制订、方案执行与执行效果评估的循环过程中，逐步解决龙州工业经济的发展难题，不断推动“工业强县”发展战略的深入落实（见图 5－3）。

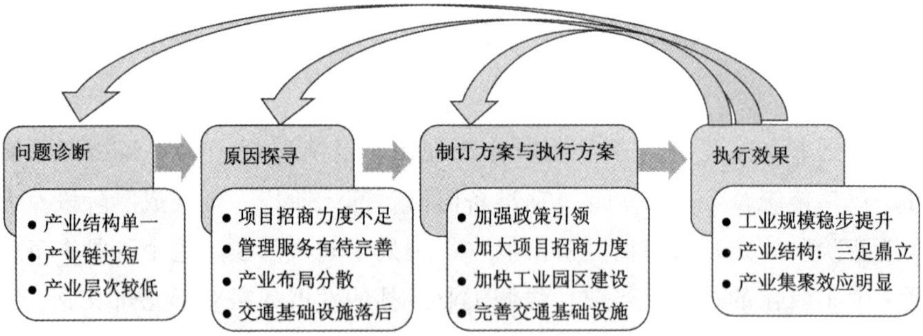

图 5－3 行动学习推动龙州工业强县

一、现状分析与问题诊断

（一）产业结构单一

一直以来，蔗糖产业都是龙州乃至整个崇左的主导产业。但是在龙州，除蔗糖产业外，其他产业尚未形成大的规模。2008/2009 年榨季产机制糖 34.51 万吨，产值达 14.3 亿元，而同年矿业总产值仅为 5.7 亿元。此外，龙州是中国—东盟自由贸易区的对外开放前沿和重要的陆路口岸通道之一，辖区内有国家一类水口口岸、国家二类科甲口岸，以及水口、科甲、那花、布局 4 个边民互市点。龙州独特的边境优势及口岸贸易经济的发展为龙州工业的腾飞奠定了坚实的基础，然而龙州当前依托口岸的加工经济尚未得到较大的成长，口岸当前更多发挥的仅仅是一个通关甬道，而不是更多层次的加工枢纽。由此可以看出，近些年，龙州工业最主要的问题是产业结构单一，龙州正处于主产业转型的关键时期。

（二）产业链过短

经过三十多年的发展，龙州原料蔗面积已达 55 万亩，占到全县耕地面积的 73%，种蔗收入占农民总收入的 63.2%，蔗糖业税收占财政收入的比重超过 50%。蔗糖产业作为龙州的支柱产业是显而易见的。传统的蔗糖业无论是在资源拥有量，还是生产技术和规模上都有很好的基础和绝对的优势。但是，以单纯生产蔗糖为主的制糖生产，显然没能让这近三百万吨的原料蔗实现经济价值的最大化和发挥资源的潜能。而且，近年来糖价的持续低迷，使得龙州蔗糖产业的环境依赖性过高。延伸产业链，增强产业配套发展能力，提高蔗糖产业的综合效益成为龙州工业经济跨越发展的重要方向。

（三）产业层次较低

如表 5－4 所示，2010 年，崇左市共有规模以上企业 170 个，而龙州仅有 16 个，占崇左市的 9.4%，且龙州规模以上工业企业数和总产值不足江州区、扶绥县的 1/2。规模以上企业中，龙州县没有外商投资企业，内资企业比重高达 97.8%；而江州区内资企业比重仅为 37.3%，江州区、大新县、宁明县、扶绥县、天等县外商投资企业产值所占比重分别达 48%、23.1%、16.6%、13.6%、11.6%。可以看出，龙州工业的产业层次偏低，缺乏龙头企业与外资企业的示范效应。

表 5－4　　2010 年龙州规模以上工业发展情况

	扶绥县	江州区	大新县	宁明县	龙州县	天等县	凭祥市
规模以上工业企业数(个)	37	37	29	18	16	17	16
规模以上工业总产值(万元)	646482	578457	574765	520256	304364	200628	91676
内资企业(万元)	457735	215647	442106	252631	297659	173895	90593
港澳台投资企业(万元)	100775	85034	—	181035	6705	3368	1084
外商投资企业(万元)	87974	277777	132661	86591	—	23365	—

二、成因探寻

龙州工业经济发展落后，归根结底是龙州的投资环境亟待优化。主要体现在以下四个方面：

（一）项目招商力度不够

发展靠投资，投资靠项目，项目靠招商，招商引资是实现地区经济跨越式发展的最有效的途径。面临工业发展资金匮乏，投入不足的问题，龙州县关键是要做好招商引资工作，要从根本上立足于市场。以往，龙州县较为缺乏招商引资的紧迫意识，招商引资渠道较窄，普遍存在招商项目质量不高，引资规模不大的问题。

（二）管理服务有待完善

一方面，龙州政府部门对招商项目的服务能力和服务水平有待进一步提高。如项目审批工作滞后、已开工的项目建设进度慢，部门抓项目落实力度不够强、服务企业不到位等，导致从成功招商到项目落地再到项目的运行投产过程缓慢。另一方面，部分招商项目引进盲目性较大，立项审批随意，导致园区内工业门类和水平参差混杂，企业间的专业化协作程度低，行业企业间的联系松散，生产专业化程度不高，难以形成规模经济。

（三）产业布局分散

工业园区是工业发展的载体、招商引资的重要基地，也是产业集聚的关键平台。龙州工业园区的规划总体上还比较滞后，园区的基础设施配套还不完善，这在一定程度上制约着园区的发展，也制约了产业集群的形成。当前，龙州产业布局相对比较分散，资源共享的集群优势无法显现出来，不利于形成完整的产业链，难以形成规模效益。

（四）交通基础设施落后

德国经济学家韦伯于 1909 年出版的《工业区位论》一书，奠定了现代工业区位理论的基础。他指出，运输成本是决定工业区位的最主要因素之一。因此，交通基础设施的完善，能够节省运输的时间和费用成本，提高运输的安全性和快捷性，进而提升地区的区位优势，促进经济的快速发展。龙州地处边境山区，二级以上的高等级公路里程数较为稀少，各乡镇间的可达性、联系度都较低；边境口岸与互市点的基础设施也较为落后。龙州交通基础设施的建设滞后，严重制约了工业经济的进一步发展。

三、制订方案与执行方案

（一）加强政策制度的引领

龙州县委、县政府结合龙州实际，确立了依托现有龙头企业，围绕资源循环利用、企业循环生产、产业循环组合的理念，发展循环经济，推动产业转型升级的核心发展战略。一方面，委托中国国际工程咨询公司在深入相关企业开展实地调研的基础上，编制《广西龙州县循环经济产业园区发展规划》，并委托广西工业设计院对总体规划进行修编，对园区功能及定位进行调整完善。另一方面，创新项目推进工作机制，逐步完善《龙州县500万元以上重大项目管理暂行办法》，使县重大项目管理有了制度保障。此外，龙州县实施重大项目倒逼工作机制，下发了《龙州县500万元以上重大项目推进时间计划表》，全面推进“一个项目、一名挂点县领导、一个领办单位、一套人马、一张倒排工期表、一抓到底”的“六个一”项目推进机制，确保项目建设有效推进。

（二）加大项目招商力度

一是坚持“外招内引”。2013年，龙州县项目招商组主要领导亲临招商第一线，积极采取“小分队”招商、随自治区和市组团考察招商、以商引商等形式，先后赴上海、粤港澳等发达地区开展招商引资和项目洽谈，累计签约项目45个，总投资金额达190.88亿元。2013年1—11月，市外境内项目资金到位40.81亿元，区外境内项目到位资金35.96亿元，外资到位资金1630.7万美元，三项指标均超额完成20%以上。二是借助节会招商。精心组织参加在首府南宁举行的第九届中国—东盟博览会、中国—东盟商务与投资峰会、南宁国际民歌艺术节，借助东盟博览会平台，完成项目签约、洽谈、考察等招商工作。三是出台《龙州招商引资奖励办法》，将招商引资纳入领导干部的绩效考核中，对引进投资规模大、牵动性强、符合产业发展方向的外来投资大项目特别是外向型大项目予以奖励，充分调动领导干部招商引资的积极性。

（三）加快推进工业园区建设

为了改善招商环境，龙州加快推进工业园区的建设，积极服务入园企业，推动园区发展。坚决兑现“只要你来投资，一切手续由我来办”的服务承诺，着力破解影响项目建设的制约因素，努力营造“亲商、重商、安商”的投资氛围。一是龙州大力推进工业集中区基础设施建设，重点抓好工业集中区与企业生产密切相关的土地征用、水、电、路、污水处理、标准厂房等基础设施建设，发挥基础设施的先导效应，增强吸引力和凝聚力。二是认真筛选项目，对市场前景好、发展潜力大，目前暂时缺少资金的项目，积极向金融部门推介，加快促进银企合作步伐，为项目建设及时输送血液、增添动力。三是进一步强化发改、国土、住建、环保、工信等部门的横向联合，帮助项目单位完善各类建设手续，坚持从企业设立、办证基建、劳动用工到投产经营各个阶段提供一条龙的快速优质服务。发改局协调相关部门对500万元以上重大项目审批施行联审联批制度，提高了办结率，得到广大群众的好评。四是组织协调安检、质检、工商等相关部门，积极协助项目建设单位全力做好产品竣工验收、安全生产、产品质量认证、品牌产品申报等工作，力促项目建设企业从投产之日起就进入健康发展的良性轨道。

（四）完善交通基础设施建设

龙州县积极抓好重大交通项目工作，着力推动本县交通基础设施建设。目前，龙州至科甲村二级公路已基本竣工。争取开工建设水口至驮隆中越界河二桥、龙州至下冻一级大道、叫堪至那花（布局）二级公路项目；加快推进国家层面规划项目南宁—崇左—龙州—凭祥高速铁路、自治区层面规划项目崇左至水口口岸高速公路、龙州八角—上降—凭祥二级公路、新旺至上金旅游码头二级公路、大新至科甲二级公路的工可、环评、水保等前期工作。通过投资基础设施建设拉动龙州铁矿、建材等关联产业的发展；而当公路交通基础设施建设完成之后，将大大凸显龙州在面向东盟开放合作中的窗口、前沿和通道作用。

此外，龙州还不断加强口岸基础设施建设，重点推进水口国际口岸经济区、台湾产业园规划建设，加快推进水口口岸联检楼改扩建、科甲口岸联检楼和那花、布局、科甲边贸城等综合平台建设。

四、执行效果评估

（一）工业规模稳步提升

2013年，龙州县第二产业生产总值达28.6亿元，占GDP比重首次突破40%的大关，规模以上工业企业总产值达56.2亿元，规模以上工业企业增加值完成22亿元，全社会固定资产投资完成59.3亿元。2014年，规模以上工业企业增加值达25.8亿元，增长19.1%；固定资产投资额达68.5亿元，增长24%。2015年1—9月份，全县规模以上工业企业增加值达19.87亿元，增长14.9%；固定资产投资额达68.89亿元，增长30.5%。自2013年以来，龙州规模以上工业企业增加值在增速上连续3

年排全市第一。

2013年，龙州规模以上工业企业总产值、规模以上工业企业增加值、固定资产投资总额三项指标增速均排在全市第一位。由表5-5可以看出，2008年龙州第二产业相关指标在广西91个县市区排名第70位，而2013年相关指标排名跃升至第35位，经过几年的发展，龙州工业发展由原来在自治区的下游水平提升至中上游水平。

表5-5　2008—2013年龙州第二产业指标在广西91县区排名

	2008年	2009年	2010年	2011年	2012年	2013年
第二产业生产总值	72	66	68	63	54	36
第二产业产值比重	77	75	76	73	56	35
全社会固定资产投资	76	70	66	63	54	36
规模以上工业企业总产值	62	54	57	27	51	33

（二）产业结构：三足鼎立

近年来，龙州县实施“富民兴边，贸工强县”战略，在不断拉长蔗糖产业链的同时，依托口岸、土地、自然资源、劳力等优势，工业逐步由蔗糖产业“一家独大”转向了蔗糖循环经济产业、边境加工业、矿业共同协调发展的“三足鼎立”局面。

龙州县委、县政府把蔗糖循环经济产业的项目（园区）规划建设、拉长蔗糖循环经济产业链作为巩固和提升蔗糖业的核心，积极打造“蔗—糖—浆—纸—肥”循环产业。从利用原料蔗制糖、蔗渣造纸、滤泥造肥，到延伸发展物流、纺织、化工等下游产业，龙州蔗糖业实现了甘蔗—机制糖—蔗渣浆—生活用纸和甘蔗—滤泥—复合肥两条循环经济产业链条。

2012年2月，年产80万吨生态氧化铝项目落户龙州，奠定了矿产业在龙州工业的地位，使矿产业成为龙州工业经济的一匹黑马。为有效解决矿产品加工过程中产生的废渣、废气排放问题，龙州对废气、废渣综合利用进行立项，利用废气建设余热发电项目，将冶炼废渣加工成环保建筑材料微粉，打造矿业循环经济。

龙州以水口一类口岸为龙头，以科甲二类口岸为节点，带动那花、布局、水口、科甲4个边民互市点发展，构筑完整的口岸边贸体系。近年来，龙州已成为广西发展最快、通货量最大的陆路口岸之一。顺势而上，以贸转工。龙州及时调整发展思路，借力陆路东盟南崇经济产业带的布局和建设，沿龙州至水口口岸二级公路规划建设工业区，即打造成为边境加工产业带，培育贸易型进口加工业，引导商贸就地加工，把“过境站”变成产业落地的“商务港”。

（三）产业集聚效应明显

龙州新旺蔗糖循环经济园区“蔗—糖—浆—纸—肥”产业集群初具规模，为龙州县每年带来4亿元的税收。2013年，糖业循环经济产业产值已达38.4亿元。南华三家糖厂高效运营，华美纸业年产6万吨高档生活用纸项目、曙辉纸业年产5万吨高档生活用纸项目成功投产，南华年产5万吨高档生活用纸项目、海南嘉宝年产6.6万吨高档生活用纸项目建设加快推进，南华纸业9.5万吨漂白蔗渣浆项目下游企业试产成功，而南华塑料制品厂、长丰生物有机肥厂早已投产。

在龙州氧化铝工业园区中，年产80万吨氧化铝项目前期工作扎实推进，河南省禹州市大涧工贸集团年产50万吨碳酸钙项目、龙州长惠贸易有限公司年产50万吨生石灰石项目、鑫宝化工年产12万吨纳米钙生产线项目、天建公司生产加工重质碳酸钙项目等正在加快推进。此外，龙州还将通过招商引资4500万元建设12.5千伏余热发电项目，由此可提高企业电力自给能力；引资2800万元建设微粉环保建材项目，将冶炼废渣加工成环保建筑材料微粉进行销售，既减少废渣占地及矿渣的污染，又可大大提高矿渣的附加值，将会取得良好的经济和社会效益。

随着龙州口岸边贸体系日趋完善，龙州口岸集聚效应渐显。水口口岸已逐渐成为我国主要的坚果进出口贸易口岸，其中腰果进口量占全国的70%以上。海产品和农副产品的进出口贸易也呈快速高倍增长态势。依托高速增长的边境贸易，龙州实施“产业集聚”战略，以贸转工。沿龙水二级公路工业区高标准规划建设广西首个具有食品贸易加工特色的东盟食品加工产业园区和龙北食品边境综合加工区，重点发展干果、咖啡、海产品、香料等食品加工产业集群，打造广西面向东盟开放合作的重要进出口食品加工基地。目前，已有野珍食品加工项目、台湾维格集团、龙州县彩森桄榔粉公司、壮珍农副食品加工项目、天成坚果加工项目、坤衡干果加工项目等22家企业进驻园区。

第三节
行动学习加快沿边开放

党的十八届五中全会提出，坚持开放发展，奉行互利共赢的开放战略，发展更高层次的开放型经济，提高边境经济合作区、跨境经济合作区发展水平，打造陆海内外联动、东西双向开放的全面开放新格局。国家关于构建开放型经济新体制的战略部署和“一带一路”发展战略以及西部大开发战略的深入实施，对龙州加快沿边开放、发展口岸经济提出了更大范围、更宽领域、更高层次的要求。

龙州县与越南接壤，具有重要的沿边资源，早在1889年龙州就被辟为通商口岸，是广西最早对外开放的通商口岸。目前，龙州境内有国家一类口岸水口口岸、二类口岸科甲口岸，以及水口、科甲、那花、布局4个中越边境边民互市贸易点，这使得龙州成为我国面向东南亚的沿边开放门户，是我国进入越南及东南亚国家的重要通道。

为了用好、用活、用足本县拥有的沿边资源，龙州县成立了边境口岸组、工业交通组、城镇化建设组、项目招商组、筹资融资组等五大工作组，采用行动学习的方法，在明确战略意义、问题诊断与原因探寻、行动方案制订与执行、执行效果评估的循环过程中，通力合作，全面统筹龙州口岸经济的发展，不断推动“沿边开放”发展战略的深入落实（见图5-4）。

一、明确战略意义

“自古不谋万世者，不足谋一时；不谋全局者，不足谋一隅。”战略管理的思想由来已久。明茨伯格（2002）曾将有影响的战略定义归纳为五种：战略是计划，是指向未来的方向、指导系统行动、从此处到彼处的道路等；战略是一种模式，即长期行动的一致性；战略是定位，即特殊产品在特殊市场的定位；战略是观念，即一个组织做事的基本方式；战略是策略，即为了击败反对者或竞争者而采用的特定的计谋。随着历史的发

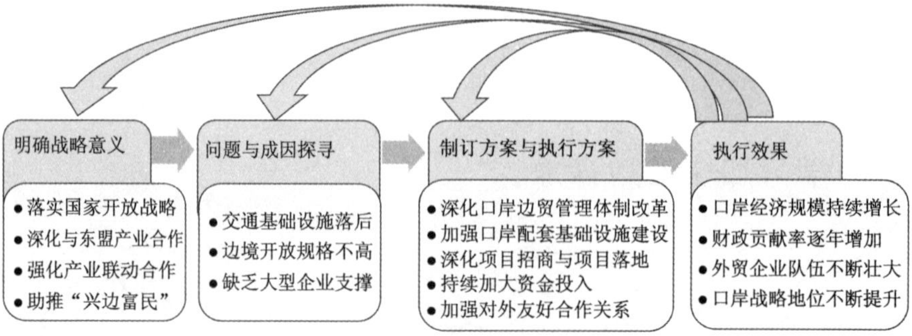

图 5－4　行动学习加快沿边开放

展，最初源自军事领域的战略思想早已融入政治、经济、社会发展的方方面面。明确龙州加快沿边开放的战略意义，能够为龙州指明今后的发展方向和重点工作，坚持道路自信、制度自信和发展自信。

（一）沿边开放是落实国家开放开发战略的重要举措

党的十八大和十八届三中全会提出构建开放型经济新体系，将沿边开放推向了新的发展阶段。龙州县位于广西西南部，与越南高平省和谅山省接壤，边境线长达 184 公里，距离广西首府南宁和越南首都河内都不到 200 公里，是“陆路东盟”的桥头堡和“南新走廊”的重要节点，处于陆路东盟南崇经济产业带面向东盟开放合作的“龙头”地位。大力发展口岸经济，有利于发挥龙州比较优势，进一步加强边境地区的发展建设，形成沿边经济发展新的增长点，完善我国区域开放格局，为国家加快实施沿边开放开发战略作出新的贡献。

（二）沿边开放有利于深化与东盟国家的产业合作水平

当前，中国—东盟共同站在“钻石十年”的新起点，必须加强产业领域的深度合作，推动中国—东盟加强包括供应链、生产链、价值链等在内的产业链的深度融合，形成“你中有我，我中有你”的良性互动关系，才能更有效地推进中国—东盟自贸区升级版建设。龙州地处中国—东盟自贸区结合部，逐步成为双向沟通的重要桥梁和门户，双向促进中国与东盟经济产业合作的重要平台和各种要素流动的重要交汇点。因此，繁荣口岸经济有利于进一步深化与东盟国家的产业合作，提升对越南以及东盟国家的开放程度，把龙州打造成面向东盟的产业集聚基地、陆路商务口岸和区域采购中心。

（三）沿边开放有利于强化区域产业联动合作机制

中央关于“将广西建设成为中国—东盟战略合作新高地和我国西南、中南地区开放发展新的战略支点的战略定位”，指明了未来广西的发展方向。要实现这一战略定位，广西必须突破现有发展瓶颈，充分发挥沿海、沿江、沿边和内陆产业互补优势，培植创新区域产业链，巩固提升区域产业竞争力，促进区域经济协调发展，进一步打造以区域产业联动为核心的江海联动、海陆联动、边海联动的广西区域发展新格局。龙州处于西部大开发战略、中国—东盟自贸区建设、北部湾经济区建设、西江经济带建设、左右江革命老区振兴规划等多个国家战略的全覆盖范围内，日益成为连接多区域的国际通道、交流桥梁与合作平台。进一步繁荣口岸经济，将有利于龙州充分利用国内、国外两个市场两种资源，主动融入“一带一路”建设，为深化区域产业联动合作提供重要支撑。

（四）沿边开放是落实国家“兴边富民”政策的重要举措

龙州县集革命老区、民族地区、边疆地区、贫困地区、石漠化山区于一体，因援越抗法、援越抗美等许多因素影响，经济社会发展受到严重制约，经济综合实力不强的问题还没有得到根本扭转。但是，龙州县凭借资源、区位和环境优势，具有巨大的后发潜力。随着国家新一轮西部大开发战略的深入实施，“一带一路”经济带战略的推进，中国—东盟自贸区升级版建设、亚太自贸区战略的启动，龙州作为“陆路东盟”重要节点的作用将更加突出。同时，发展口岸经济，不断提高边贸水平，是落实国家“兴边富民”政策的重要举措，是落实国家扶贫政策的重要抓手，有利于转变经济发展方式，推进外引内联，深化与周边国家经贸合作，优化、整合和提升区域功能。此外，财政部决定，自2008年的11月1日起，边民通过互市贸易进口的生活用品，每人每日价值在人民币8000元以下的，免征进口关税和进口环节税；此举将较大降低边民互市经营成本，进一步调动广大边民进行互市的积极性。可以预见，口岸边贸将成为引领龙州未来经济发展的新引擎，推动龙州县经济实现跨越式发展，使龙州由国家级贫困县逐步成为广西沿边地区新的增长点。

二、问题诊断与成因探寻

龙州在沿边开放方面具有天然的资源优势、区位优势和环境优势。然而，龙州的沿边开放水平并不高，依然停留在基础性的通关阶段，沿边开放的红利远未得到充分形成和释放。龙州县委、县政府高度重视沿边开放的发展，组织边境口岸组、工业交通组、城镇化建设组、项目招商组、筹融资组等五大工作组多次召开行动学习研讨会，深入探究龙州沿边开放存在的主要问题和关键原因。

（一）互联互通基础设施较为落后

龙州县境内交通路线等级较低，没有铁路、高速公路，目前只开通凭祥夏石—龙州—水口和龙州—科甲二级公路；公路惠及范围较小，龙州境内公路里程数约 940 公里，在崇左市 7 个县市区中排名第 5，在全区县域排名在 50 位之外。龙州互动互联的基础设施落后，使得龙州交通网络不完善，通行能力差，进出口货物的运输等成本相对较高，与其他同级口岸已通达高速公路相比，竞争力相对较弱。

（二）边境口岸开放规格不高

目前，龙州境内有国家一类口岸水口口岸、二类口岸科甲口岸，以及水口、科甲、那花、布局 4 个中越边境边民互市贸易点，但开放规格均尚未实现升级。水口口岸升格为向第三国人员开放的国际性口岸的申请目前仍未获得国家审批，而与之对应的越南驮隆口岸已完成升格。科甲口岸开放问题已于 2009 年列入《中越口岸合作协定》，但至今尚未开放，仍未升格为国家一类口岸。那花和布局互市点季节性开放未获批，横罗互市点设立也未获批。龙州边境经济合作区尚未获得国家批准设立。

（三）缺乏大工业产业和大型企业支撑

龙州县产业结构单一，边境加工业还未形成规模化。能够承接和支撑加工产业的大型企业较为缺乏。近几年来，水口口岸坚果进口量占全国腰果进口 70% 以上，2014 年经水口口岸进口的越南坚果约 10 万吨，但大部分都是“穿口而过”，被转运到广东、福建进行深加工，落地就地加工的非常少，制约了边境贸易产业规模化发展。

三、制定方案与执行方案

通过行动学习摸清龙州沿边开放存在的问题及产生原因后，边境口岸等工作组继续采用行动学习法，通盘考虑，最终从深化口岸边贸管理体制改革、加强口岸配套基础设施建设、深化项目招商与项目落地、持续加大资金投入、加强对外友好合作关系等五大方面制定了相应的行动方案，并采取具体措施真正将行动方案落实到实处。

（一）深化口岸边贸管理体制改革

一是建立事权集中统一的口岸管委会，下设办公室，由县领导兼任办公室主任，统管口岸经济建设工作，实现经济区各项工作的统一领导、规划和管理，为全面统筹推进口岸经济发展工作提供组织保障，促进口岸管理更加规范、高效。二是加强协调联检部门，通过定期邀请口岸联检部门参加工作座谈会等方式，加强与海关、检验检疫、边检等口岸联检部门的沟通协调，建立协调交流和互动机制，形成了“信息共享、问题共商、工作共推”的良好局面，共同研究突破外贸、口岸工作重点问题和薄弱环节，优化通关环境，争取在水口口岸试行“一次申报、一次查验、一次放行”的一体化通关模式，实现货物快速通关，充分调动企业进出口积极性，促进外贸快速发展。三是大力推进通关便利化运作模式。2015年，龙州挂牌成立水口互市区跨境人民币结算中心，推进跨境贸易人民币结算试点工作。2015年9月起，龙州水口边民互市区、那花互市点和布局互市点正式启动互市贸易海关通关作业无纸化，边民在指纹申报机上进行货物申报，在卡口刷卡自动验放货物，使互市贸易通关速度大幅提高。同时，加快电子口岸公共信息平台建设，实现与各地口岸及物流信息网络的互联互通，探索实施“提前申报、货到验放”监管模式，推出24小时预约通关和“5+2”工作制度，不断推进通关便利化水平，吸引更多货物从龙州口岸通关。四是大力提升边境贸易的组织化水平。龙州发动水口镇、武德乡、下冻镇、金龙镇等五个边境乡镇指导边民组建边贸互助组，采取“互助组+边民+企业+金融”运作模式开展互市贸易。当前，该县共有边贸互助组164个，成员5247人。

（二）加强口岸配套基础设施建设

近年来，龙州大力加强口岸基础设施及相关配套设施建设，重点加快口岸交通、物流、宾馆、通关设施等项目建设，完善口岸综合服务功能，推动基础设施与越南互联互通，提高口岸通关效率，提升运行能力和水平。完成了龙州至科甲二级公路建设，开工了叫堪至那花、布局边贸点二级公路建设；水口至驮隆中越界河二桥初步设计获交通部批复，于2015年第四季度开工建设；2015年底还将开工建设崇左至水口高速公路项目，按计划2018年建成后将改写龙州不通高速公路的历史。

（三）深化项目招商与项目落地

围绕打造面向东盟的商务港和区域采购中心目标，龙州引进了东盟商贸城、金桂农贸市场、东盟汽车城、钢材市场、水口东盟国际商贸城、水口古鼎香农贸市场、水口农资农机交易中心、水口中草药市场、百年红木市场、万象城等“十大专业市场”并投入建设，各个项目取得明显成效。同时，抓好在建的龙鑫大厦、中华城、南华城、龙盛商业广场等城市综合体项目建设。此外，龙州还借助中越水口—驮隆口岸商品交易会或博览会，着力引进了一批商贸物流企业或项目入驻龙州，积极构建物流空间、物流园区、物流集散载体三大网络，推进商贸物流服务业繁荣发展。

（四）持续加大资金投入

龙州克服财力有限的困难，千方百计整合资金，加大投入，强力推进全县口岸、互市点的基础设施建设和通边路网建设，口岸服务功能日臻完善。2011年以来，累计投入8亿多元，完成了水口口岸联检大楼改扩建、水口互市区、那花边贸城、布局边贸城、龙州至科甲二级公路、水口东西主轴大道、水口南北主轴大道、水口口岸大道拓宽亮化等口岸、互市点的基础设施和通边道路建设。2015年，龙州重点推进口岸项目建设27个，总投资82.7亿元，年度计划投资17亿元，新开工建设水口界河二桥监管区、边合区路网、水口至驮隆中越界河二桥和科甲、横罗互市区等重大项目。

龙州还大力推进沿边金融改革。2015年，龙州县农村商业银行挂牌成立，县财政出资1000万元，建立抵押贷款账户，切实解决农民“担保难”、“贷款难”等问题。仅上半年，各银行业金融机构累计发放“三农”贷款13.5亿元；设置小额现金流转点100个，覆盖了全县所有乡镇和80%的行政村；创新实施“边民爱心保险”，惠及3.5万边民。

（五）加强对外友好合作关系

近年来，龙州县抓住中国—东盟自由贸易区建立的机遇，不断拓宽与东盟国家的国际交流合作。一是建立国际友好城市关系。积极与越南高平、谅山省以及复和、石安、下琅、长定等相邻四县开展交流与合作，逐步形成了定期会晤机制，达成了“合作、发展、共赢”的共识，与越南签署了“进一步加快推进中国水口—越南驮隆经济合作区”、“推进中国崇左至水口高速路延伸至越南高平省高平市”、“加快推进水口—驮隆互市区渡口码头及浮桥建设项目”、“联合举办中国水口口岸—越南驮隆口岸博览会”等四个会谈备忘录。在2013年与越南复和县正式建立国际友好县关系的基础上，龙州于2014年12月与老挝占巴塞省巴色市成功签订正式建立国际友好县市关系协议书，成为崇左市第一个与越南以外的东盟国家建立国际友好城市关系的县份。二是创新开展跨国农业合作。利用越南复和县、下琅县丰富的土地资源和劳动力资源，龙州加大与越南合作种植甘蔗力度，在全广西率先发展跨国合作种蔗产业。截至2014/2015年榨季，发展跨国合作种植甘蔗达10360吨，计划到2016年初再扩大合作种植面积5000亩，实现龙州县与越南签署的合作种植甘蔗项目协议15000亩目标。三是积极搭建对外交流合作平台。2013年以来，中越成功联合举办了多届中国水口口岸—越南驮隆口岸商品展销会、水口—驮隆口岸论坛等活动，并逐步发展成为全区边境地区与越南交流合作的重要平台之一；双方互访交流达17次，在经贸、农业、互市区建设的合作与交流达到了前所未有的广度和深度，双方贸易量实现快速增长。

四、执行效果评估

在行动学习思想的指导下，“十二五”期间，龙州沿边开放经济取得了可喜的成就，集中体现为：口岸经济规模保持持续快速增长、边境贸易对财政的贡献率逐年增加、一批外贸企业队伍不断壮大、口岸战略地位也得到稳步提升。

（一）口岸经济规模持续快速增长

2012年以来，龙州口岸进出口贸易额每年都实现大幅度增长。目前，龙州已成为广西发展最快、通货量最大的陆路口岸之一。龙州口岸是越南大宗海鲜进口我国的新通道，坚果、中草药、木薯进口的集散地，全国70%以上的腰果从龙州口岸进入中国各地。2011年龙州全县外贸进出口总额完成62102万美元；2012年全县外贸进出口总额完成128595万美元，同比增长107.07%；2013年全县外贸进出口总额完成257236万美元，同比增长100.04%；2014年全县外贸进出口总额完成39.21亿美元，比2011年增长531.38%，年均增长约84.8%。2015年1—9月份，全县外贸进出口总额完成43.49亿美元，增长23.8%。2014年，龙州县外贸总量在广西全区8个边境县（市、区）中排第2位，占全区、全市外贸总量的比重分别为9.7%、26.7%，互市贸易完成130.26亿元，同比增长26.1%，比2011年增加95.96亿元，是2011年的39亿元的3.3倍。

（二）边贸对财政的贡献率逐年增加

2011年龙州边贸税费收入4854万元，比上年增长300%，占全县财政收入的8.82%；2012年边贸税费收入6312万元，比上年增长30.04%，占全县财政收入的9.55%；2013年边贸税费收入6389万元，比上年增长1.22%，占全县财政收入的8.40%；2014年边贸业税收收入为1.11亿元，同比增长73.7%，是2011年4854万元的2.3倍，年均增速达42.9%。2015年1—9月，边贸业提供财政收入7210万元，增长60.57%。

（三）外贸企业队伍不断壮大

龙州沿边经济的发展促使一批外贸企业落地生根。外贸企业数量由2011年的48家发展到2015年上半年的101家，增加53家，多家外贸企业列入广西、崇左市外贸出口额前10强，成为全区、全市外贸队伍的主力军。其中2014年龙州县龙霖、外贸、利天3家企业分别位列广西出口外贸企业第2、第5、第6名。在边境贸易加工业方面，龙州充分利用坚果进口居广西第一的优势，加大招商引资上项目，发展以坚果加工为主导的边境食品加工业，着力打造全国最大坚果贸易加工交易基地。目前，全县边境食品加工在建、投产的项目有18个，总投资15.6亿元。其中民之天、江南食品厂已竣工投产，2014年实现产值约3亿元。正加快推进民之天食品（二期）、江南食品（二期）、力禾粮食进口加工（二期）、龙億制衣、香港佳信电子、新加坡万乐发展（星洲）钟表等加工项目建设，2015年边境加工业实现产值预计达8亿元以上。

（四）口岸战略地位不断提升

行动学习还推动了龙州沿边开放规格的整体提升。目前，龙州正加快推进水口口岸升格为国际口岸和扩大水口二桥开放，推动那花、布局、水口、科甲等边民互市点向互市区跨进。经过多年建设，水口口岸各项基础设施日臻完善，建成了完备的监管场所、查验设施、边贸城及通往口岸的路网等基础设施，创造了良好的贸易环境，口岸经济发展能力不断增强。2015年4月27日，水口互市区获自治区人民政府批复同意开通，7月24日通过自治区商务厅牵头组织的验收组验收，并于8月份正式运行；将水口口岸升格为国际性口岸和扩大开放的申报工作也已进入国家审理阶段。

第四节 行动学习推动文化旅游

服务业是国民经济的重要组成部分，服务业的发展水平是衡量现代社会经济发达程度的重要标志。对于西部地区而言，依托本土的自然资源优势，做大做强旅游服务业无疑是推动经济社会发展、提升城市形象和人民生活质量的关键突破口。旅游业由吃、住、行、游、购、娱六种企业（即旅行社、以饭店为代表的住宿业、餐馆业、交通客运业、浏览娱乐行业、旅游用品和纪念品销售行业）和各级旅游管理机构以及旅游行业组织组成[①]。旅游业是关联性、带动性、综合性很强的产业，据测算，我国

① 张立明. 旅游学概论［M］. 武汉大学出版社，2003.

旅游业增加值已占到GDP的4%以上，与旅游相关的行业超过110个，旅游业发展带动了社会投资，促进了相关产业的发展①。

旅游是文化载体，文化是旅游之魂。旅游业是富有创造性的产业，创造的核心就是文化品位的不断提升。2014年初，国务院印发了《关于推进文化创意和设计服务与相关产业融合发展的若干意见》，将“提升旅游发展文化内涵”列为7大重点任务之一。该《意见》的发展目标提出，以文化提升旅游的内涵，以旅游扩大文化的传播消费是促进产业结构转型、产业结构升级的重要战略选择（见图5-5）。

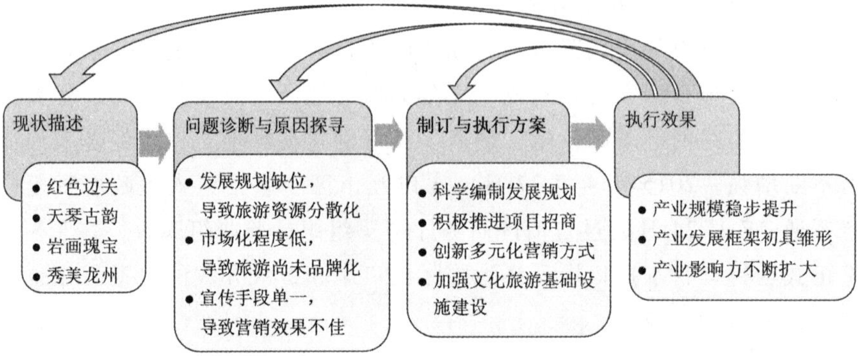

图5-5 行动学习推动龙州文化旅游产业发展

龙州拥有深厚的文化基因和丰富的旅游资源。提高文化在旅游业中的引领、指导地位，推动文化与旅游的深度融合，促进文化旅游产业的繁荣发展，是推动龙州经济结构转型升级、提升县域核心竞争力的重要战略选择。为此，龙州县旅游局、文体局、县纪念馆组成文化旅游工作组，负责统筹协调龙州的旅游发展工作。2012年以来，龙州文化旅游工作组成员，导入行动学习法，在深入挖掘当地资源优势、问题诊断、成因探寻、方案开发与执行以及执行效果评估的动态循环过程中（见图5-5），推动了龙州文化旅游产业的发展，文化旅游产业正成为龙州经济发展的新引擎。

一、现状描述

深入挖掘文化旅游的资源优势，是立足本地实际，打造龙州特色，促进文化旅游大发展关键的第一步。龙州位于广西西南边陲，与越南高平省

---

① 数据来源：《国务院关于旅游业发展工作情况的报告》.

和谅山省接壤，边境线长 184 公里，总人口 26 万人，其中壮族人口占 95%。龙州是个旅游资源大县，全县处处都是旅游景点，处处都可以开发，是国内外难得的一块旅游宝地。“红色边关 · 天琴古韵 · 岩画瑰宝 · 秀美龙州”这十六个字全面概括了龙州旅游资源的特色。

“红色边关”即有丰富的红色旅游资源和历史悠久的边关文化。龙州是一座有着 1300 多年历史的边关商贸历史文化名城，1889 年辟为通商口岸，是广西最早对外国开放的通商口岸。在近代史上，龙州曾创下最早的海关、火车站、领事馆等 20 多个广西之最，素有“千年古城 · 百年商埠”之美誉。龙州是红八军的故乡，1930 年 2 月 1 日，邓小平等老一辈革命家领导和发动龙州起义。县境内有龙州起义纪念馆、红八军军部旧址、龙州起义纪念碑主题公园等众多红色旅游景点，是全国 12 个重点红色旅游区之一，也是“中越跨国胡志明足迹之旅”的重要组成部分。

“天琴古韵”即有享誉海内外的天琴艺术文化。龙州天琴艺术文化源远流长，蕴含浓郁的壮民族特色，盛名远播海内外。2007 年 1 月，龙州天琴艺术被列入广西第一批非物质文化遗产名录，2007 年 12 月和 2008 年 4 月，龙州县分别被授予“中国天琴艺术之乡”和全国第二批“中国民间文化遗产旅游示范区”荣誉称号。该县天琴艺术表演团还多次赴中央电视台录制节目，并被邀请到奥地利、德国等国演出。

“岩画瑰宝”即有神秘且非常宝贵的岩画景观。左江花山岩画是壮族祖先骆越先民活动留下的遗迹，是壮民族历史文化瑰宝，中国稻作文化的最大标志。2013 年广西文物保护与考古研究所在龙州上金乡开展左江流域考古调查与试掘，并取得重要成果——在岩画周边找到 22 个遗址，并在宝剑山一处洞穴遗址发现古代墓葬，出土了大量的文化遗物，其中的骨剑和锯齿刃蚌器是第一次在广西古代遗址中发现。目前在正在申报世界文化遗产的 25 个花山岩画景观中，其中龙州县有 21 个。

“秀美龙州”即有秀美迷人的自然风光和良好的生态环境。左江龙州河段自然风光秀丽，素有“北有漓江、南有左江”的美誉，生态环境堪称人与自然和谐相处的典范，与同类旅游资源相比更具发展潜力、优势和竞争力。县境内弄岗国家自然保护区是北回归线以南 22°带上唯一一片难得的“绿洲”，是世界喀斯特原始森林生态系统保存完整的地区，也是我国具有国际意义的陆地生物多样性 14 个关键地区之一，被林业部与世界自然基金会共同选定为 40 个 A 级保护区之一。生态环境非常好，使龙州成为长寿福地和养生休闲胜地，目前全县100岁以上的老人有28人，90至99岁的老人有573人，2015年被中国老年学学会评选为“中国长寿之乡”。

二、问题诊断与成因探寻

近年来，龙州的旅游业逐步发展，成为龙州经济发展的新的增长点。但是不可否认，与旅游先进城市相比，龙州文化旅游发展不论是在规模还是品牌效应上，都存在很大差距。认清龙州文化旅游的发展现状，厘清存在问题并追本溯源，探寻问题产生的关键因素是进一步深化和完善龙州文化旅游产业发展的关键前提。

（一）发展规划缺位，导致旅游资源分散化

2013年4月25日，十二届全国人大常委会第二次会议经表决通过了《中华人民共和国旅游法》，这是中国首部用于规范旅游市场秩序的法律。该法律第三章“旅游规划和促进”，特别强调旅游发展规划的重要意义，并指出，“国务院和省、自治区、直辖市人民政府以及旅游资源丰富的设区的市和县级人民政府，应当按照国民经济和社会发展规划的要求，组织编制旅游发展规划”。该法律要求景区、景点的开发一定要统筹规划，打造出科学、合理、有品位的、一流的产品。我国有很多名山大川，有丰富的旅游资源，如果没有科学规划，往往会造成很大的损失，甚至有些地方会出现“一流的资源、二流的开发，最终成为三流产品”的情况。

尽管龙州旅游资源丰富，但由于缺乏旅游发展规划的指引，旅游景点尚处于小而散的状态。龙州旅游业发展要有突破，需要的是科学规划定位，先规划后开发，统筹兼顾，构建龙州文化旅游的发展战略和发展框架，对现有旅游资源进行整合重组，打造本土文化的旅游核心产品。

（二）市场化程度低，导致旅游尚未品牌化

文化旅游产业是创意性较强的产业，需要引入专业、成熟的旅游开发企业，通过科学、高效的开发模式，推进文化资源向旅游产品转化，建设文化旅游的精品。龙州文化旅游的开发主要由政府主导，市场化的活力、动力不足，对现有资源的挖掘、包装力度不够，文化价值和商业价值尚未得到最大限度的激活，缺乏高科技含量、高附加值，缺乏对地方经济辐射

带动力强的精品项目，许多旅行社尚未将该县旅游景点、景区列入其重点推介的精品线路。

（三）宣传手段单一，导致营销效果不佳

过去，龙州文化旅游产业的宣传主要沿袭传统的方式，如上报纸、上电视、印宣传册等方式，通过举办节会、展会、走出去推介等方式还较少。传统的宣传营销方式，一方面缺乏形式的创新，没有突出参与性、娱乐性和操作性，无法吸引商家、市民、游客广泛参与，导致影响力不够；另一方面，也缺乏内容的创新，尤其是缺乏与文化资源紧密衔接，凸显当地的文化特色，导致吸引力不足。

三、制订方案与执行方案

为有效解决龙州文化旅游产业存在问题，突破以往发展瓶颈，全面、充分地激发文化旅游产业的发展潜力，龙州文化旅游行动学习小组，在反复的研讨中探寻有效的解决方案，并不断付诸实践。

（一）科学编制发展规划

开展行动学习以来，龙州县建立健全旅游规划编制、论证、审批、执行、监督、检查的各项制度和工作机制，坚持先规划、后建设，以规划引领、指导旅游业的发展，力争将文化旅游业作为战略性支柱产业来打造。规划方案的通过，坚持三个层次的审查：一是初审，由县里组织相关部门举行，目的就是寻计问策，聚集智慧、博采众长，对规划方案初步完善；二是评审，由区旅游发展委组织专家进行，借助专家的智慧，从专业的角度对规划严格把关，科学完善；三是审核，规划方案通过专家评审并经修改完善后，提交县“两委”审核，明确规划方案是否切合地方实际，是否最能发挥景区开发的实效。

2012 年，龙州县委托广西旅游规划设计院编制的《龙州县旅游业发展总体规划（2012—2025 年）》和《龙州左江沿江旅游开发规划(2012—2025 年)》，并在自治区旅游局组织召开的评审会上正式通过专家评审，为龙州县旅游产业描绘出了发展蓝图，明确了“334412”旅游发展框架。2013 年《广西龙州县龙泉景区旅游开发建设规划》和《中国左江龙州上金国际生态旅游度假区修建性详细规划》均通过了自治区专家

评审。2014年以来，龙州县先后出台《关于加快旅游业跨越发展的决定》、《关于加快旅游业跨越发展的若干政策》等一系列文件，分别提出了包括加强组织领导、加大政策支持、落实主体责任、加大宣传力度、强化督促考核等旅游业发展的保障措施，以及在财税、投融资、用地、产业融合、富民增收、生态补偿、项目推进、企业扶持、人力资源、国民休闲等方面的支撑性、扶持性、鼓励性、奖励性和引导性政策。2014年上半年，《龙州上金古城旅游概念性规划》和《广西龙州天琴谷文化旅游度假区详细规划》也通过了自治区专家评审。

（二）积极推进项目招商

近年来，龙州加强旅游招商引资力度，做好相关服务工作，使旅游招商工作取得了突破性进展。一是引进左江风景区有限公司，投资建成了规范化的上金旅游码头及游客接待中心，该中心是目前左江景区比较完善的游客接待中心。二是引进国际旅游商品集散中心项目，该项目集旅游咨询服务、购物、餐饮、旅游运输等功能于一体。目前已完成项目选址、用地指标、项目用地预审等工作。三是编制《龙州县旅游招商引资项目库》，将《龙州县旅游发展总体规划（2012—2025年）》中所列的25个骨干项目作为招商重点。2012—2013年，依托中国—东盟博览会，龙州先后与9家企业签订了10个项目开发协议或意向书。2012年龙州签下了“发现·弄岗”森林旅游开发、上金国际生态休闲旅游景区、上金国际游艇俱乐部度假中心项目、上龙水陇生态休闲旅游项目、上金白雪及人间仙境旅游开发项目、小连城景区项目等6个旅游项目，总投资额62.5亿元，是博览会上崇左市签约旅游项目最多的县。2013年，又有龙州上金古城旅游开发、龙州国际生态旅游度假项目、龙州县八角乡旅游开发项目等3个旅游项目签约。至此，两年来龙州引进的旅游开发项目总投资近180亿元。

（三）创新多元化营销方式

龙州坚持以文化为灵魂，积极创新多元化的营销方式，加强与各级主流媒体的合作，不断提升龙州文化旅游的知名度和美誉度，着力推动龙州文化旅游走出广西、走向全国、走向世界。

一是继续扩大传统宣传手段的范围和力度。①在南友高速公路与南宁机场高速公路交汇处、南友公路与龙夏二级公路交汇处、龙夏二级路龙州二桥头等设置高杆广告牌进行宣传；②在南宁机场候机大厅租用机场宣传广告牌进行宣传；③在广西电视台卫星频道晚间新闻前5分钟进行龙州形象广告宣传；④制作包括弄岗自然保护区、左江等重点旅游开发区的美好风景在内的龙州风光画册，出版《个性龙州》、《龙州旧事》、《龙州游记》、《龙州旅游手册》等宣传册，制作了《龙腾边州》旅游专题片及画册等进行宣传。

二是培育民族文化出版、演艺品牌。龙州积极策划推出高水平的商业实景演出、民族歌舞精品演出，扩大龙州文化旅游的影响力。在民族文化专著出版方面：①2012年县文体局与专家学者在深入调研的基础上，形成了《龙州县文学整理调研报告》；②2012年《庄蕴宽传》首发式暨“龙州与近代广西研讨会”等活动，社会反响很大；③2014年6月出版发行了《古壮天琴文化考》；④最近收集整理的龙州山歌风俗歌已被收入自治区古籍办主编的《壮族民歌古籍集成·风俗歌》一书，不久将面世。在民族文化演艺方面，着力培育打造天琴文化艺术品牌：①联合电影投资公司拍摄《天琴美人》、《天琴》等影片，电影以龙州故事、龙州风光和龙州人文为创作背景拍摄，独具特色的民族山寨、边关风情以及原生态的天琴弹唱天籁之音等淋漓尽致地展现出来；②利用中国水口口岸—越南驮隆口岸商品展销会、交易会等平台，举办龙州县天琴文化艺术节文艺晚会等一系列旅游宣传推介活动；③注重保护和传承天琴艺术，龙州县积极开展天琴特色教育，县民族中学作为崇左市壮族文化天琴培训基地，不仅成立了天琴艺术兴趣班，还把天琴弹唱纳入课程，安排专职教师授课，让每个学生都有机会学习，使天琴艺术得到进一步挖掘、保护和传承。

三是培育文化旅游节庆、体育品牌。节庆活动是旅游推介最直观最有效的宣传途径。几年来，龙州积极组织开展依峒节、龙元节、上金“人间仙境”油菜花文化旅游节、民俗文化节以及端午节龙舟邀请赛等活动，为搞活当地旅游市场“添薪加火”。龙州还坚持举办“中国第一路”[①] 国际公路自行车邀请赛，打造“中国第一路”旅游品牌，目前已成功举办四届，吸引了来自世界各地多个国家的选手参加比赛。

---

① 作为赛事主赛道的龙凭公路（龙州至凭祥）建于1885年，是广西最早修建的公路，也是中国第一条具有国防、经贸、旅游往来功能和意义的现代公路，因而获誉为“中国第一路”。

（四）加强文化旅游基础设施建设

龙州县注重完善文化旅游相关基础设施的建设和配套服务的供给，不断提升文化旅游产业的承载力。

一是首要改造提升现有重点景区。以景区“创A”为切入点，开展左江景区（龙州河段）、龙州起义纪念馆景区创4A级景区，小连城、法国驻龙州领事馆旧址、广西亚热带珍稀植物园创3A级景区等工作，形成强有力的高端旅游产品支撑体系，从而吸引游客、留住游客。

二是打造旅游交通环线，完善龙州内外部交通条件。迅速改造提升连接主要景区道路，加快建设县内景点交通，推进龙州—上金码头、龙州—小连城—珍稀植物园的道路建设，实现通往3A级以上景区的道路按照二级路标准修建，通往3A级以下景区的道路要按三级路标准修建。

三是抓好旅游宾馆酒店建设。在宾馆饭店建设及提升方面，加快信翔国际大酒店的建设、装修；指导龙鼎大酒店的星级酒店创建，并对原有星级酒店加强监督指导，努力提高星级酒店的服务质量。

四是抓好龙州至越南高平的中越边境旅游异地办证业务。随着2013年，崇左龙州—越南高平边境旅游线路正式开通，龙州县积极落实解决边境旅游存在的主要问题，积极争取允许第三国游客享受72小时以上过境免签的政策，争取简化跨境自驾游审批程序，允许有资质的旅行社开展跨境自驾游项目，进一步优化办证窗口服务，提高工作效率，努力把边境旅游业务做大、做强、做优。

四、执行效果评估

（一）文化旅游发展规模不断提升

随着近年来的发展，龙州文化旅游产业已成为龙州县域经济发展的新引擎。2012和2013年全县接待游客分别为99.45万、114.4万人次，分别增长15.84%、15.03%；旅游总收入分别为8.29亿元、9.8亿元，同比增长22.27%、18.21%。2014年全年接待游客205万人次，旅游总收入20.6亿元，分别同比增长42%、53.05%，旅游提供税收8900万元，比2011年分别增加86万人次、6.8亿元和6200万元。

（二）文化旅游发展框架初具雏形

目前，龙州已初步形成“334412”的旅游发展框架（见图5－6），即：打造左江自然山水生态文化旅游品牌、中越边关历史民俗文化旅游品牌、龙州革命历史文化旅游品牌等“三大旅游品牌”；构筑中国著名跨国红色旅游目的地、国际山水生态养生休闲度假旅游目的地、中国著名边关历史文化体验旅游目的地等“三大旅游目的地”；建设国际山水生态养生休闲度假基地、国际户外体育运动休闲基地、国内外艺术家文化创意创作基地、中国天琴艺术文化产业基地等“四大旅游基地”；发展龙州红色文化边城风情旅游区、左江山水田园生态休闲旅游区、中越边关历史边境风情旅游区、弄岗喀斯特森林生态旅游区等“四大旅游区”；实施龙州上金国际生态养生休闲度假岛、左江山水生态观光休闲旅游开发项目、龙州起义红色旅游景区、古南街世界风情街区、广西近现代文化史园、“南疆长城”主题文化公园、中国—东盟国际旅游互市区、东盟风情小镇、弄岗国家自然公园、金龙生态民俗体验休闲园“十二大骨干旅游项目”等。

（三）文化旅游影响力不断扩大

2012年，中国国家地理杂志社通过对弄岗国家级自然保护区进行实地考察后，决定在龙州设立全国户外出行“4＋2”（汽车＋自行车）旅游示范基地。2013年，龙州起义纪念馆被列入第一批广西廉政教育基地。同年，电影《天琴》从世界各地报名参展的1300多部影片中脱颖而出，入围第三届北京国际电影节，在北京进行展映。目前，龙州天琴表演已成为中国—东盟博览会指定国礼，天琴文化已成为广西民族文化标志之一，被列为广西非物质文化遗产。左江花山岩画已被国务院确定为中国2016年唯一申报世界文化遗产项目。国家林业局已经批复建设龙州左江国家湿地公园，同时龙州正努力推进红色旅游4A级景区、水口口岸国门4A级景区创建工作，积极推进发展跨境自驾游精品线路。2015年，龙州在广西全区13个后备县中以总分第一的成绩晋级广西特色旅游名县创建县，并被国家旅游局列为首批“全国红色旅游国际合作创建区”。这一系列鼓舞人心的重磅消息，都在昭示着龙州的文化旅游品牌已经打响，影响力不断提升。

图 5-6　龙州文化旅游“334412”发展框架

第五节

行动学习促进交通便利

龙州是南疆历史重镇，对外交通向来是龙州命脉所系。广西的近代交通、近代工业首先在龙州兴起。早在 1889 年龙州就被辟为通商口岸，是广西最早对外国开放的通商口岸，从19世纪末期到20世纪中期，龙州在近代史上创造了空前的历史辉煌，包括广西最早的海关、火车站、领事馆等20多个“广西之最”。当时的龙州有“小广州”、“小香港”、“不夜城”之誉，名闻全国，声传海外，真正是国际性的边陲城市。然而，龙州的辉煌只持续了半个多世纪，20世纪40年代开始随着战争破坏尤其是对外通道的转移，导致龙州作为广西西南行政中心地位的丧失和经济地位的下降。政治上龙州开始降为一个普通的边境县，经济上至今还是国家贫困县。可以说，对外交通的兴盛直接推动近代龙州的空前繁荣，对外交通的转移又直接导致龙州的式微。[①] 重振龙州百年辉煌，需要首先重树龙州交通区位优势。“十二五”以来，龙州县委县政府始终把改善交通基础设施作为经济重点，组织县交通运输局、工信局、国土局等单位组建工业交通行动学习工作组，在问题诊断、成因探寻、制订方案、执行方案的循环过程中，着力推进龙州“大交通”的繁荣发展（见图5－7）。

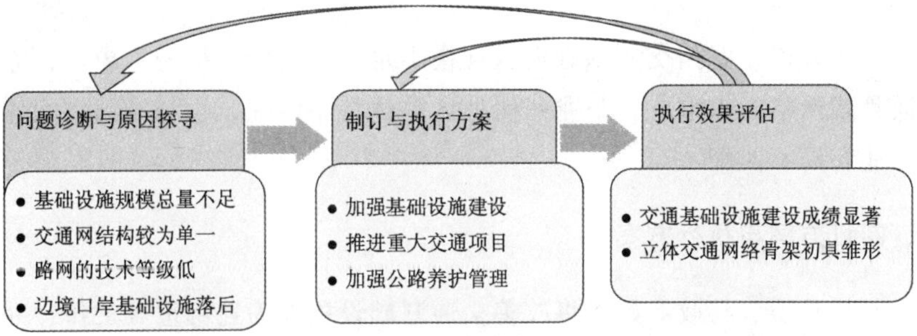

图5－7　行动学习促进交通便利

一、问题诊断与成因探寻

龙州地处边境山区，交通基础设施建设滞后，严重制约了当地经济社会的进一步发展。表5－6显示了2010年崇左市7个县（市、区）交通基础设施状况。

由表5－6可以看出，2010年龙州境内公路里程仅938公里，在崇左7个县（市、区）排名第5位，在广西全区县域排名在50名之外，比宁

① 周中坚.龙州水口关通道：沟通华南与东南亚北部的捷径，http://www.qzbsg.gov.cn/zt/gzdm/Details/62960afd－27bd－478a－88ca－74208034bca6.

明县相差474公里，基础设施规模总量不足。龙州路网的技术等级也偏低，境内没有铁路，没有一级公路和高速公路等高等级公路，二级公路里程数也相对较为稀少，与江州区、扶绥县、宁明县等兄弟县区相去甚远。边境口岸与互市点的基础设施也较为落后，口岸优势没有得到充分的发挥。此外，各乡镇间的可达性、联接度都较低，以往道路多是砂石泥路，坑坑洼洼，晴天灰尘、雨天泥泞，给农民带来农产品“走不出去”、外出就医难、行路难、上学难等难题。

表5-6　2010年崇左7个县（市、区）交通基础设施状况

	江州区	扶绥县	宁明县	凭祥市	龙州县	大新县	天等县
境内公路里程（公里）	1020	1108	1412	400	938	941	788
#高等级公路（公里）	32	54	45	35	—	—	—
境内铁路营业里程（公里）	44	57	51	31	—	—	—

总体来说，龙州交通基础设施规模不足，交通网结构较为单一，立体交通骨架网络尚未形成，与龙州所处区位优势不匹配，也与城镇空间体系和产业布局不匹配。

二、制订方案与执行方案

龙州县委、县政府始终将改善交通基础设施作为经济重点工作，并将2015年定为龙州县“交通建设年”，着力从交通基础设施、重大交通项目和加强公路养护三方面，推动龙州“大交通”的发展。

（一）加强基础设施建设

龙州通过整合各类项目资金，着力抓好交通路网基础设施建设，全面提升全县互通互联水平。包括整合每年度自治区财政专项扶贫资金基础设施建设项目、“生态乡村·屯级道路”建设项目、“生态乡村·村屯绿化”项目等项目资金，推动屯级道路建设、贫困村屯绿化和美化建设以及村村通水泥路建设。

（二）推进重大交通项目

根据县委、县政府工作部署，结合工作实际，龙州交通运输局采取倒逼工作制，明确工作任务，落实人员，积极协调解决重大交通项目推进过程中出现的困难和问题，加快项目推进。主要有崇左至水口高速公路项目（自治区政府 2015 年开工重点项目，建设年限为 2015 年至 2018 年），湘桂铁路扩能改造南宁至凭祥高速铁路项目，龙州至科甲村二级公路、叫堪至那花二级公路、新旺至上金码头二级公路，水口至驮隆中越界河二桥、水口共谊大桥，龙州至下冻一级大道，都城至新联旅游公路项目等。同时大力推进二级公路前期工作项目，如 S319 崇左至龙州二级公路、龙州至凭祥二级公路、岭南至上金二级公路、龙北至塘波二级公路、大新至科甲二级公路（龙州段）。此外，龙州还积极谋划通用机场①建设事宜，龙州上金通用机场项目已列入全区首批 30 个骨干通用机场之一，即将开工建设，目前已配合中国民航工程咨询公司踏勘组完成对初步选定 7 个场址的现场踏勘工作。重大交通项目推进情况如表 5－7 所示。

表 5－7　　龙州交通项目建设情况

项目区段	项目等级	建设情况
南宁—崇左—龙州—凭祥	高速铁路	已完成工可报告
崇左市—水口镇	高速公路	自治区政府 2015 年开工重点项目，2015 年底开工建设
水口—驮隆	中越界河二桥	已完成施工图设计
龙州—下冻镇	一级大道	已完成第一期图纸设计
水口共谊大桥	水口三桥	已完成工可报告
都城—新联	旅游公路	已经完成工可报告
龙州—科甲村	二级公路	2015 年 1 月已建成通车
叫堪—那花—布局村	二级公路	2015 年 4 月已全线正式开工建设
新旺村—上金乡	二级公路	已完成工可报告
岭南—上金	二级公路	完成前期招标，正在编制项目建议书
龙北—塘波	二级公路	完成前期招标，正在编制项目建议书

① 通用航空是指公共航空运输飞行以外的民用航空活动，包括公务飞行、空中观光、航拍、空中测绘、飞播造林、医疗急救等用途的飞行。

续表

项目区段	项目等级	建设情况
大新—科甲（龙州段）	二级公路	完成前期招标，正在编制工可报告
S319 崇左—龙州	二级公路	已完成项目建议书
龙州—凭祥市	二级公路	已列入交通部“十三五”建设计划，目前由崇左市交通运输局开展前期工作

（三）加强公路养护管理，保障公路畅通

在公路养护管理工作中，龙州交通运输局坚持建养并重的原则，加强公路养护管理，提高通行保障能力。一是对辖区内公路桥梁进行了全面调查，建立“一路一档”、“一桥一档”的管理养护电子档案，全面掌握所辖农村公路技术状况，做到管养责任落实到位、机构人员配备到位、制度制订执行到位、资金筹措管理到位、监督检查考核到位。二是科学编制农村公路养护工程计划，合理安排农村公路养护工程及日常养护管理工作，建立县、乡农村公路养护巡查制度，每月巡查不少于 1 次。三是实行公路养护管理目标责任制，制定公路养护浮动工资、计件工资和燃材料使用等目标责任制，充分调动养护工人的积极性。四是克服资金短缺等困难，对部分路段进行了大中修改造，改善了路况。五是加强路政管理，认真查处各种违法侵害公路案件，制止各种侵害路产路权违法行为。龙州公路养护工作保持在健康的轨道上运行，公路路况持续上升，养护质量稳步提高，昼夜、晴雨行车畅通无阻。龙州所辖农村公路经常性养护率达到 98%，县道经常性养护率达到 100%、乡道经常性养护率达到 60%、村道经常性养护率不低于 50%。

三、执行效果评估

在行动学习法的指导下，龙州以交通项目建设为抓手，抢机遇，强落实，交通基础设施建设不断完善，公路通达能力和公路等级不断提高，“铁公机水”综合交通框架初具雏形，对促进龙州经济稳定增长起到重要推动作用。

（一）交通基础设施建设成绩显著

至2015年，龙州全县公路总里程达到943.127公里（其中等级公路里程为868公里）。按等级划分：省道里程为209.859公里，二级公路里程为120公里，三级公路里程为276.36公里，四级公路里程为525.81公里，等外路里程为74.758公里。在农村公路建设方面，自2012年行动学习开展以来，截至2015年，龙州共完成建制村通水泥路项目25个，总长193.04公里，完成总投资13252万元（每年完成情况如表5-8所示）。全县共有117个村民委员会，龙州下大力气，在2015年年底所有建制村全部通硬化道路，实现了“村村通畅工程”这一宏伟目标。

表5-8　2012—2015年龙州建制村通水泥路项目完成项情况

年份	项目完成数（个）	完成里程数（公里）	完成投资（万元）
2012	4	26.7	1599
2013	11	55.54	3888
2014	8	85.2	5961
2015	2	25.6	1804

龙州至科甲二级公路于2012年9月开工建设，于2015年1月建成通车。全长共79.794公里，其中主线长34.418公里，支线长45.376公里，总投资3.3397亿元。叫堪至那花至布局二级公路工程项目于2015年4月全线正式开工建设，正进行路基建设。

（二）立体交通网络骨架初具雏形

目前，龙州立体交通网络骨架初具雏形，随着铁路、公路、水路、航空综合交通运输体系的不断完善，龙州将实现由交通“节点”向交通“枢纽”的转变，成为桂西南重要的交通枢纽。

陆路方面，崇左至水口高速公路列入全区“县县通”高速公路项目，计划于2015年年底开工建设，2018年竣工，从龙州到崇左高速公路至钦州出海港口路程约250公里，上接越南，下达粤港澳。河池—天等—大新—龙州高速公路列入《左右江革命老区振兴规划》，将打通西铁南大通道。湘桂铁路扩能改造南宁—龙州—凭祥高速铁路列入《西江—珠江经济带规划》重大项目，计划于2016年开工建设。正在前期筹备的省道S319建成后将横贯东西，沿边公路S325纵贯南北。龙州至科甲二级公路已于2015年1月建成通车，叫堪至那花二级公路正在建设中。一条高速铁路、两条高速公路、两条省道、两条二级公路使龙州拥有连接东盟各国陆路交通的比较优势。

水路方面，上升为国家战略的《珠江—西江经济带规划》中明确提出重点建设龙州—南宁宋村三江口段Ⅲ级航道，航道全长115公里，项目计划于2020年建成，通航船舶达到1000吨级。随着航道的日益畅通，龙州县在水运方面将成为连接内地粤港澳和东盟各国的重要节点。

航空方面，龙州距南宁吴圩国际机场只有90分钟左右车程，到越南高平省、河内也是如此。目前，龙州上金通用机场项目已列入全区首批30个骨干通用机场之一，即将开工建设，可实现龙州至南宁短距离飞行和左江、东盟国家旅游观光低空飞行，领略祖国南疆大好河山风光。

第六节 行动学习助推筹资融资

经济的发展离不开资金要素的支撑。党的十八大报告提出，“要走中国特色新型工业化、信息化、城镇化、农业现代化道路”。四化的建设实现将催生对城镇基础设施建设、公共服务设施建设、产业扶持的巨额投资需求，绝大多数地方政府仅靠自身的财政无力承担。尤其对于龙州而言，龙州是国家贫困县，实现加快打造“东盟商务港、产业桥头堡、边贸新一极”的发展战略需要强大的财力支撑。为此，龙州县财政局、县国税局、县地税局、县人民银行等单位组成筹资融资工作组，采用行动学习方法，针对当前筹资融资存在的难题和形成原因，认真寻找有效的解决方案，并付诸实践，在行动学习的循环过程中（见图5-8），着力探索龙州财源开拓之道。

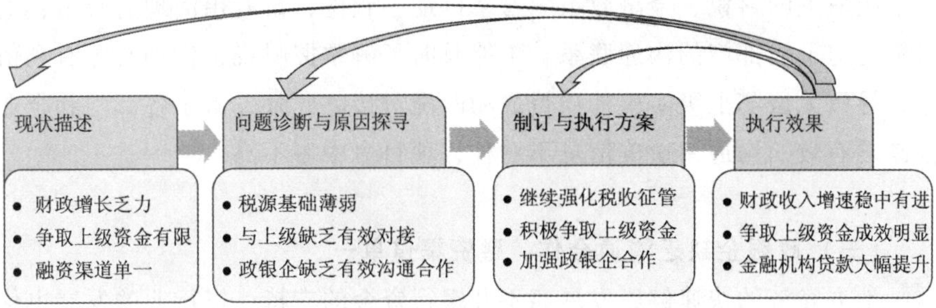

图 5-8　行动学习推动龙州筹资融资

一、问题诊断与原因探寻

近年来，龙州县筹资融资组各项工作取得了一定成效，但还存在诸多难题，主要表现在：

（一）税源基础薄弱，财政增长乏力

2008 年到 2011 年，龙州县以税收为主的公共财政收入在崇左 7 个县市区一直位列倒数第二。由表 5-9 可以看出，2009、2010、2011 三年龙州县公共财政收入与同市扶绥县和百色市平果县相比有较大差距，约为扶绥县的 1/2，平果县的 1/3，且增速较慢。这主要是由于龙州产业结构较为单一，产业发展不均衡，税收收入主要依靠制糖业，制糖业每年约提供 20% 的财政收入，而其他产业规模较小，导致龙州税源基础非常薄弱。此外，近年来受糖、锰价格持续低迷等不利因素的影响，龙州税收不稳定，财政增长乏力。

表 5-9　龙州、扶绥、平果三县公共财政对比　　单位：亿元

地　区	2009 年	2010 年	2011 年
龙州县	1.9	2.4	2.8
扶绥县	3.6	4.8	5.8
平果县	5.9	7.4	8.9

（二）与上级缺乏有效对接，争取上级资金有限

争取上级资金首先要研究、吃透现有政策。以往，龙州对中直、区直

等上级机关的财税、金融政策学习掌握还不到位，没有用活现有政策；而且缺乏与上级部门的沟通联系，不能及时了解掌握财税工作动态等有利信息，导致无法与上级实施的项目成功匹配对接。此外，由于各部门和企业间缺乏有效的沟通，造成信息不对称，项目命中率不高。

（三）政银企缺乏沟通合作，融资渠道单一

地方经济的快速健康发展离不开银行资金的支持，银行业的发展也依托于地方经济的全面健康的发展和政府的支持。而龙州县政府、银行、企业的合作缺乏联系、沟通的有效机制，导致相互间信息不对称，直接影响到银行对地方经济的支持力度，甚至出现本地银行业存款被上存各家总行或被拆借到其他县市，降低了本县资金的利用率，影响了产业的做大做强和全县经济的快速发展。

二、制订方案与执行方案

为有效解决筹资融资面临的难题，龙州县政府对症下药，从继续强化税收征管、积极争取上级资金、加强政—银—企沟通合作三方面，着力破解龙州筹资融资的困境。

（一）继续强化税收征管

龙州县继续强化税收征管，加强财源建设，服务地方经济发展。围绕县委、县政府加快边贸互市、工业发展、城区建设、旅游开发和招商引资等中心工作，抓住项目建设机遇，进一步加大税源监控力度，跟踪税收管理，努力做到应收尽收，按季度完成税收收入任务。一方面，加强重点税源监控管理，抓好蔗糖支柱产业财源建设，促进财政增收。另一方面，在巩固蔗糖产业基础上，积极培育后续产业，对全县税源进行调查摸底，积极培植边贸、蔗糖循环业、食品加工业等新的税收增长点。

（二）积极争取上级资金支持

为做好争取上级资金工作，龙州县努力做到“三个重视”。一是重视研究，把握好政策。认真研究和领会上级出台的每一项财税、金融政策，多方位学习、思考、研究这些政策，努力做好与上级部门的项目对接，以便利用政策向上积极争取项目资金。二是重视前期工作，储备好项目，争

取进入上级扶持发展的项目库。积极主动上报项目，督促相关部门、企业要加强协作，相互沟通、掌握情况。三是重视与上级部门沟通协调，争取第一时间获取信息。注重加强与中直、区直部门的沟通联系，及时了解掌握财税工作动态、财政经济运行等信息，主动向上级汇报情况，实事求是地反映面临的困难，为本县争取更多的项目资金。

（三）加强政银企沟通合作

一方面，加强与各商业银行的沟通联系，着力搭建政府、银行、企业的合作平台。积极引导县各银行金融机构，优化信贷结构，对中小企业重点扶持及贷款。2012 年 7 月，邀请自治区金融办到该县开展经济发展课题调研，为政银企加强合作搭建平台。2014 年年初，中国农业银行龙州县支行牵头与广西得勤集团易多收公司、龙州鑫宇公司联合举办了“春天行动”银企合作金融产品营销推介活动，本县 100 多名甘蔗专业户应邀参加活动。推介会上，活动主办方就“公司 + 农户”业务与其他金融产品进行宣讲推介，并就银企合作的方式、内容、优势等方面为客户现场解答和互动。“春天行动”首批涉及本县 100 户甘蔗专业户，并计划发放“公司 + 农户”小额贷款达 400 万元，有力地助推甘蔗产业规模化、现代化发展。另一方面，龙州积极发挥政府性融资平台作用。先后成立县城投公司、旅游投资公司、工业交通投资公司，并与自治区农垦局签订《合作开发建设广西龙州县特色食品产业园战略合作框架协议书》，拟共同筹建园区合作开发公司，加强政府性投资公司筹融资和资本运营的能力。加强与广西金融投资集团的沟通，支持广西投融资担保公司与商业银行合作，配合广西金融集团投资有限公司驻龙州综合服务中心做好相关金融服务工作。

三、执行效果评估

龙州县筹融资工作组通过行动学习，在财政收入、争取上级转移支付及银行贷款等方面，取得了显著的成绩，在一定程度上有效缓解了龙州的财源紧张问题。由于工作成绩突出，2012 年以来，龙州县财政局分别荣获广西财政厅 2012 年度广西财政基层培训工作先进单位，2012 年度广西财政国库管理改革工作量化考核评比基础目标奖、公务卡改革奖，2012 年度非税收入收缴管理改革工作量化考核基础目标奖，2013

年度广西财政国库管理改革量化考核工作先进集体，2013 年度广西非税收入收缴管理改革量化考核工作先进集体等自治区、市部门 10 个奖项。

（一）财政收入增速稳中有进

2013 年龙州财政收入位列广西 91 县域第 18 名，而 2008 年排第 50 名。从图 5－7 可以看出，2008—2013 年，尤其是 2012 年以来，龙州县公共财政收入大幅提升，从 2008 年的 1.6 亿元增加到 2013 年的 5.2 亿元。2013 年全县财政收入完成 76063 万元，比上年增收 9986 万元，增长 15.1%，总体增幅全市七个县（市、区）排名第二，其中一季度、上半年、三季度收入增幅在全市七个县（市、区）均排名第一。2014 年 1—5 月，组织全县财政收入完成 35809 万元，同比增长 4697 万元，增长 15.1%。1—5 月，制糖业提供财政收入 8662 万元，占全县财政收入的 21.45%；边贸企业提供地方税收 2173 万元，同比增长 64.4%；耕地占用税完成 8603 万元，同比增长 50.59%。

（二）争取上级资金成效明显

2012 年，争取到第四批中央财政小型农田水利高效节水灌溉试点重点县项目，预计 2012—2014 年 3 年期间将获得中央和自治区等项目资金 1.08 亿元。2013 年，龙州通过争取均衡性转移支付补助、边境地区转移支付项目资金、民族地区转移支付补助、革命老区转移支付项目资金、兴边富民中央和自治区基建投资项目资金、其他专项补助等项目途径，共向上级财政部门争取资金约 11.2 亿元，比全年财政收入超出 4 亿元。2014 年上半年，龙州共争取上级资金约 10.5 亿元，其中，均衡性转移支付补助、边境地区转移支付项目、民族地区转移支付补助、革命老区转移支付项目等常规性转移支付项目，与 2013 年同期相比，又有了大幅增长；而且比 2013 年新增口岸基础设施建设资金、转贷地方政府债券资金、县级基本财力保障机制奖补资金等项目资金，在一定程度上缓解了龙州的财政困难（见表 5－10）。

表 5－10 近年来龙州争取上级资金情况

项目资金	2013 年		2014 年 1—6 月	
	金额（万元）	同比增长	金额（万元）	同比增长
均衡性转移支付补助	13325	18.5%	17438	30.87%（与2013 全年相比）
边境地区转移支付项目	11216	12.5%	10160	—
民族地区转移支付补助	1730	21.2%	1864	30.5%
革命老区转移支付项目	695	10.3%	803	15.5%
兴边富民中央和自治区基建投资项目	1955	13.4%	—	—
自治区口岸办申请了口岸基础设施建设资金	—	—	3400	—
县级基本财力保障机制奖补资金	—	—	737	—
转贷地方政府债券	—	—	1300	—
第四批中央财政小型农田水利高效节水灌溉项目资金	2012—2014 年三年将共获得 1.08 亿元项目资金			
其他专项补助	53109	9.6%	39384	19.8%
总计	112000	—	105000	—

（三）金融机构贷款大幅提升

由图 5－9 可以看出，2008—2013 年，尤其是 2012 年以来，龙州县年末金融机构各项贷款余额稳步提升。2013 年，全县各银行金融机构人民币各项贷款余额为 35.3 亿元，是 2008 年贷款余额的近 3 倍。其中工行、农行等银行业向龙州南华糖业公司共发放贷款余额为 10.9 亿元；新成立的县旅游投资公司、工业交通投资公司，通过 BT、BOT 等方式盘活资产，年内筹融资 6 亿元；向自治区农发行申请并批复了新农村建设贷款、固定资产贷款各 1 亿元。

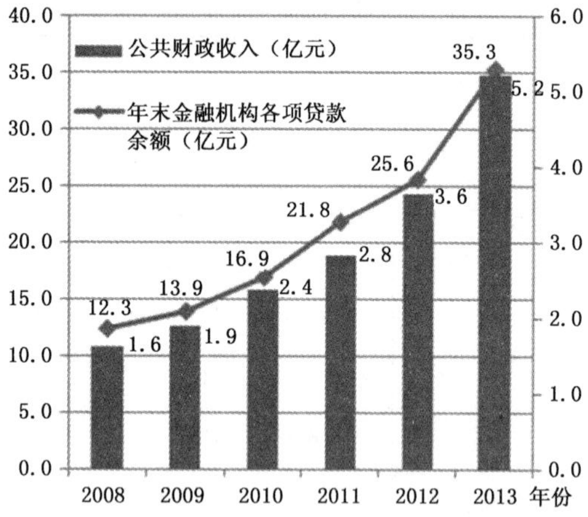

图 5－9　龙州县近年公共财政收入及年末金融机构各项贷款余额

第七节

龙州经济治理的未来发展动向

“十二五”时期，龙州提出了“富民兴边、贸工强县”战略，打造“东盟商务港、产业桥头堡、边贸新一极”，建设陆路东盟商务口岸工业文化旅游名城的总体工作思路，通过深入开展行动学习，经过几年来的实践，取得了显著成效。如今，龙州正面临国家加快沿边地区开发开放战略、建设“一带一路”、打造中国—东盟自贸区升级版、构建我国西南中南开放发展新的战略支点和自治区深入实施“双核驱动、三区统筹”战略等叠加机遇。“十三五”时期，龙州将立足新形势、抓住新机遇，继续深入开展行动学习，以创新、协调、绿色、开放、共享五大发展理念引领“十三五”发展，大力实施“富民兴边、生态立县、贸工强县、旅游旺县、文化兴县”战略，努力建成“东盟商务港、产业桥头堡、生态长寿乡、富裕边关城”，全面建成口岸经济大县、特色旅游名县。

（一）提质发展现代农业

加强甘蔗“双高”基地建设，促进农业结构调整，打造更多“一乡一业”、“一村一品”特色产业。鼓励发展家庭农场、农村合作社、种养大户等，加强农业组织体系建设，促进农业适度规模经营。引进更多科技水平高、经营规模大、带动能力强的龙头企业。大力发展农村电子商务把龙州优势农产品推向全国及东盟市场。

（二）巩固蔗糖支柱产业

巩固蔗糖产业支柱地位，加快蔗糖传统产业转型升级，大力发展蔗糖循环产业，扶持制糖企业加快技术改造升级；强化蔗糖作为支柱产业的连锁效应，鼓励制糖企业延伸产业链，促进与糖业相关产业的发展，加快形成蔗糖产业集群。

（三）落实沿边开放战略

坚持把对外开放合作摆在龙州发展的重要位置上，进一步提高开放型经济水平。把边贸业作为主导产业进行培育和发展，努力建成口岸经济大县。加快申报建设龙州边境经济合作区；加快推进口岸升格，争取水口口岸升格为国际性口岸并扩大开放至二桥、科甲口岸升格为国家一类口岸；加快口岸基础设施建设；加大综合服务力度；加快构建面向东盟的跨境电子商务服务体系；努力将龙州建设成为全国最大的坚果贸易加工交易基地和面向东盟的商务港和区域采购中心。

（四）打响文化旅游战役

把文化旅游业作为战略性产业来抓，推动龙州文化旅游业可持续发展。充分利用边关风情、民族文化、红色旅游、绿色养生等资源，发展龙州特色文化旅游。充分用好“中国长寿之乡”这一金字招牌，坚持“生态立县”发展战略，大力发展生态旅游，发展健康养生养老产业，变“绿色资源”为“绿色财富”，努力把龙州建设成“生态长寿乡”。

（五）完善交通基础设施

抓好重大交通项目工作，推进南宁—崇左—龙州—凭祥高速铁路建设，开工建设崇左至水口高速公路、水口—驮隆中越界河二桥、水口共宜大桥、龙州至下冻一级大道和龙州八角至上降至凭祥二级公路，加快龙州通用机场项目进展。统筹公路、铁路、水运、航空等发展，建成纵贯南北、横连东西、沟通相邻地市的综合交通体系，将龙州打造成“对接东盟、融入崇左、沟通南宁、辐射周边”的泛北部湾经济区区域性交通枢纽城市和物流中心。

第六章

行动学习提升了龙州的社会治理能力

加强社会建设，是社会和谐稳定的重要保证。近年来，党和国家越来越重视社会建设与社会发展。早在2004年，党的十六届四中全会就明确提出，要“加强社会建设和管理，推进社会管理体制创新”；2007年党的十七大报告也提出，要“建立健全党委领导、政府负责、社会协同、公众参与的社会管理格局”；党的十八大报告再次重申了“社会建设”作为中国特色社会主义伟大事业的重要组成部分的地位和作用，提出要“在改善民生和创新管理中加强社会建设”，“加快形成党委领导、政府负责、社会协同、公众参与、法治保障的社会管理体制”。党的十八届三中全会通过的《关于全面深化改革若干重大问题的决定》提出，全面深化改革的总目标是“完善和发展中国特色社会主义制度，推进国家治理体系和治理能力现代化”。全会鲜明地提出了“创新社会治理体制”，并明确阐述为：“创新社会治理，必须着眼于维护最广大人民根本利益，最大限度增加和谐因素，增强社会发展活力，提高社会治理水平，全面推进平安中国建设”。由社会管理向社会治理的理念转变，并将创新社会治理提升到国家发展的战略层面，不仅是重大理论创新与实践突破，也是我党执政理念与思路的自觉完善和与时俱进。

社会治理是国家治理体系的重要组成部分。边境民族地区的社会治理对社会安定和民族团结更加具有战略意义。龙州地处西南边境偏远地区，历史与自然因素使得龙州经济发展落后，而龙州社会发展更加滞后于经济发展。为此，龙州县委、县政府相关单位分别成立了民生工作组、社会综治组、基层党建组三大工作组，立足龙州实际，采用行动学习的方法，在现状描述、问题诊断、成因探寻、方案制定与执行、执行效果评估的循环过程中，社会治理各方面都有较大提升，尤其是作为边境民族地区，龙州在强化社会治安、促进教育提升和建设美丽乡村方面实现了质的改进。

第一节 行动学习强化社会治安

党的十八届三中全会通过的《关于全面深化改革若干重大问题的决定》提出，要健全公共安全体系，加强社会治安综合治理，创新立体化社会治安防控体系，依法严密防范和惩治各类违法犯罪活动。龙州地处国家边境民族地区，其社会治安事关民族团结与国家统一。在龙州，农业人口占总人口比重高达79%，农村稳则社会安，对龙州来说，强化社会治安尤其是广大农村的社会治安是其首要的职责和任务。龙州县政法机关联合组成社会综治工作组，加强部门间的协调合作，积极开展行动学习，着力开拓创新社会治安的工作机制，取得了良好的效果（见图6-1）。

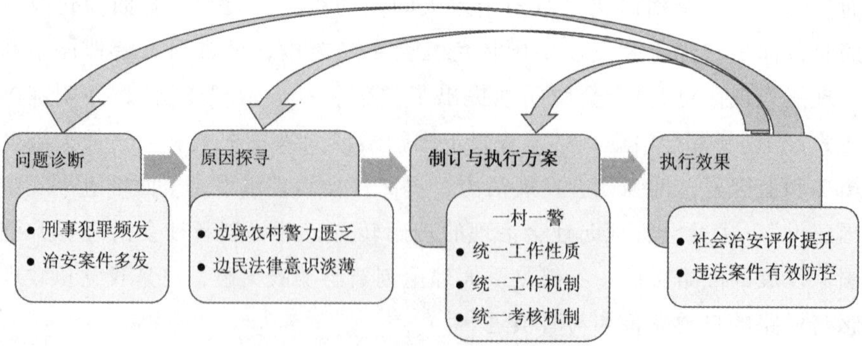

图6-1 龙州行动学习强化社会治安

一、现状描述和问题诊断

龙州县地处西南边陲，边境线长达184公里，缺乏天然屏障，边境管控任务十分繁重，农村治安形势非常严峻。刑事案件与治安案件多发，社会不安定因素繁多，群众的社会安全感偏低。

（一）刑事犯罪频发

近年来，龙州的社会治安形势虽然总体上趋于平稳，但是以龙州边境地区为据点，进行走私、贩枪、贩毒、偷渡、盗窃、抢劫、拐卖妇女等跨境刑事犯罪行为时有发生，并且屡禁不止。一是走私犯罪难以根除。大批量的走私活动虽然得到初步遏制，但是不法分子采取三轮车、摩托车甚至肩挑人扛等“蚂蚁搬家”式的走私活动仍屡禁不绝，防控难度较大。二是涉枪涉毒犯罪屡禁不止。据统计，2011—2012年，崇左市公安机关共破毒品案件535起，逮捕毒品犯罪嫌疑人473名，缴获毒品海洛因346公斤，缴获毒品量位居广西第一，占全区缴获海洛因总量的近70%[①]。其中，龙州与越南接壤，贩枪、贩毒等跨境犯罪活动十分突出，境外毒品已呈现“多头入境、全线渗透”的态势。三是偷渡犯罪难以防控。由于龙州边境的自然地形和历史原因，目前仍不能够有效制止和防范偷渡的发生。近年来，境外边民实施偷渡犯罪现象，尤其是境内外边民之间“三非人员”（非法入境、非法留居、非法就业）为主的跨国婚姻的问题依然突出，偷渡犯罪防控形势依然严峻。

（二）治安案件多发

赌博、跨境赌博、偷越国边境、卖淫嫖娼、违法出入境、边境地区群体性事件等治安违法行为频发，是龙州边境地区社会治安的新情况、新问题，对边境地区传统的社会治安防控模式提出了许多新的挑战。以赌博与跨境赌博违法活动为例，在与越南交界的龙州、凭祥、东兴等口岸附近，有不少针对中国赌客的境外赌场，也助长了龙州边境地区居民的赌博风气。边境地区赌博活动的泛滥，一方面极易诱发敲诈勒索、绑架、走私贩

---

① 莫水土，刘文杰. 广西崇左：警民携手共建治安防控机制［N］. 人民公安报，2012-11-30（2）.

毒、盗窃、抢劫、洗钱等案件的发生，对边境地区的社会治安稳定带来严重的冲击；另一方面，给边境地区本就较为滞后与薄弱的社会治安防控增加了难度。

二、成因探寻

龙州社会治安环境差，其自然的地理位置是一个重要因素。龙州县边境线长达 184 公里、地形复杂，缺少天然屏障，边境便道四通八达，造成治安状况纷繁复杂。通过走访调研与摸查盘底，龙州政法机关部门与各乡镇行动学习小组，通过行动学习法，总结归纳出造成龙州治安环境差的最根本的两个因素。

（一）边境警力配备不足

龙州警力不足，尤其广大农村地区警力严重匮乏，一直是影响龙州边境地区公安机关维护治安稳定的重要因素。长期以来，我国的警力都是按照管辖区内的常住人口数进行配备的。边境地区常住人口确实相对较少，但必须看到随着边境贸易的快速发展，边境地区流动人口急剧增加，而且在边境地区发生的案件受国内外关注度高，有的甚至还会造成较大的国际影响，警力需求还相当大。很多基层所队民警为日常事务所束缚，根本无法深入群众，基础工作被闲置，警民关系疏远，以至于基层情况不明、底数不清，难以在第一时间发现违法行为，发现了也难以在第一时间进行掌控。警力配备不足严重制约了公安机关对违法犯罪活动的预防、发现、控制和打击的能力。

（二）边民法律意识淡薄

龙州系西部边界少数民族地区，民众的法律观念、法律行为和法律行为受到国家法令、家族宗法、宗教教规与民族习俗为主体的民族法律文化的多重影响。西部地区地处偏远，生活方式较为保守，现代法律文化淡薄，落后的思想观念严重束缚着法律进步，法律精神未能充分渗透到西部社会实际生活中，法律规范和意识远未在民众心中生根。尤其是边界国界观念和法制意识不强，中越边民跨国界而居，隔界河相望，语言相通，互有通婚和走亲，对越境习以为常。许多越南妇女因当地经济发展落后，通过他人介绍以非法婚姻嫁到广西，并生儿育女，已经形成较为复杂的亲情血缘关系，生活较固定，在清理遣返中常常遭受少数边民的不理解、不支持，遣返工作阻力很大。此外，由于龙州特殊的地理位置和边缘地位，少数边民怀有“山高皇帝远”的侥幸心理，种植和吸食毒品、赌博、非法入境、走私、贩枪等违法犯罪行为屡禁不止。

三、制订与执行方案

面临社会治安防控体系“心有余而力不足”的瓶颈，龙州亟待通过创新警务工作模式来破解警力不足的难题，加强警民联系，把握治安工作的主动权。2010 年，龙州县在全区创新实行“一村一警”警务工作模式，该方法很快在崇左全市进行推广。2013 年，广西壮族自治区公安厅决定在全区推广“一村一警”机制，公安厅成立了以厅长为组长、其他厅党委成员任副组长的推行“一村一警”警务机制领导小组，制定了《加强农村社会治安工作的意见》和《关于推行“一村一警”警务机制的决定》等文件，为全面推行“一村一警”警务机制提供组织保障、政策保障和物质基础。为贯彻自治区《关于推行“一村一警”警务机制的决定》等文件，龙州县政法委、法院、检察院、公安局等相关单位成立了社会管理综合治安工作组。工作组组织相关单位成员、各乡镇分管领导，多次召开社会公众安全感分析会、警务推进会，采用行动学习的方法，不断深化落实推进“一村一警”工作的常态化。

“一村一警”警务工作模式，就是把警力摆到治安防控工作需要和人民群众需要的每一个地方去，让上百个公安民警像一个个“棋子”遍布全县每个乡村，活跃在农村群众中，激活全县社会治安这盘“大棋”，促进全县城乡的平安稳定。其主要经验如下：

（一）统一工作性质

村警的主要职责是开展治安防范、信息收集、化解矛盾、服务群众等。村警分驻村民警和挂村民警两种，派出所民警专职驻村称为“驻村民警”；其他部门、警种民警挂点包村，称作“挂村民警”。为了便于开展工作，必须理顺村警与派出所责任区民警之间的关系，对村警准确定位，明确村警是责任区民警的辅助力量，主要扮演的角色是“社会治安信息员、矛盾纠纷调解员、治安防范指导员、法律政策宣传员、民事村办服务员”，村警在工作中发现的治安问题和案件线索，要及时报告派出所责任区民警。

针对当前少数农村基层政权软弱的情况，区公安厅将“一村一警”工作与加强基层政权组织建设结合起来，在取得各级党委的支持后，明确村警统一进入所在村的领导班子，党员民警兼任村党支部副书记，非党员民警兼任村委会主任助理，以方便驻村民警在村级组织框架内，整合资源，开展工作。

（二）统一工作机制

通过选派县公安局机关民警回原籍包村、交警沿交通线包村、刑警按片区包村、派出所民警按辖区包村等方式，确保每个行政村至少有一名民警进驻或挂点，充分发挥村警熟悉情况、便于开展工作的优势，确保发挥作用。驻村民警依托农村警务室或联系点开展驻村工作，每月进村工作时间不少于 8 天，每年驻村夜访不少于 15 个晚上，挂村民警不少于 4 天。村警每周需按要求收集辖区动态消息，撰写工作日志，并录入“一村一警”及社区警务信息平台。

村警日常工作主要包括两方面：一方面主抓法律宣传和民风培育，结合辖区实际，广泛开展“法律六进”、“五五普法”、农科夜校和电教宣传，强化农村文化建设和“讲文明、树新风”良好风气的培养，引导健康积极的农村文化方向。另一方面主抓矛盾排查和群防群治，驻村民警将照片与联系方式在村务公开栏公示，并向村民发放警民联系卡，随时接受群众的咨询、求助和监督，鼓励群众积极为公安机关提供线索，协助公安机关开展侦查破案工作。驻村民警还可以通过结交“老同”、利用圩日召开群众座谈会、入户夜访等途径广泛搜集各类信息，并做好分析评估报告、情况反馈，及时理顺群众情绪、化解矛盾，将不安定因素消除在萌芽状态、化解在基层。

（三）统一考核机制

建立绩效考评制度。为规范驻村民警的工作，提升村警的工作积极性，促进驻村工作深入开展，龙州县专门制定了相关的绩效考评办法，各派出所领导定期或不定期对本所民警驻村（社区）工作进行抽查，县公安局通过警务信息平台上的工作台账记录、群众评议监督等对驻村民警统一进行综合考评和排名，对工作成效突出的村警给予职务晋升和物质奖励。

四、执行效果评估

龙州县政法部门认真推行“一村一警”警务工作机制，常态化的从派出所、局机关选派127名民警到全县127个行政村、社区（居委会）驻村或挂点，实现了“村村有警、月月见警”的目标，得到了自治区、崇左市等上级领导和有关部门的充分肯定。“一村一警”警务工作机制的实施推动了警务前移、警力下沉，有效消除了治安盲点，化解了大量矛盾纠纷，进一步夯实了公安基层基础，大大提升了龙州政法机关的社会治安防控和管理能力。同时，“一村一警”工作机制，加深了警民联系，政法机关开展工作更加“如鱼得水”，一张警民联手共建平安龙州的大网已经织就。

（一）社会治安评价提升

“一村一警”工作机制实施以来，龙州社会治安综合评价不断攀升，社会公众安全感及社会稳定动态两项指标评价良好。2013年，龙州全县12个乡镇均被崇左市评为“平安乡镇”。在2013年年底的崇左市社会公众安全感分析会上，龙州县公安局作了推进社会公众安全感工作典型经验介绍发言。

2013年度龙州县社会稳定动态七项工作以390.36分的总分排名全区111个县（市、区）第12位。2014年，在全区111个县（市、区）社会稳定动态七项工作情况评比中，龙州第一、二、三季度都名列前茅，尤其是第一季度在全区排名上升至第2位，在崇左市7个县（市、区）中排前两名；全县社会公众安全感第一、二、三季度也都排在全市的前3名。

（二）违法案件有效防控

行动学习开展以来，龙州县强化维稳工作，强力打击各种违法犯罪活动，取得良好效果。2013年，龙州县公安局获全自治区优秀公安局称号；在2013年全市公安机关年终工作会议上，龙州县公安局成为全市公安机关唯一在会上作“一村一警”工作经验介绍发言的单位。

一方面，龙州县刑事、治安案件发生率明显下降。2013年1—11月，龙州全县接报刑事案件687起，比上年同期下降20.67%，其中，直接影响群众切身利益的“两抢一盗”案件同比下降28.79%；受理治安案件1096起，比去年同期下降25.99%。2014年1—8月，全县刑事案件发案比去年同期下降21.46%，其中，命案发案下降80%，直接影响群众切身利益的“两抢一盗”案件同比下降41.14%。

另一方面，龙州县刑事、治安案件破获率大幅提升。2012年，龙州县缉毒工作取得重大成果，共破获毒品案件47件（其中重特大案20件），缴获毒品海洛因15.6公斤。2014年9月中旬至11月，全县共破获刑事案件76起，同比增长245.45%，查处治安案件137起。其中，在打击边境毒品犯罪工作中，共破获毒品案件12起，查处吸毒违法人员97名，缴获各类毒品3292.49克。在打击“两抢一盗”多发性侵财犯罪工作中，全县破获案件64起，同比增长276.47%，抓获违法犯罪嫌疑人47名，打掉违法犯罪团伙5个，追缴赃款赃物折合人民币87.54万元，并及时退赃，为人民群众挽回了巨额经济损失。2015年11月26日10时至14时，龙州县边防大队联合驻地公安机关，充分发扬主动出击、敢打必胜的亮剑精神，在短短4小时内就连续破获两起特大贩毒案，缴获高纯度毒品海洛因52块，总重20.09公斤，抓获犯罪嫌疑人5名，扣押运毒车辆1部，维护了边境地区的和谐稳定。

第二节 行动学习促进教育均衡

我国的边境地区大多是少数民族的聚居地区，边境民族地区的教育是我国教育体系中重要的组成部分。大力发展边境地区少数民族基础教育，对提高边境少数民族地区人口素质，推动边境少数民族地区的经济社会发展，促进民族平等和文明进步，加强民族团结，维护社会稳定，巩固边疆安全起着重要作用。另外，边境地区也是我国面向别国的窗口，边境民族地区教育的发展关乎我国国际形象的打造，关乎边民国家优越感和民族自豪感的建立，关乎边民爱国意识、国防意识、领土主权意识的形成，影响整个国家的稳定、团结乃至和谐社会的构建。

龙州地处西南边境，且多是壮族居民，龙州教育的发展具有重要的战略意义。一直以来，龙州的基础教育发展都严重落后，教育发展不平衡问题尤为突出。2010 年，国务院印发的《国家中长期教育改革和发展规划纲要（2010—2020 年）》以及教育部发布的《关于贯彻落实科学发展观进一步推进义务教育均衡发展的意见》都特别关注教育均衡发展的问题，党的十八大报告也提出“大力促进教育公平，合理配置教育资源”。为了破解教育发展不均衡的难题，龙州县教育、人社、发改、住建等部门组成龙州教育提升工程行动学习小组，采用行动学习的方法，不断挖掘龙州教育发展存在的现实问题及产生原因，积极探索并深入落实教育提升良策，大大提升了龙州基础教育发展的整体水平，带领龙州的边境民族教育迈向新的局面，开启新的篇章（见图 6－2）！

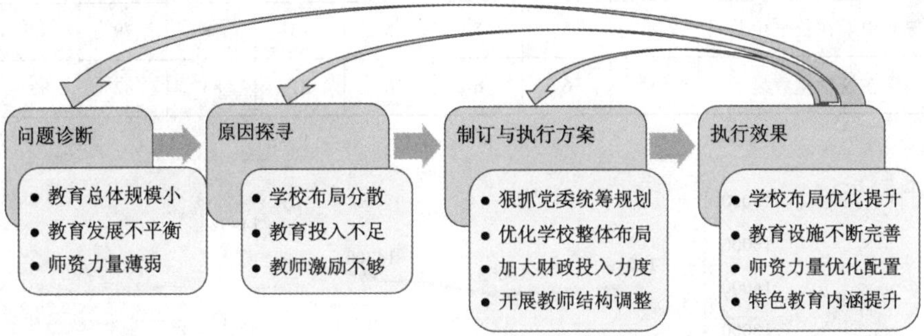

图 6－2　龙州行动学习促进教育均衡

一、现状描述与问题诊断

龙州的教育事业主要存在教育总体规模小、教育发展不均衡、师资力量薄弱等关键问题，具体问题如下：

（一）教育总体规模小

表 6－1 显示了 2008—2011 年龙州县教育发展相关指标在崇左 7 县市区及广西壮族自治区 91 个县市区的排名。可以看出，2008—2011 年四年间，龙州县中小学不论是在学校数量、专任教师数量还是在校学生数量方面，均排名靠后，约处于崇左市及广西壮族自治区的下游水平。值得注意的是，2008—2011 年，龙州小学在校学生数量大致呈现小幅上涨趋势，而普通中学在校学生数量则出现明显的下降（见图 6－3）。这一方面是由

于，龙州教育质量普遍不高，家庭条件或学习成绩较好的学生小学毕业后，大多流向崇左市区或南宁市区的中学读书；另一方面龙州中学生的辍学率较高，龙州的平均受教育年限普遍低于崇左或自治区其他地区。

表 6－1　2008—2011 年龙州教育规模在崇左及全区县域排名

	在崇左 7 个县市区排名				在全自治区 91 个县市区排名			
	2008 年	2009 年	2010 年	2011 年	2008 年	2009 年	2010 年	2011 年
普通中学数量	4	4	4	5	51	53	53	64
小学数量	6	6	6	6	66	66	67	71
普通中学专任教师数量	6	6	6	6	74	76	78	80
小学专任教师数量	6	6	6	6	72	74	75	80
普通中学在校学生数量	4	5	5	5	73	78	79	82
小学在校学生数量	6	6	6	6	81	83	82	83

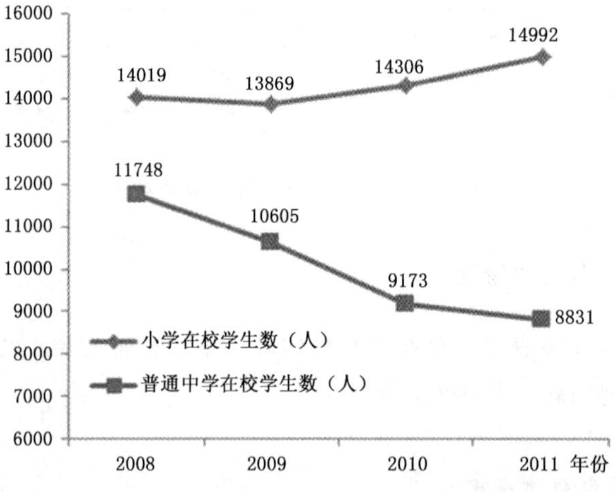

图 6－3　2008—2011 年龙州中小学在校学生数量变动趋势

（二）教育发展不均衡

龙州县中小学校教育水平参差不齐，城乡教育发展失衡问题突出，在办学条件普遍落后的情况下，城乡之间也存在较为明显的差异。全县小学、初中在生均教学及辅助用房面积、生均体育运动场馆面积、生均图书比、师生比等 8 项指标综合均衡差异系数较大，分别为 0.78、0.72。

从表 6－2 可以看出，2011—2012 学年龙州县农村初中的危房面积为 3864 平方米，而县镇初中仅有 211 平方米。其中农村初中的教室面积、实验室面积、图书室面积、微机室面积等都远远小于县镇初中，农村初中还没有配备语音室，在住宿方面，学生宿舍配备和食堂面积也都远远小于县镇初中。乡村学校无论是从教学及辅助用房、行政办公用房还是生活用房，其建筑面积都低于县镇学校。

表 6－2　2011—2012 学年龙州初中校舍城乡对比　单位：平方米

	农村	县镇		农村	县镇
教学类用房	12958	23723	生活用房	28044	58843
教室	10851	18050	教工宿舍	11261	18185
实验室	1179	3228	学生宿舍	12852	34413
图书室	423	992	食堂	3301	4726
微机室	505	1113	危房面积	3864	211
语音室	0	340	总面积	42634	96906
行政办公楼	1213	13584			

数据来源：2012 年龙州县教育局。

值得一提的是，在乡村学校，即使有大批新建的、良好的硬件设施，利用率却非常低。例如“边境大会战”、“国门学校”等项目拨付乡村学校很多经费去建设校舍、配备设备，而乡村学校却没有那么多的生源去使用这些校舍、教学设备，也没有那么多专业的教师去使用这些设备来进行教学，校舍和实验室形如摆设，利用率极低。

（三）师资力量薄弱

龙州县师资力量较为薄弱，一方面龙州师资愈加紧缺，与兄弟县市区差距较大。2011 年，龙州普通中学专任教师为 615 人，而扶绥县为 1481 人，不足扶绥县教师数的 1/2；小学专任教师数为 945 人，而宁明县为 1860 人。同时，龙州教师数量持续走低，2011 年普通中学专任教师比 2008 年减少 39 人；小学专任教师比 2008 年减少 198 人。龙州还普遍存在结构性缺编问题，虽然按照师生比这一标准来看，龙州教师呈满编或超编状态，但是后勤类职工比重较大，专任教师数量不足，尤其是音乐、体育、美术、英语等素质课程师资严重缺乏，很多老师需要跨专业授课。很多乡镇中小学无法按照国家规定的学科课程配备图、音、体、信息技术等专业教师，有的小学甚至未能开设英语课，基本的教学质量难以保证。

另一方面，龙州县严重存在着师资水平低的问题。以龙州县民族学校为例，表 6－3 显示了 2011 年龙州县民族中学教师力量的基本情况。民族中学教师全部为少数民族，文化程度以专科居多，本科的数量居其次，虽然有一定数量的本科学历，本科学历为 31 人，但是多数是通过再学习和进修获得的学历（通过访谈得知），第一学历为本科的才有 5 人。而且职称结构以中级和初级为主，高级职称的老师很少，教师只有 70 人，工人占到了全体教职工的 13.6%。部分学校甚至 10 年都没有新毕业的大学生教师引进，30 岁以下的教师少之又少。龙州县民族中学算龙州办学质量较好的学校，其师资尚且如此，可以想象龙州其他学校尤其是农村学校师资力量是多么薄弱、贫乏。

表 6－3　　2011 年龙州县民族中学教师基本信息统计表　　单位：人

类别		教师	职工	总计	类别		教师	职工	总计
民族	少数民族	70	11	81	职称	高级	2	0	2
	汉族	0	0	0		中级	38	1	39
文化程度	研究生	1	0	1		初级	30	1	31
	本科	28	3	31	年龄	25 岁及以下	0	0	0
	专科	34	5	39		26—30 岁	3	1	4
	中专	6	0	6		31—40 岁	43	4	47
	高中	1	1	2		41—50 岁	16	6	22
	初中及以下	0	2	2		51 岁及以上	8	0	8

数据来源：2012 年龙州县教育局。

二、原因探寻

在对龙州教育发展的情况进行摸底调查后，行动学习小组从人、财、物的要素角度全面、深入、系统地探究龙州教育发展滞后的影响因素。

（一）学校布局分散

龙州地处边境民族地区，乡镇地域宽广，人口较少，当地居民大多分散居住，甚至有的村只有几户人家，这使得学校的布局也相对分散。农村学校普遍规模小、学生少。2012 年，全县 12 所初中在校生不足 100 人的有 3 所，其中八角中学仅有 59 名在校生；64 所乡镇小学中在校生不足 30 人的有 36 所，其中响水镇龙江完小学仅有 2 名在校生。表 6－4 显示了 2012 年龙州县各初中参加中考的考生人数，可以看出，农村学校学生数量普遍偏少。学校布局的分散造成教育资源分散，不能综合利用，办学效益一直无法得到有效提升。

表 6－4　　2012 年龙州县中考（九年级）考生人数统计

学校	人数	学校	人数	学校	人数
龙州一中	468	金龙中学	72	彬桥中学	36
民族中学	376	武德中学	64	逐卜中学	32
龙州镇中	174	水口中学	63	八角中学	20
响水中学	141	下冻中学	50	先锋学校	14

数据来源：转引自沙尔娜，西南边境民族地区基础教育均衡发展研究——基于广西龙州县的田野调查与理论分析［D］. 中央民族大学博士学位论文，2013.

（二）教育投入不足

教育投入是教育发展之源本。在龙州，教育经费绝大部分来源于中央财政投入，各学校获得的中央教育投入占总投入比重都超过 50%，部分学校如民族中学来自中央的教育经费占总经费的比重甚至高达 90%。相比之下，来自自治区和龙州县的教育投入非常不足。龙州作为国家贫困县，政府财政收入较为吃紧，教育方面的财政投入非常有限，学校布局的分散又大大削弱了教育投入的转化效率和产出效益。龙州校舍的危房改建、新区扩建，教学设备的添置、更新，以及教师待遇的提高都亟待教育经费的大量投入。

（三）教师激励不够

一方面，由于龙州地处边境民族地区，教育工资和待遇相对来说比较低，这些使得好的教师引不来、留不住，造成教师间的竞争性激励程度不足，教师队伍的素质、能力、水平不高。另一方面，教师工作绩效评估的缺位导致了教师的考核性激励不足及物质上的负向激励。科学、公正的教师工作绩效评估方法实质上是教师奖惩激励机制的一个不可分割的组成部分，更是教师奖惩激励体系的基石。龙州传统教师绩效评估过程中，被评教师往往处于被动接受检查和评判的地位，对绩效评估全过程的参与度非常有限，教师的自评结果往往只作参考，并不能对绩效评估的最终结果产生影响。被评教师参与性的缺乏及评估过程中的信息不对称，使得评估结果常常缺乏客观性和解释力，教师群体对绩效评估结果普遍不认同。这使得2009年开始实行的绩效工资制度难以落实。当前龙州教师的绩效工资实质上是“被绩效”，绩效工资并没有与教师绩效挂钩。绩效工资的发放仍主要实行平均主义的“大锅饭”制，或延续以往的“论资排辈”，而且专任教师与行政部门绩效工资差别很大，行政部门是全额发放，教师只发70%，30%变成了绩效工资，这使得教师群体对绩效工资意见较大，严重打击了教师工作的积极性。

三、制订与执行方案

（一）狠抓党政统筹规划

认识到位，方向明确后，关键是抓落实。一是党政一把手亲自挂帅统筹推进。成立以县委书记、县长为组长的领导小组，明确县四套班子领导的职责。近年来，县委常委会、政府常务会先后召开13次义务教育均衡专题会议，并将教育均衡工作列入党政一周工作例会重要议题，实行“一周一汇报、一周一检查”。县委书记、县长亲自深入全县69所中小学校检查指导和现场办公，解决实际困难和问题。二是科学编制教育布局调整规划。在全县开展教育摸底大调研，充分调研、反复论证的基础上，龙州县委、县政府编制完成《龙州县教育布局调整规划（2013—2020年）》，作为指导未来几年学校布局调整的行动纲领。三是强化项目推进。县委书记、县长亲自抓教育项目，项目一立项，资金一到位，国土、住建、发改等部门一律要开“绿灯”，及时开工建设，并以最快速度建设竣工，对项目推进不力、进度慢的单位部门，县委书记、县长亲自督办、亲自问责。四是推行四套班子领导挂点包校机制。全县69所义务教育学校均落实1名县领导挂点帮扶，县委书记、县长带头挂点薄弱学校帮扶。五是构建全县齐抓共管的工作格局。县委、县政府将学校建设作为民生工程列入全县经济社会发展重点项目，作为县“两会”《政府工作报告》重要内容进行重点调度。县人大、县政协把教育工作列为年度重点调研课题，列入重大议案、提案进行重点督办。县财政、国土、住建等部门在资金拨付、土地征用、规划编制、项目审批等方面特事特办，保障项目加快实施。

（二）优化学校整体布局

2011 年，南宁师范高等专科学校从龙州县城搬迁至崇左市区，升级为本科院校并更名为“广西民族师范学院”（以下简称为“广西民师院”）。广西民师院原龙州校区校园面积达 160 亩，地处城区中心且环境优雅，2012 年 7 月完全搬迁后校园及设施设备基本闲置。2013 年 4 月，龙州县委、县政府向自治区教育厅提出“将广西民师院原龙州校区用于集中办学，全面提升龙州教育”的想法，得到了自治区教育厅领导的大力支持。在深入调研、反复论证、广泛征求意见的基础上，龙州县委、县政府投入 5500 万元回购广西民族师范学院原龙州校区，将龙州一中、龙州高中附属初中、龙州镇中，以及地处偏远、生源较少的八角中学、逐卜中学、武德中学、下冻中学、彬桥中学共 8 所中学搬进广西民师院原龙州校区，集中规模办学，按一级达标学校标准，创办上规模、高标准的全区示范性初中——新龙州一中。为方便学生就近入学需要，龙州县保留县民族中学、金龙中学、水口中学、响水中学 4 所教学质量教好、生源稳定的初中学校继续在原址办学。同时，合理配置小学教育资源，将龙州镇西街小学、城北小学和城南小学等 3 所小学搬至原龙州一中，集中办学组建龙州镇城西小学；另外 5 所中心小学搬至乡镇中学原址办学，乡镇幼儿园在腾出的中心小学办学（具体如图 6－4 所示）。

为了确保在 9 月份新学期开学前完成教育布局调整工作，以崭新面貌迎接新学期的到来，龙州从 2013 年 4 月开始启动，经过制定规划、排查校产、师资调配、校（园）长与教职工竞岗试教、校舍维修改造、教学设备搬迁等环节，全力奋战仅 5 个月时间，就完成了这一庞大的教育资源整合工程。其中，为实施好教育提升工程，龙州县委、县政府还广泛征求社会各界对实施教育提升工程的意见和建议，先后组织 4 个意见征求组，深入全县 12 个乡镇召开教育提升工程听证会 12 场次，向社会各界发放调

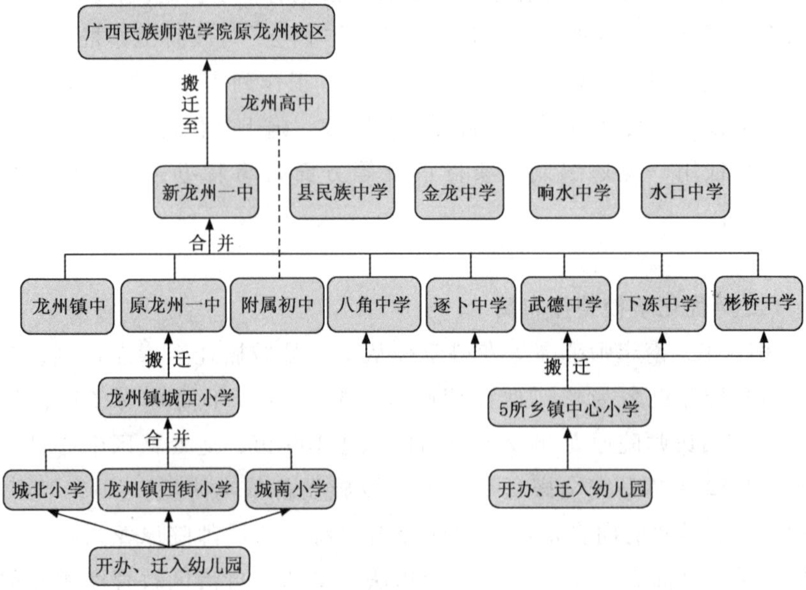

图 6-4　龙州教育提升格局变动

查问卷1.5万份，制订并不断完善《加快改革创新促进教育提升行动总体方案》、《龙州县教育布局调整规划（2013—2020年）》、《龙州县教育布局调整新学校领导班子产生办法》、《龙州县教育提升工程师资定编定岗工作方案》、《龙州县教育布局调整教职工竞岗原则》、《龙州县教育提升工程校产核查调配工作方案》，教育提升工程得到了社会高度认可。

（三）加大财政投入力度

为破解资金颈瓶，龙州坚持把教育经费投入放在第一位，大胆提出“贫困县办富教育”的思路，把有限的财力投入到教育上，明确推进义务教育均衡发展资金全部由政府投入。2012年至2015年，龙州全县累计投入资金8.78亿元，年均增长38.49%，发放农村义务教育阶段家庭经济困难寄宿生生活费补助1320万元，农村义务教育学生营养改善计划补助资金627万元，发放各类教育精准扶贫助学金388万元，办理生源地贷款763万元，其中，仅2014年就投入1.1亿元实施教育类项目建设、提升教学设备和提高教师补助。一是积极争取上级资金支持。主动向区教育厅、区财政厅等相关部门汇报对接，及时反映存在的困难和问题。2012

年以来共争取到上级补助资金 2.69 亿元，用于改善薄弱学校基础设施建设。二是加大县本级财政投入。在财政极其困难的情况下，龙州仍然最大限度地挤出一定经费用于各学校基础设施建设，并保障经费逐年增长。2012 年以来县本级累计投入 3.62 亿元，这对一个边境贫困县而言实属不易。三是全面统筹部门资金。坚持集中财力办大事，将原本由财政、发改、住建、扶贫等部门归口管理的涉及教育类资金、项目等，由县政府统筹支配，捆绑使用，改变了过去资金平均分配、"撒胡椒面"的做法。四是社会各界全力支持教育均衡。县委、县政府倾力办教育、抓均衡的正确决策，引领和感染着社会各界参与办教育的热情空前高涨。2012 年以来，社会各界共捐款、捐物近 2000 多万元支持教育发展。如广西可高集团有限公司向金龙中学捐助 150 万元建设新教学楼；龙州兴联商品混凝土有限公司出资 5 万元，为龙北学校硬化地面 1500 平方米。

（四）加强师资队伍建设

师资队伍的均衡是义务教育均衡发展的核心。为解决本县师资队伍年龄结构老化、配备不全、学科专业结构性失衡等问题，龙州多举措加强师资队伍建设。一是"增量"。2013 年以来共招聘各级各类教师 250 名。二是"提质"。龙州斥资 460 万元与上海方略教育培训中心和广西教育学院进行三年合作开展提升学校内涵发展培训；并全面实施"国培"、"区培"计划，近 3 年来共培训教师 5500 多人次，覆盖率达 100%。三是"扩优"。推行"强校 + 弱校"结对帮扶模式，由 7 所城区学校与 12 所乡镇学校结对帮扶，71 名城区名师与 150 名农村教师结对。2014 年以来全县城乡交流教师 142 人，校长、副校长交流任职 13 人。四是"激励"。在原有待遇基础上，设立教坛明星、骨干校长等奖励基金，增设校长、副校长奖励性绩效工资，提高乡镇中学、中心小学及村完小、教学点教师奖励性工资标准。给予支教教师每人每月 300 元生活补助；创新走教形式，给予从县城学校到农村学校走教的教师每节课补助 30 元，有力推动了城乡交师交流。

四、执行效果评估

通过大力实施教育提升工程，龙州县各级各类教育实现了均衡发展。2015 年，全县小学适龄儿童入学率达 100%；初中阶段毛入学率达

98.7%，比2013年的97.5%提高1.2个百分点；义务教育巩固率达86.1%，比2011年的75.07%提高11个百分点。全县小学、初中8项指标综合均衡差异系数由以前的0.78、0.72分别缩小到0.32、0.27，达到国家均衡发展考评标准。

2015年9月，龙州顺利通过了自治区义务教育均衡发展评估验收，义务教育均衡发展各项指标均达到国家基本均衡县标准要求，成为全区第一个“老、少、边、山、穷”地区通过评估验收的县份，也是全区第一个按照自治区规划提前5年通过验收的县份。2015年11月3日至4日，全区县域义务教育均衡发展推进现场会暨培训会在龙州召开，相关负责同志在会上介绍了龙州的经验。

2015年，全区县域义务教育均衡发展推进现场会暨培训会在龙州召开

（一）学校布局优化提升

通过撤并布局分散、规模小的中小学校，目前龙州县已初步形成了“初中集中县城办、小学集中乡镇办，原初中办小学、原小学办幼儿园”的教育格局，促进了教育、教师、管理、文化、学生等资源的共享，使得绝大多数的农村学生能够与县城学生享受同样的资源，满足了老百姓送孩子到优质学校读书的愿望，大大推动了教育的公平发展。龙州县委县政府向社会各界发放的问卷调查结果表明，老百姓对龙州实施学校布局调整、集中办学的支持率高达 98%。2013 年秋季学期，龙州初中入学率提高了 8%，小学入学率提高了 1%。合并后的新龙州一中规划开设 100 个教学班，可招学生 5000 人，目前共有教职工 312 人，教学班 78 个，在校生 3908 人，是崇左市办学规模较大、学生较多的一所初中。

（二）教育设施不断完善

县城学校及乡镇学校校园风景线

通过教育提升工程，龙州县着力破解了“贫困县”办“优质教育”的难题，实现了让中学生在“大学校园”读书、乡村孩子进城读书的美好愿景。尤其新龙州一中进驻广西师范大学原龙州校区，校区地处县区中心、环境优雅，设备齐全。目前，新龙州一中图书馆、实验楼、办公楼、教学楼、学生公寓楼错落有致；语言实验室、计算机及网络实验室、多媒体教室以及物理、化学、生物等学科实验室，电子图书及阅览系统配备完善；室内球场、田径场、篮球场、排球场、羽毛球场一应俱全，丰富了广大中学生的学习生活。教育提升工程，也使得教育经费能够用于集中办学，实现高效转化利用。截至 2014 年，龙州全县新建改建校舍面积 9.8 万平方米，整合之后，高中校园总面积达 7.5 万平方米，生均 28.4 平方米；初中校园总面积 23.4 万平方米，生均 40.7 平方米；小学校园总面积 78.79 万平方米，生均 52.7 平方米。

（三）师资力量优化配置

基于公平竞争的教师资源整合及城乡间的教师流动机制，既使得通过竞聘上岗来到县城工作的原乡镇教师，接触先进的教学理念，不断适应教育教学的新要求；又使得原来在县城任教的教师感受到危机和压力，形成教学比拼的竞争氛围；还使得部分从事管理工作的优秀教师重新承担起了相应的教学任务，部分年龄较长、能力较弱的教师走向教辅岗位和后勤岗位，实现了教师资源的合理使用和优化配置。以往由于学校布局分散，师资力量有限，在乡镇学校，美术、音乐等“非主课”科目往往无法正常开课，教育资源整合后，这些科目在乡镇中小学校都能按照教学大纲正常开课。

（四）特色教育内涵提升

龙州在教育规划中注重特色学校建设，积极引导各中小学校把龙州独有的红色、边关、天琴、生态等特色文化积淀融入校园文化建设，打造了“爱国固边”、“红领巾讲解员”、“书香茶韵”、天琴艺术、校园足球等边境国门特色教育品牌。目前，龙州县民族中学被列为崇左市天琴文化艺术培训基地；全县有 6 所学校入选教育部公布的 2015 年全国青少年校园足球特色学校名单。

第三节 行动学习推动卫生发展

长期以来，由于历史、地理、自然、疾病等诸多方面的因素，边境地区医疗卫生事业发展相对滞后。边境地区卫生事业的特殊性使得边境地区卫生事业的发展对维护边境安宁、民族团结与国家安全具有重要意义。

龙州与越南高平、谅山两省及复和、石安、下琅、长定四县相邻，境内有国家一类口岸水口口岸、二类口岸科甲口岸，以及水口、科甲、那花、布局 4 个中越边境边民互市贸易点，这使得龙州是我国面向东南亚的沿边开放门户，是我国进入越南及东南亚国家的重要通道。

开放既给龙州带来经济发展的重要机遇，也给龙州卫生事业发展带来巨大挑战，疾病预防控制形势非常严峻，尤其是跨境传染疾病防控、防毒防艾等任务艰巨。为此，龙州县社会综治组、民生工作组、县卫计局、县疾控中心、县级医院及各乡镇卫生所将行动学习法应用于实际工作中，通过现状分析、问题诊断、成因探寻、制订方案、执行方案等流程，共同探索龙州卫生事业发展的良方，积极筑牢边境基层医疗网，保障边民健康，促进边疆安全（见图6－5）。

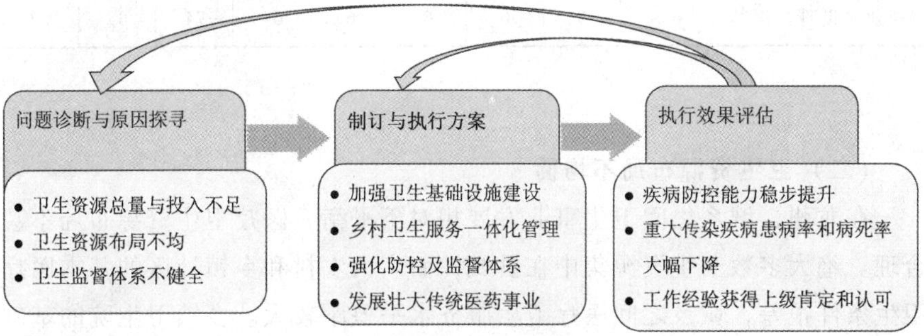

图6－5　行动学习推动卫生发展

一、问题诊断与成因探寻

近年来，龙州疾病预防和控制形势依然严峻。霍乱、禽流感、狂犬病等急性传染病疫情给人民健康带来很大威胁，在成功防治的同时，也暴露出疾病预防控制中的诸多问题。一些慢性传染性疾病如艾滋病、性病、结核病等又重新抬头，且有蔓延之势。慢性非传染病已成为居民常见病、多发病，精神疾病患病率持续增加。这主要是由于龙州卫生资源总量与投入不足、卫生资源结构不均衡、卫生资源布局不均衡等三大原因。

（一）卫生资源总量与投入不足

表6－5列出了2008—2011年，龙州的基础性卫生资源如医院和卫生院床位数、医院和卫生院技术人员数以及医师数量等指标在崇左及全区的排名。结果显示，龙州各指标均处于崇左市及全区的中下游水平，医疗卫生资源总量不足，卫生人才缺乏，卫生事业发展还不适应经济社会发展和人民群众的健康需求。尤其是乡镇和村级卫生技术水平不高，不能满足群

众的基本医疗和多层次医疗服务需求。疾病预防控制机构一些基本监测设备的不配套，也严重影响了对疾病的预防控制和有效监测。

表 6－5　　2008—2011 年龙州卫生资源的县域排名

	在崇左 7 县市区排名				在全区 91 县市区排名			
	2008年	2009年	2010年	2011年	2008年	2009年	2010年	2011年
医院、卫生院床位数量	2	4	4	2	40	61	50	46
医院、卫生院技术人员数量	3	5	4	6	52	60	56	60
#执业（助理）医师	6	6	6	6	64	74	65	63

（二）卫生资源布局不均衡

在龙州，城乡之间卫生事业发展相对不平衡，医疗卫生资源布局不甚合理。绝大多数卫生资源集中在县城，而广大农村和乡镇社区的基本医疗卫生条件很差，城乡之间医疗卫生服务水平差距较大。乡镇卫生院的基础设施建设有待进一步加强，基本医疗装备仍然十分缺乏和落后，乡村医生的知识结构和水平还不能适应新型农村合作医疗制度的需要，农村卫生综合服务水平亟待提高。

（三）卫生监督体系不健全

在卫生监督治理方面，龙州卫生监督执法机构执法条件和装备不足，与承担的执法任务严重不相适应，监督面和监督力度不足，极大地制约了卫生监督执法工作的深入开展。作为一个边境贫困县，龙州卫生事业覆盖范围点多面广，任务艰巨，单靠少数政府机构和少量专业人员的治理是远远不够的。应将社会参与引入到卫生治理的全过程中，引导他们更积极有效地参与卫生安全的治理，以提高卫生安全治理的效率和效果。

除上述原因以外，边境地区民众的科学就医意识不强、药物制度不科学、毒品犯罪活动多发、跨境婚姻人口卫生服务缺失等，也是造成龙州卫生事业发展滞后的多种原因，给边境地区的和谐稳定埋下了许多安全隐患。

二、制订与执行方案

为提升城乡医疗卫生服务的总体水平，推动城乡医疗卫生事业均衡发展，促进城乡卫生面貌明显改观，龙州各级医疗卫生工作者通过行动学习群策群力、落实行动，在加强医疗卫生基础设施建设、乡村卫生服务一体化管理、强化防控监督体系、发展壮大中医药壮医药事业等方面做出了很多努力。

（一）加强医疗卫生基础设施建设

近年来，龙州全县先后筹资 4000 余万元，新建和改造了 16 个乡镇卫生院的工作和生活用房，新建房屋面积 62000 余平方米。同时，狠抓了医疗设施设备建设，县医院、县中医院均已达“二甲”医院标准。在强化乡镇卫生院整顿建设的同时，按照有医有药、能防能治的村卫生室建设要求，重点抓好村卫生室建设，合理布局村卫生室，添置必要医疗设施，不断提高村卫生室服务功能。全县县、乡、村三级医疗服务体系逐步巩固健全，各级医疗卫生单位服务功能显著增强，服务条件明显改善。

（二）乡村卫生服务一体化管理

2013 年以来，龙州县开始试点并逐步全面深化医药卫生体制改革，推进乡村卫生服务一体化管理。各村屯卫生室实行基本药物制度，用药均由乡镇卫生院根据各村卫生室的进药计划实行统一进药统一配送，确保群众用药安全。在村卫生室全面推行药品“零差率”后，医疗价格更加规范合理，新农合网络也进入村卫生室，参合农民小额门诊在家门口就能得到报销。龙州县委、县政府高度重视新型农村合作医疗制度的实施，全县以乡镇和村为单位开展新农合工作覆盖率均达 100%，参合农民达 219580 人，参合率达 100%。这一系列举措将惠民措施延伸到最基层的村级医疗卫生服务机构，农民群众看病难、看病贵的矛盾得到基本缓解，实现了群众小病不出村的目标。

（三）强化防控及监督体系

近年来，龙州逐年增加公共卫生投入，加强疾病预防控制体系、应急医疗救治体系和卫生执法监督体系建设，形成了覆盖全县、纵横贯通的公共卫生信息网络。一方面，制定《龙州县突发公共卫生事件应急处置预案》，明确了各部门职能职责，健全了突发公共卫生事件报告与处理机制，完善了应急物资储备方案。县、乡、村三级联动、层层负责、快速高效的突发公共卫生事件应急处理体系基本形成。另一面还不断完善执法监督体系建设。在执法监督过程中，坚持常规监督与集中执法相结合的形式，重点抓好了食品卫生、学校卫生、医疗市场、职业卫生等专项执法监督，全县以乡为单位执法监督覆盖面达 100%，有力净化了全县医疗卫生市场。

（四）发展壮大传统医药事业

中医药有着数千年的历史，是中国人民长期同疾病作斗争的极为丰富的经验总结。中医以其“简、便、验、廉”的天然优势吸引着广大群众，而这一特点也正好符合我国医疗卫生事业发展的要求。壮医药也是中国传统医学的重要组成部分，不仅在历史上为本民族的健康繁衍作出了巨大贡献，而且至今仍是广大壮族群众防病治病的有效手段和方法之一，是壮族地区重要的医药卫生资源。传统医药卫生服务所具有的投入少、成本低、疗效好，在非重大传染病、慢性病防治，老年人、妇女儿童和亚健康人群的保健，以及建立重大疾病的康复体系和卫生经济学意义上，都具有很显著的优势（刘滨，2008）。龙州高度重视传统医药服务的发展，努力提高中医预防和医疗保健服务覆盖面和质量，扎实推进基层中医药服务能力提升工程，加强乡镇卫生院中（壮）医科内涵建设，提升乡镇卫生院中医服务水平。2015 年乡镇卫生院中医科设置率达 100%，中医药服务量达 15%以上，较好地满足了群众的医疗卫生服务需求。

龙州地处边境地区，防艾工作是龙州卫生工作中非常重要的组成部分。防艾工作关系到社会稳定和谐、人民安康，关系到龙州的可持续发展。近年来，龙州在防艾工作上也作出了积极的探索，创造性地建立了多层级的防艾工作保障机制、多元化的防艾宣传体系，尤其是探索创新了县、乡、村三级防艾宣传干预网络模式。

（五）健全多层级的防艾工作保障机制

龙州稳步推进防艾攻坚工程，成立了以县政府分管卫生工作副县长为组长的县防治艾滋病工作委员会和防治艾滋病攻坚工程工作领导小组，负责领导协调全县艾滋病防治工作；县疾控中心设立防控艾滋病专门科室（艾控科）；所有乡（镇）卫生院均设有“防艾组”，并配备2—3名专（兼）职人员负责本乡镇艾滋病防治工作；全县127所村（居委会、社区）卫生室至少落实一名村医（干）担任本村艾防宣传员，为艾滋病的防治提供了强有力的组织网络保障。

（六）构筑多元化的防艾宣传体系

龙州还积极构建多部门合作、全社会参与的防艾宣传机制，具体做法是：①充分利用广播、电视、报纸、远程教育网络等覆盖面广、方便快捷、生动直观的优势开展艾滋病防治宣传教育工作，切实推行“五个一”模式，即整合一支队伍、建设一批站点、开设一批专栏、制作一批课件等宣传模式。龙州宣传、卫生等部门利用多媒体播出防艾知识公益类广告500条，播出新闻130条，发表相关文章20余篇。②充分发挥县、乡、村三级防艾网络平台作用，以各乡镇政府、卫生院、各村村医、村干、县妇联“妇女之家”艾防宣传员为主要力量，积极深入农村、社区、学校、娱乐场所、流动人口聚集区等，通过举办歌圩节、山歌节等传统节日活动，通过各类小讲座、入户面对面等方式进行宣传。目前，已累计入户宣传14万户，受宣传教育群众约45万人次，开展大众小讲座5千余场，受益群众8万人次，面对面对就诊病人宣教3万人次，累计发放各类宣传资料23万余份。③积极邀请自治区艾防专家到本县对科级干部、医务人员、中学生、村医、村干以及村民等各类人群开展艾滋病防治知识讲座。自治区疾病预防控制中心卓家同教授亲自到龙州镇百农村等村屯对村民开展防艾知识讲座，宣传效果显著。共邀请专家教授到龙州开展各类讲座46场，受宣传教育约9000人次。同时，各成员单位每年开展1—2次本单位干部职工艾滋病防治知识培训，大大提高干部职工艾滋病知识的知晓率和自我防治的自觉性。④以“世界结核病防治日”、“世界禁毒日”、“世界艾滋病日”等时间点为契机，每年组织艾滋病防治成员单位实施全县性的预防控制艾滋病主题社会宣传及动公益宣传教育活动，通过板报、标语、横幅、文艺汇演、发放宣传材料及义诊等贴近广大群众的有效宣传形式，在全县各中学开设预防艾滋病知识课程，普及艾滋病防护知识，不断提高普通人群对艾滋病防治知识的知晓率。⑤推广使用安全套工程工作，全县卫生、计生在各公共场所、乡镇卫生院、村卫生室安装安全套自取箱近300处，全县公共服务场所（包括酒店、宾馆、歌舞厅、美容美发场所等）安全套和宣传资料的放置率达100%。

三、执行效果评估

行动学习有力地推动了龙州卫生事业的发展，构筑起县—乡—村一体化卫生管理体系，较好地满足了城乡居民的医疗卫生服务需求，尤其是在防艾事业上取得了可喜的成绩。

（一）疾病防控能力稳步提升

目前龙州县疾控中心、县人民医院、县中医院、县妇幼保健院共4家县直医疗卫生单位建有规范化艾滋病筛查实验室。预防艾滋病母婴传播工作成绩显著，婚前保健人群防艾滋病母婴传播咨询率和艾滋病病毒抗体检测率达100%，艾滋病防治社会效果初步显现。

（二）重大传染疾病患病率和病死率大幅下降

2015年1—10月，全县新发现报告艾滋病病毒感染者和艾滋病病人64例，与去年同期75例相比下降14.67%。2015年1—10月报告死亡数25人，病死率3.04%，2014年同期报告死亡数30人，病死率3.77%，2015年艾滋病病死率比2014年度下降19.30%，达到了自治区和崇左市提出的降“两率”（艾滋病新发现率和病死率）的防治艾滋病攻坚工程指标要求。在全国艾滋病新发现数普遍抬头的趋势下，龙州却实现两率下降，非常难能可贵。

（三）工作经验获得上级肯定和认可

龙州开创的县乡村三级防艾网络体系以及“自省式防艾宣传”模式，得到了上级部门的充分认可。2013年9月自治区、崇左市县乡村防控网络规范化建设工作现场会相继在龙州召开，该模式随后在全区推广。为进一步发挥示范区的作用，研究解决防治工作的重点和难点问题，有效控制艾滋病疫情，国家卫计委决定从2014年启动第三轮示范区工作。龙州县近年积极贯彻落实“四免一关怀”、“五扩大、六加强”政策措施，工作机制逐步完善，探索防治模式积累了一定的经验，艾滋病防治能力明显增强，艾滋病新发感染率、病死率连年下降，因此，在区卫计委的大力推荐下，经专家严格评审，龙州被评为第三轮全国艾滋病综合防治示范区，是目前崇左市唯一的示范区。

图为在龙州召开的2013年全区县乡村艾滋病防控网络规范化建设工作现场会

第四节 行动学习对接扶贫开发

党的十八届五中全会提出，坚持共享发展，必须坚持发展为了人民、发展依靠人民、发展成果由人民共享，实施脱贫攻坚工程，实施精准扶贫、精准脱贫和分类扶贫，实现全体人民共同迈入全面小康社会。

扶贫开发是我国第一个百年奋斗目标的重点工作，是最艰巨的任务。当前，扶贫开发工作已进入“啃硬骨头、攻坚拔寨”的冲刺期。作为国家级贫困县，扶贫开发更是龙州县委、县政府一直以来的工作重点和难点。自行动学习法引入龙州以来，龙州切实发挥党委的领导作用，党政领导率先垂范，将行动学习法应用到扶贫开发工作当中，不断地深入探寻当地扶贫开发工作中的存在难题、形成原因，并对症下药，找穷户、找穷根、找富方，在综合扶贫和精准扶贫方面，创造性地提出诸多切实可行和有效的解决方案，并将解决方案深入落实到行动中，使得龙州扶贫开发工作取得可喜成就，并逐步迈向新的台阶（见图6-6）。

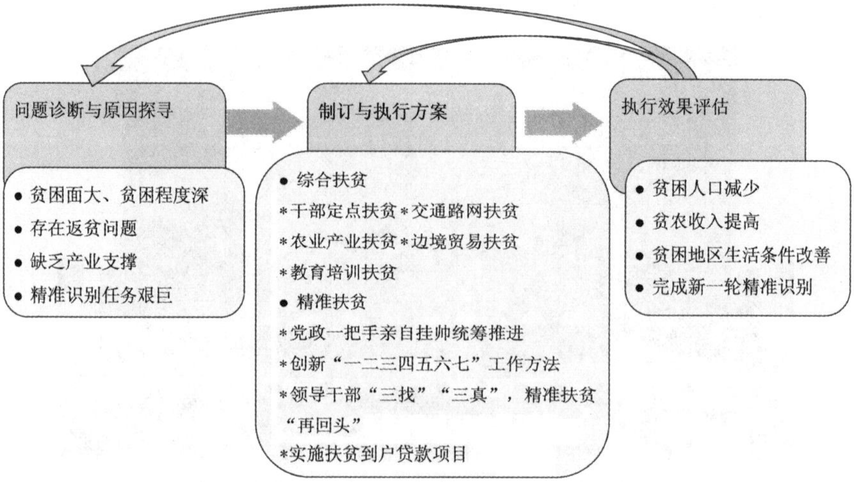

图6-6 行动学习对接扶贫开发

一、问题诊断与成因探寻

龙州是广西28个国家扶贫开发工作重点县之一，并已列入国家滇桂黔石漠化连片扶贫开发重点县，扶贫工作任务艰巨。要扶贫，首先要摸清现状，找到关键问题和致贫原因。

（一）贫困面较大，贫困程度较深

"十二五"期间，龙州有33个贫困村共11.33万贫困人口，涉及12个乡镇，贫困人口占全县总人口的43.6%，贫困面很大。这些未脱贫的贫困人口中，绝大部分居住在5个边境乡镇和一些边远山区，生存环境恶劣，基础设施薄弱，科技文化素质低，公共服务欠缺，抗御自然灾害和市场风险的能力不强，扶贫开发和脱贫致富的难度较大。

（二）返贫问题仍然存在

近年来，龙州返贫问题也不断凸显，一方面刚脱贫人口收入水平还很低，有的甚至初步解决温饱，由于家底薄，收入结构单一，只能维持简单再生产，遇到自然灾害极易返贫；另一方面，一些处于贫困线边缘的家庭极易因学、因病再度陷入贫困境地，缺乏支柱产业和龙头企业的辐射影响，致使他们饱而腹肌，暖而复寒。此外，部分脱贫人口因物价水平提升等因素再度成为贫困人口。

（三）缺乏产业支撑

龙州整体来说，农业产业单一，缺乏龙头企业的支撑，产业发展比较困难。除了甘蔗支柱产业以外，目前没有其他工业、企业带动种植业、养殖业的发展。多年来推动的扶贫产业面广、量小，不成规模，起不到“造血”功能，干部群众积极性不高，加上受政策的影响，由贫困户做的产业难以形成规模，效果不明显。

（四）贫困精准识别任务艰巨

扶贫开发首先在识贫。以往开展的建档立卡贫困户工作中，由于时间仓促工作面广、各乡镇对扶贫对象没有充分摸清搞准，有些地方把关不严，识别过程不够公开透明、公平公证等，还存在“富人带帽、穷人落榜”现象。前期识别工作不精确，往往会给后续的精准识别工作带来很大难度和工作量。

二、制订与执行方案

为深入推进龙州扶贫开发工作，有效减少贫困、脱离贫困，在党政领导的指导下，龙州各级扶贫开发行动学习小组结合龙州实际，推出并落实了一系列综合扶贫和精准扶贫的措施。

综合扶贫注重扶贫工作的整体性、统一性和综合性，强调经济发展与环境保护的关系，强调社会、经济、生态三者效益的协调，综合扶贫本质上就是落后地区的“五化同步”发展过程。也即通过推动龙州的工业化、信息化、城镇化、农业现代化和绿色化，来带动龙州经济发展水平的总体提升，增加龙州本地的“造血”功能，提升本地的自我发展能力。龙州主要推出了农业产业扶贫、工业产业扶贫、边境贸易扶贫、文化旅游扶贫、教育培训扶贫、劳务输出扶贫、易地搬迁扶贫、交通路网扶贫、沿边金融扶贫、思想解放扶贫等十大工程，其中最具特色、最核心的经验主要有如下几点：

（一）领导干部定点扶贫，全力推动社会参与

为进一步增强龙州“十二五”时期贫困村定点帮扶单位帮扶意识，顺利实现全县“十二五”时期定点帮扶贫困村的各项目标任务，龙州县委、县政府落实了“领导挂点、单位包村、干部包户”扶贫工作挂钩联系制度。龙州县及时研究制定了《龙州县党政领导班子和领导干部经济社会发展实绩考核办法》，建立扶贫开发考评机制，将扶贫开发工作纳入各级、各部门年度绩效考评体系。

（二）突出抓好交通路网项目，夯实贫困地区发展基础

龙州通过整合各类项目资金，着力抓好交通路网基础设施建设，全面提升全县互通互联水平。一是实施2014年自治区第二批财政专项扶贫资金基础设施建设项目，项目共5个4.2公里，总投资127.98万元。截至目前，项目已全部开工建设，已完成计划的100%。二是实施2015年自治区第一批财政专项扶贫资金基础设施建设项目，项目总投资571.46万元，修建8条15.135公里的屯级道路。截至目前，已竣工3条，计划于年底前全部实施完成。三是实施2015年“生态乡村·屯级道路”项目建设项目，总投资198.4万元，修建屯级道路4条6.2公里。目前，该项目已进入图纸设计阶段。四是“生态乡村·村屯绿化”项目共投入132万元，用于全县11个贫困村屯绿化、美化建设，目前已全部竣工，完成任务的100%。五是投入7295万元推进建制村通水泥路项目，总里程90.4公里，2015年全县所有未通硬化路的建制村全部开工建设。

（三）推进农业产业扶贫项目，拓宽贫困人口增收渠道

贫困地区摆脱落后面貌，要走一条发展大农业的路子，即农、林、牧、副、渔全面发展，推动农业的多层次、深层次开发。龙州积极实施自治区财政专项扶贫资金产业开发项目，狠抓现代农业发展，农业综合扶贫开发工程加快推进。全县甘蔗种植面积59.11万亩，约有19.13万人种植甘蔗，蔗农每年每户种植甘蔗收入约3万多元。为改变贫困村农户在产业发展方面“单打独斗”状况，2012年以来，龙州以农民专业合作社为依托，充分发挥全县33个贫困村党组织第一书记扶贫主力军作用，组建“第一书记产业联盟”，构建产业化扶贫新格局。目前“联盟”发展产业

项目 28 个，主要包括食用菌、灵芝、无公害蔬菜、澳洲坚果以及稻鸭米（鸭）、蔗海养鸡、龟鳖、肉蛇养殖等。2014 年入盟合作社共 63 家，其中特色种植 40 家、特色养殖 23 家，实现总产值 6600 多万元，惠及贫困人口 1.47 万人，带动贫困户人均增收 750 多元。

（四）创新实施边贸扶贫，促进边民增收致富

龙州充分利用本地沿边开放优势，着力实施边境贸易扶贫工程，努力促进边民增收致富。一是实施边贸小额贷款。龙州通过争取自治区信用社资金贷款、政府贴息创新实施边贸小额贷款，有效解决了边民参与互市贸易资金不足的难题。从 2013 年起至 2015 年 10 月底，全县累计发放边民小额贷款 8893 户，发放贷款金额 25301 万元，其中持有互市证的边民 2398 户，贷款金额为 8653 万元；2015 年 1—10 月底，累计发放边民小额贷款 4351 户，贷款金额 11398 万元，其中持有互市证的边民 792 户，贷款金额为 2618 万元。边民贷款主要用于购买运输车辆参与边贸，许多边民从纯粹的边贸搬运工转变为自己当老板直接做起边贸生意。二是以水口镇为试点，组建边民互助组。由县委、县政府引导，乡镇党委、政府牵头，村委组织，边民参股，企业收购的集体性互市贸易经营方式，成立水口边民互助组，实行“互市 + 加工”的运营模式，由边民互助组与加工企业签订供货协议，边民互助组组织边民进口加工企业所需的生产原料，销售给协议企业，实现互市贸易“真边民、真交易、真实惠”，给边民创收增收。目前全县共组建边贸合作社 5 个，参与互市贸易边民达 3 万多人，边民参与互市贸易人均增收 2000 多元，大部分边民都新建了楼房，新购私家车跑边贸，边民真正享受到了国家边贸政策带来的实惠。

（五）认真开展扶贫培训工作，提高扶贫对象素质

习近平总书记早在 1992 年他出版的《摆脱贫困》一书中就指出了脱贫攻坚战的作战手段，他提出扶志、扶智与扶贫的“三扶观”。他说，“扶贫先要扶志”、“弱鸟可望先飞，至贫可能先富，但能否实现‘先飞’、‘先富’，首先要看我们头脑里有无这种意识。”他还同时指出教育扶贫（即扶智）的重要意义。因此，脱贫攻坚战还要以教育为手段，大力扶持教育发展。“授之以鱼不如授之以渔”，龙州积极开展扶贫培训工作，着

力提高农民的素质技能。一是根据当地产业开发项目需要，依托县职业教育中心平台，加强农民工职业技能培训，培训人数1000多人次；采取“农家课堂”培训方式，深入贫困村屯开展种养殖等农民实用技术培训3000多人次。二是开展贫困村短期技能培训工作，目前已完成培训的宣传发动等前期准备工作。三是按照“应补尽补”的政策开展普通高校本科学历教育（一本、二本）、中职、高职学历教育扶贫培训项目，目前已完成项目的前期宣传发动、网上审批、收集就读证明等相关工作，并计划在2015年12月全部完成“应补尽补”发放任务。

2015年11月，习近平在中央政治局会议上指出脱贫攻坚战作战方略：“把精准扶贫、精准脱贫作为基本方略”。“精准”与“粗放”相对。精准扶贫，是指谁贫困就扶持谁，精确识别、精确帮扶、精确管理的治贫方略，就是要改“大水漫灌”为“精确滴灌”，使国家综合扶贫的各类资金、政策，用准用足，用在贫困群众身上，用在正确的方向上，扶到最需要扶持的群众、扶到群众最需要扶持的地方。作为国家扶贫开发工作重点县，龙州县牢固树立“抓扶贫就是抓发展”的理念，坚持把精准扶贫作为“一把手”工程，围绕“三找”（找穷户、找穷根、找富方）、“三真”（真扶贫、扶真贫、真富民），率先在全市开展扶贫对象精准识别工作，并引入行动学习法对全县有关领导干部进行精准扶贫培训，明确精准识别工作的方法、程序、时间等要求。

1. 党政一把手亲自挂帅统筹推进

为切实推进扶贫攻坚工程，龙州实行县四套班子领导挂点推进机制。县委书记、县长亲自部署，研究制定《龙州县开展精准扶贫领导干部结对帮扶工作实施方案》，实施“领导挂点、单位包村、干部包户”扶贫开发工作责任制。每个扶贫开发重点村都有1名县处级以上领导挂点联系，有1个实力部门包村帮扶，有1名脱产干部蹲点，包村部门每个干部都联系帮扶1户贫困户。龙州还成立了县精准识别工作领导小组，党政主要领导亲自担任组长，全面统筹，率领县四套班子领导亲自抓、亲自部署、亲自入户、亲自识别、亲自参加评议。截至目前，全县共有37名处级领导、456个科级干部，139个县直及中、区、市驻龙州各单位挂点联系和帮扶126个行政村，联系帮扶4501户贫困户。县四套班子领导亲自进村入户开展精准识别工作达300多人次。

2. 创新“一二三四五六七”工作方法

龙州创新“一二三四五六七”精准扶贫工作方法，即按照“一个绝不，两个关键，三个原则，四个坚决，五个必须，六个精准，七个到位”要求扎实推进精准识别工作。每个乡镇安排三位处级领导干部挂点负责，宣传动员与入户评估同时开展，在方法上狠抓入户走访评估和屯级代表评议两个关键步骤。坚持入户走访原则，不在农户住房以外的场所进行，准确完成农户签字按手印和在农户住房门前的场景照片拍摄；坚持实事求是原则，遵循“一进二看三问四算五比”的识别方法，逐项打分，尽力做到公平、准确、客观，合乎情理；坚持民主评议原则，每一个村屯都严格按照民主评议程序，前期做好民主选举选出本屯群众评议代表，完成入户走访评估后及时进行屯级民主评议，在确定出本屯贫困农户初选名单之后再进行村级评议，评议结果最终要经过村屯、乡、县三级公示。从动员会到入户调查走访评估，到村屯评议，到公示申报等所有程序一定要走完，绝不允许弄虚作假，并由县委、县政府成立督导组，深入乡镇、村屯进行全面督查，全面核实存在问题及群众反映的情况。

3. 开展精准扶贫“回头看”

为确保如期完成贫困户贫困村精准识别任务，龙州县四套班子领导紧紧把住时间节点，牺牲 11 月 27—28 日两天“双休日”时间，组织自治区、市、县责任单位工作队员、驻村第一书记、“美丽乡村”广西扶贫工作队员、乡镇干部职工、村屯干等 1849 多人组成入户识别“回头看”工作队，深入全县 127 个村（居）委会及各挂点联系村屯对评估打分情况进行“再回头”。严格对照评分标准要求，再次进行全面检查核实，为下一步精准识别贫困户打下了良好基础。这次“回头看”，我们着重对低分户、“1 人 1 户”、“2 人 1 户”和全县精准识别平均分数线附近的农户进行“回头看”，经过核查，取得较大成效，尤其是避免了“拆分户”的现象。在开展精准识别贫困户贫困村“回头看”工作中，龙州县始终围绕“三找”（找穷户、找穷根、找富方）、“三真”（真扶贫、扶真贫、真富民）目标要求，在入户识别的时候，将《龙州县“三找三真”情况登记表》发放到各贫困户手中，主要从缺劳动力、缺技术、缺耕地、因病、因学等方面进行查找“病根”。同时，要求各乡镇党委、政府，尤其是贫困村“第一书记”，要根据各村具体实际情况，从缺劳力、缺技术、缺耕地、因病、因学等方面找“病根”，为每一个贫困户在边贸扶贫、生态旅游扶贫、甘蔗“双高”、特色养殖、合作社等方面找“致富良方”。

4. 实施扶贫到户贷款项目

龙州积极实施扶贫到户贷款项目，着力缓解贫困户发展生产融资难的问题。2015 年以来，龙州县安排“第一书记产业联盟”扶贫产业项目基础设施建设扶持资金 1000 万元。一是实施扶贫贴息贷款项目，2015 年龙州安排扶贫到户贴息贷款 20 万元。目前，已完成对获贷贫困农户分类统计，拟出获得贴息农户名册等前期工作，计划于 2015 年末（2016 年初）开始放贷。二是实施小额信贷风险和奖补基金奖励项目，总投资 400 万元，其中财政专项扶贫资金 200 万元，县本级财政配套 200 万元，银行按照 1∶5 的比例对农户发放贷款，应发放贷款 2000 万元。目前，完成放贷 5243 户 14547.6 万元，其中贫困户 2380 户 5945 万元，已全部完成任务。三是实施边贸扶贫试点项目，总投资 60 万元，扶持边境五个乡镇贫困农户开展小额贸易贷款贴息，按照上级有关规定，该笔资金只能对 2015 年 1 月 1 日起获得贷款的贫困农户进行贴息，因此贴息工作只能待到 2016 年起才能真正实施，目前进行宣传发动，鼓励农户通过信贷方式解决资金短缺问题，积极开展边贸生意。

三、执行效果评估

近年来，龙州坚决贯彻落实国家、自治区、市关于扶贫开发的决策部署，加强党政扶贫责任制落实，把实施精准扶贫作为一项重要的政治、经济和社会任务强力推进，通过行动学习，找穷户、找穷根、找富方，切实推进真扶贫、扶真贫、真富民，扶贫开发成效明显。

（一）贫困人口逐年减少

全县贫困人口由 2011 年初的 11.33 万人减少到 2014 年末的 6.03 万人，净减 5.3 万人，减贫率达 46.7%，年均减贫率 11.67%，每年均完成上级下达的减贫任务；其中 2013 年减贫 16075 人，2014 年减贫 7159 人，2015 年减贫 11981 人。

（二）贫困农民收入大幅提高

2011 年，龙州县农民人均纯收入约 4705 元，2014 年农民人均纯收入为 6763 元，与 2011 年相比增加了约 2000 元。贫困村农民人均纯收入由 2011 年的 2308 元增加到 2014 年的 4668 元，增加 2360 元，实现翻一番，年均增长 25.56%，增幅高于全县平均水平。

（三）贫困地区生产生活条件明显改善

2011 年到 2014 年，全县共修建扶贫村级道路 32 条 122 公里，屯级道路 325 条 412.8 公里，33 个贫困村全部修通水泥（沥青）路；建成人畜饮水工程 320 处，解决了 11.87 万人饮水安全问题；完成农村危旧房改造 5640 户。

（四）完成新一轮精准识别任务

龙州县新一轮精准识别贫困户工作对象为全县“十三五”期间 47 个贫困村所有农户、非贫困村的贫困户和非贫困村中提出申请列入贫困对象的非贫困户以及龙北农场属于农业户籍的农户。截至 2015 年底，该县共组织 126 个工作组 1219 人开展进村入户评估评议，共完成 39227 户的评估打分，全县 127 个行政村及龙北农场均已完成评议，12 个乡镇全部精准、快速、高质量地完成了屯级评议，公示期间将接受群众的监督，全县精准识别贫困户工作取得了阶段性成效。在开展精准识别贫困户贫困村“回头看”的工作中，全县共出动各级领导干部 1849 人，复核 18787 户，更正分数 3527 户，其中加分 2874 户、降分 653 户。经过核查取得较大成效，尤其是避免了“拆分户”的现象，核查出有意分户、拆户 51 户，核销 183 户。新一轮精准识别贫困户任务的高效完成，为龙州“十三五”期间的彻底脱贫“摘帽”奠定了坚实的基础。

第五节
行动学习建设美丽乡村

党的十八大报告指出“把生态文明建设放在突出地位，融入经济建设、政治建设、文化建设、社会建设各方面和全过程，努力建设美丽中国，实现中华民族永续发展”。2013 年的中央一号文件提出“加强农村生态建设、环境保护和综合整治，努力建设美丽乡村”。美丽乡村是美丽中国的重要组成部分，正如2014年中央农村工作会议所指强调的“中国要美，农村必须美”。

全面建成小康社会，难点在农村。对龙州这样一个边境民族县来说，美丽乡村的建设，对提高边境农民的生活条件，提升边境农民的幸福感，维护边境安定和民族团结具有重要意义。为着力破解乡村环境差的顽疾，龙州县成立了各级行动学习小组，在县级层面，成立了民生工作组，统筹协调全县清洁乡村、教育提升、产业扶贫等民生工作；县住建局、环保局均把“清洁乡村”工程作为本单位行动学习的专题项目；全县12个乡镇也都针对“清洁乡村”开展行动学习。龙州把“清洁乡村美丽龙州”作为一种惠及群众的生态工程和民生工程来推进，各级行动学习小组在行动中学习，在学习中反思，在反思中行动，下定决心要彻底迎来龙州乡村环境的根本性蜕变（见图6-7）。

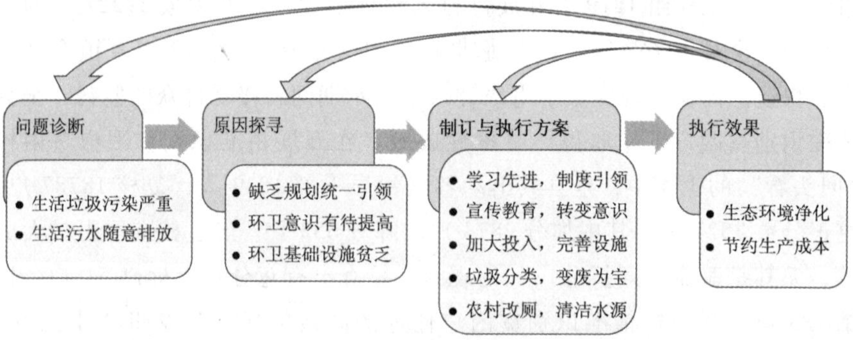

图6-7 龙州行动学习推动美丽乡村建设

一、现状描述与问题诊断

“脏乱差”，是农村环境心头之痛。随着生产生活发展，昔日洁净的田园乡村正被“晴时臭气熏天，雨天污水横流”的乱象包围，突出表现为生活垃圾随意堆弃、生活污水随意乱排的问题。

（一）生活垃圾污染严重

保持农村环境清洁卫生，垃圾处理是一大难题。以往，龙州生活垃圾如塑料袋、废纸、腐烂的水果等被随意堆放，尤其是赶上圩日，垃圾更呈现爆炸式增长。垃圾的随意堆放给环卫工人带来巨大的工作量，很多垃圾得不到及时清运，造成多处历史垃圾堆积，卫生死角较多。而在已清运的垃圾中，大多是进行简单的焚烧，未能实现垃圾的无害化处理。垃圾的随意堆放与粗放处理造成严重的垃圾污染，龙州农村生态环境不断恶化，严重影响了农民的日常生活。

表6-6显示了2010年广西壮族自治区14个地级市城区生活垃圾的处理情况。可以看出，崇左城区与其他城区差距极大。2010年，崇左城区生活垃圾清运量为4.6万吨，但垃圾无害化处理量0.67万吨，垃圾无害化处理率仅为14.7%，也就是说，崇左城区85.3%的已清运垃圾都未进行无害化处理。而全区垃圾无害化处理率的平均水平为91.14%，绝大多数的城区都实现了100%的无害化处理。虽然无法获取龙州县级生活垃圾的处理数据，但考虑到龙州经济社会发展处于崇左市的落后水平，可以认为龙州生活垃圾的无害化处理水平应该不超过崇左市区的水平。可以想象，以往龙州生活垃圾的无害化处理数量是非常不到位的。

表6-6　2010年广西壮族自治区地级市城区生活垃圾处理情况

城市	生活垃圾清运量（万吨）	垃圾无害化处理量（万吨）	生活垃圾无害化处理率（%）	城市	生活垃圾清运量（万吨）	垃圾无害化处理量（万吨）	生活垃圾无害化处理率（%）
全区城市	245.1	223.3	91.1	贵港市	11.6	11.3	97.6
南宁市	57.9	57.9	100	玉林市	16.5	16.5	100
柳州市	33.3	33.3	100	百色市	8.0	8.0	100
桂林市	24.6	24.6	100	贺州市	6.2	6.2	100
梧州市	8.0	8.0	100	河池市	5.8	5.8	100
北海市	14.9	14.9	100	来宾市	4.6	4.6	100
防城港	7.0	2.9	41.4	崇左市	4.6	0.67	14.7
钦州市	12.8	12.8	100				

注：“全区城市”包括所有设市城市和县；设市城市城区为设市城市本级行政管辖的地域，不包含市辖县（市）。

（二）生活污水随意排放

困扰龙州村民的另一个环境难题就是生活污水的随意排放。在龙州，很多村屯里民房依坡而建，呈阶梯式分布，且多数村屯在建设初期没有规划建设排水沟，加之农村多是连茅圈，每逢下大雨，污水四处横流，臭味扑鼻，住在坡底的农户怨声不已。污水的排放问题一直是村民最为关心、最迫切希望解决的问题。表 6－7 显示了 2010 年广西壮族自治区地级市城区的污水排放情况。2010 年，崇左城区污水处理率仅为 18.52%，排名最后，远远低于全区城市污水处理率（83.43%），多数城市如南宁、柳州、桂林、河池、玉林市污水处理率超过 90%。可以判断，龙州县尤其是农村地区污水的排放处理情况还有许多不尽如人意之处。

表 6－7　2010 年广西壮族自治区地级市城区污水处理情况

城市	污水年排放量（万吨）	污水处理总量（万吨）	污水处理率（%）	城市	污水年排放量（万吨）	污水处理总量（万吨）	污水处理率（%）
全区城市	115256	96160	83.4	贵港市	8809	7606	86.3
南宁市	30062	28039	93.3	玉林市	3817	3750	98.2
柳州市	31556	28718	91.0	百色市	3661	897	24.5
桂林市	7997	7690	96.2	贺州市	1503	932	62.0
梧州市	3825	1613	42.2	河池市	3150	2918	92.6
北海市	3226	2615	81.1	来宾市	1762	1344	76.3
防城港市	2015	716	35.5	崇左市	961	178	18.5
钦州市	3386	2754	81.3				

注：“全区城市”包括所有设市城市和县；设市城市城区为设市城市本级行政管辖的地域，不包含市辖县（市）。

二、成因探寻

（一）缺乏规划统一引领

政府是农村改革与建设的启动者。在政府的倡导、支持与推动下，实现农村新的发展，这也是各国的通例。韩国“新农村建设”之所以取得举世瞩目的成就，其关键就是有完整系统的规划，所有的项目都组织专家精心研究设计。“美丽乡村”创建是一项创新性的系统工程，必须要有一个长远的规划，明确所要达到的目标，并对创建的过程进行规范。2013年，农业部出台了《“美丽乡村”创建目标体系》，并要求地方政府和试点乡村共同制定完整的创建规划。一个科学、系统的规划可以理清思路、明确任务，保证“美丽乡村”创建活动沿着正确的方向，在清晰的框架中进行。

以往在龙州“美丽乡村”的建设过程中，由于缺乏具有科学性、可操作性强的规划的引导，随意性、变动性较大，没有建立起长效的管理机制，无法形成农村环境治理的合力。

（二）环卫意识有待提高

农村的环境卫生工程点多、面广，在关乎家乡发展和自身利益的“美丽乡村”建设中，农民是建设主体和最终受益者，农村环境卫生的治理关键是要发挥乡村和农民的主体性，提高农民的环卫意识，调动农民的积极性。以往在龙州，不少群众对农村环境卫生治理活动的意义认识不足，对落后的生产生活习惯的弊端认识不足，认为环境卫生整治可有可无，从而在行动上表现出参与意识不强，工作不积极主动，少数人治理、多数人污染现象普遍存在。例如，很多村民并未按照规定的地点进行垃圾投放，更恶劣的是个别居民为图方便，直接在垃圾投放点附近和周边倾倒垃圾，造成了垃圾的二次污染，给环卫工人增加了大量清扫负担，严重影响了周围居民的生活环境。

（三）环卫基础设施贫乏

表6－8显示了2010年广西壮族自治区地级市城区市政清洁卫生设施的建设情况。可以看出，崇左城区的道路清扫保洁面积、环卫机械数量、排水管道的长度、密度，及污水处理厂的集中处理能力等指标几乎全部都处于全区的末位水平，与其他城区有相当大的差距。不难猜测，龙州县内尤其是农村环卫基础设施相对贫乏，造成龙州环境保护和治理的能力远远落后于人民的实际需求。

表 6-8　2010 年广西壮族自治区地级市城区市政环卫设施

	道路清扫保洁面积（万平方米）	环卫机械总数（台）	排水管道长度（公里）	排水管道密度（公里/平方公里）	污水处理厂集中处理能力（万吨/日）
全区城市	11005	1748	6417	6.82	220.5
南宁市	3867	557	716	3.33	44
柳州市	1494	353	1012	7.49	50
桂林市	1254	244	485	7.70	25.5
梧州市	290	37	156	4.32	7
北海市	578	71	308	5.33	10
防城港市	415	31	231	7.54	4
钦州市	499	31	449	6.43	8
贵港市	310	69	320	5.74	10
玉林市	410	75	619	10.92	20
百色市	266	42	256	7.76	6
贺州市	220	35	209	7.24	5
河池市	120	21	322	17.13	5
来宾市	244	39	210	7.24	5
崇左市	142	17	89	4.05	1.5

三、制订与执行方案

（一）学习先进，制度引领

2013 年中央一号文件提出，要“推进农村生态文明建设”，“努力建设美丽乡村”；农业部在 2013 年 2 月发布了《关于开展“美丽乡村”创建活动的意见》，并随后在全国确定了 1000 个“美丽乡村”创建试点乡村。其实早在 2007 年，浙江省安吉县就提出并积极践行建设“美丽乡村”的理念。2012 年底，龙州县组团到浙江安吉考察学习“中国美丽乡村”建设的成功经验，随后制定了《龙州县持续推进“美丽广西　清洁乡村”活动实施方案》，形成领导带头、包片指导的工作责任制，制订完善文明村规民约，广泛开展文明创建评比活动，加快形成统一管理、相互监督、自我约束的村落社区化管理模式，促进村屯卫生管理长效化。此外，龙州县还采取了典型引领的示范机制，选择了八角乡菊埂村、响水镇棉江村、水口镇埂宜村、上龙乡民权村等4个村作为示范村，进行探索实践，并组织其他乡镇村民到已建好落成的整洁、美观的新农村社区前来参观，充分调动全县村民开展环境治理大行动的积极性。

（二）宣传教育，转变意识

要改变农民长期形成的不良习惯不是一朝一夕之功，需要长期持久的宣传、教育、引导和管理。龙州通过多种渠道加大对村民的宣传教育，不断转变村民的环卫意识。一是通过广播、电视等媒体在早、中、晚时间反复宣传，利用报刊、展板、宣传标语等形式强化宣传，使环卫知识深入人心、家喻户晓。二是加大对村民的环卫知识培训，尤其是加强指导农户对自家垃圾进行分类处理。在水口镇埂宜村，还成立了一所面向村民的市民学校，宣传讲授“五讲四美”、公共卫生等知识。三是在中小学开设环保、健康教育课，加强对青少年环卫意识的培养，通过“小手牵大手·红领巾清洁员在行动”活动，使中小学生做清洁乡村活动的宣传员、清洁员、监督员，在生活中监督家长、影响他人增强环保意识。

（三）加大投入，改善设施

龙州县委、县政府高度重视“美丽广西·清洁乡村”活动各项工作，并从人力、财力、物力方面给予大力支持，切实把此项工作当作“民生工程”、“德政工程”和“作风工程”来抓。2013年8月，龙州县举行“美丽广西·清洁乡村”活动垃圾清运车发放仪式，将总价值120万元的27辆垃圾清运拖拉机、300辆人力垃圾运输车和100个农药瓶（袋）收集箱发放给各乡镇、村屯、农场，进一步提高清洁乡村的工作效率，并且为全县各村屯均按每300人配1名保洁员。龙州还加大对农村改厕的资金投入，一般来说，一座无害化卫生厕所的改造费用约1200元，龙州对实施改厕项目的农户每户补贴700元的补助，也就意味着每户仅投入500元就能建成一座无害化卫生厕所。2014年龙州共投入2300多万元深入开展“美丽广西·清洁乡村”活动，完成村屯道路硬化35.6公里，村屯绿化2.7万平方米，购置垃圾运输车300多辆，配备垃圾桶2万多个。

龙州各县直单位也积极协助支持挂点村的清洁工程。2013年，龙州县审计局一次就给联甲村13个屯免费发放了600个垃圾桶。该局多方筹措资金，将本局节约下来的业务接待、公车维修用油等公务经费以及有关单位支持资金等30.58万元投入到联甲村的清洁工程建设，资助该村建成铁棚封顶大型垃圾收集池1座，其他垃圾池5座；在板肥屯建成灯光篮球场、升旗台和舞台；在板直屯、板肥屯硬化路面1742平方米，建挡土墙250米。

（四）垃圾分类，变废为宝

龙州县把垃圾处理工作放在农村源头，通过乡镇政府组织，推动村屯以村民自治的形式开展环境整治。上龙乡荒田屯探索出的“户分—村收—乡转运—片区处理”的垃圾处理新模式，通过归类处理废品垃圾，变废为宝，减少运输成本，走出了一条“垃圾不出村”的新路子，在龙州全县得到推广。“户分类”，其实就是让各类垃圾找到自己合适的“家”。村里清洁卫生管理实行门前“三包”，农户负责自家房前屋后的环境卫生以及对自家垃圾进行分类处理，把瓜果皮、草木腐殖质、灰土等可腐烂降解的垃圾分拣出来，运送到田间地头就地沤肥或作沼气原料处理；将废纸、废金属、废塑料等可回收垃圾进行收集变卖；将建筑废渣、废旧织物等不可利用的垃圾集中填埋到坑洼处，既处理了垃圾又填平了土地；一些不燃物体或不易降解、不可利用的垃圾则统一堆放在村指定的垃圾收集池，解决农村生活垃圾不分类、垃圾收集面小等难题。“村收集”即由各村委会统一规划建设固定的垃圾收集池，布置移动的垃圾桶，各自然村由专职保洁人员或清洁小组负责收集垃圾。“乡转运”即乡环卫保洁人员用垃圾运输车将各村垃圾收集池的垃圾收集上车，转运到乡垃圾填埋场进行处理。“片区处理”即根据人口居住等情况，乡镇分片区修建综合性垃圾处理场，将所在片区内村屯清运来的农村生活垃圾按垃圾特点进行分类集中处理。

（五）农村改厕，清洁水源

在清洁乡村活动中，龙州县试行将农村改厕、排水系统建设及污水处

图为龙州上龙乡荒田屯设立的垃圾分类间

理设施建设三者相结合。首先，将传统的农村旱厕改造为三格化粪池式卫生厕所，可实现粪便无害化处理，控制蚊蝇滋生、消除恶臭，处理后的粪便可安全应用于农业，同时，排出来的污水可达到二类水的标准，用于农田灌溉及家禽饮用。其次，在各村建设“五纵一横”的屯内排水系统，村屯排水系统建起后，生活污水包括通过三格化粪池过滤净化的污水还可以排放到排水沟里，实现生活污水的统一收集，为污水的集中处理打下基础。此外，龙州县根据农村区域人口密度、水环境容量的不同，结合当地实际条件，在全县推广水口镇上灶新村的小型分散生态过滤池、上金乡联江村的池塘改造人工湿地污水处理池、上龙乡荒田屯的集中修建污水净化池等 3 种模式进行农村污水处理。

四、执行效果评估

龙州在全县推广的“户分—村收—乡转运—片区处理”的垃圾处理新模式，不仅节约了垃圾处理成本，还从源头上减少和杜绝了垃圾产生。实行农村垃圾生态处理后，可以实现 5% 的垃圾回收利用，55% 的垃圾作为生态堆肥循环利用，减少了化肥、农药的使用量，40% 的垃圾需转运或就地填埋、焚烧处理，垃圾总量大幅减少，大多数垃圾在农户源头得到了消化。同时，由于村民自行分类处理后垃圾总量大幅减少，龙州上龙乡各屯仅建设 10 立方米左右的垃圾池，就能满足整个片区垃圾的集中回收处理需要，极大地节约了垃圾运输、处理成本。2013 年，龙州探索实施的这一垃圾处理新方式，得到了自治区党委常委、自治区常务副主席的充分肯定。

通过因地制宜地实施不同的污水处理模式，龙州县农村污水处理问题实现了低成本和生态环保的双重效果。截至目前，龙州县 12 个乡镇共建起 25 座生活污水处理池，清理沟渠 65.2 公里，池塘 33 座，有效解决了该村污水排放问题，达到了清洁水源目的，改善了该村生产生活环境。同时，由于较多采用植物净化吸收的方式净化污水，成本较低，且通过净化之后的污水用于灌溉农田，替村民节约了生产成本，是适合农村污水处理的可复制、推广的模式。

通过垃圾分类与清洁水源工程的推进，龙州整体的生态环境有了明显的改善，龙州乡村实现了美丽的蜕变。与越南仅一河之隔的龙州县水口镇埂宜村上灶屯，自开展“美丽广西·清洁乡村”活动以来，村内公共场所无显露垃圾，杂物堆放整齐，一栋栋小洋房排列整齐，青瓦白墙，在四周连绵山坡衬托下格外醒目。如今的上灶屯这幅美丽的新农村画卷，让许多来自城市的人们都艳羡不已，被誉为边境线上“国门第一新村”。

清洁美丽的上灶新村

第六节
龙州社会治理的未来发展动向

“十三五”时期，是龙州与全国、全区、全市同步全面建成小康社会的决胜期。近几年，在行动学习理念的引领下，龙州在社会治安、教育均衡、卫生发展、扶贫开发、美丽乡村建设等方面实现了质的跨越。“十三五”时期，龙州将继续深入开展行动学习，着力解决社会治理中的现实难题，向全面建设小康社会迈进！

（一）构筑多元化的社会治安防控体系

依法管控边境秩序，着力加强中越边境重点口岸、通道的物理隔离设施建设。依法打击“三股势力”非法活动，深入开展反恐、反邪、打私、禁毒等斗争，切实维护边疆安全稳定。创新法治教育平台，丰富法治教育形式，提高法治教育针对性和实效性，营造全民学法、信法、守法的法治环境，不断增强全民法治信仰。提高源头性服务管理、社会治安系统治理和突出问题综合治理水平。建立公众参与的社会治安治理体系，发挥当地民众的智慧和力量，发展一批基层网格管理员、治安情报员、本地“和事佬”等，解决边境警力资源有限的难题，提供社会治安防控的效率，提高源头性社会治安治理水平，合理构筑平安龙州“铜墙铁壁”！

（二）加快推进现代教育事业发展

坚持教育优先发展，统筹发展各级各类教育。科学规划学校布局，优化教育资源配置，促进教育公平。大力发展学前教育，鼓励多元普惠性幼儿园发展。大力推进以乡镇寄宿制学校建设为重点的农村义务教育薄弱学校改造，加快城乡义务教育公办学校标准化建设，推动义务教育均衡发展。普及高中阶段教育，大力改善普通高中办学条件。加强现代职业教育，推进产教融合、校企合作，推动职业教育优质化发展。继续办好爱国、天琴、足球等边境国门特色教育。

（三）积极推进卫生体制改革

实行医疗、医保、医药联动，推进医药分开，实行分级诊疗，建立覆盖城乡的基本医疗卫生制度。健全以县级医院为龙头、乡镇卫生院和村卫生室为基础的农村医疗卫生服务网络。加强中医药壮医药服务能力建设，健全疾病应急医疗救助体系。加强重大疾病、重大疫情防控体系建设，提升突发公共卫生事件应急处置能力。加强卫生计生综合监督执法体系建设，提高执法水平。坚持计划生育的基本国策，全面实施一对夫妇可生育两个孩子政策，促进人口长期均衡发展。全面放开养老服务市场，通过购买服务、股权合作等方式支持各类市场主体增加养老服务和产品供给。

（四）全面打响脱贫攻坚战役

“十三五”时期，龙州还有 6.0381 万贫困人口，贫困人口占全县人口约 23.2%，贫困面仍然很大、贫困程度深。大力开展综合扶贫、特色产业富民行动，增强贫困乡村造血功能。特别要在精准扶贫、精准脱贫上下更大功夫，因人因地、因贫困原因、因贫困类型实施精准扶贫脱贫，创新脱贫攻坚工作机制，集中力量解决贫困突出问题。坚决打赢本县决胜小康阶段精准扶贫攻坚战，争取 2018 年在现行标准下贫困县、贫困村全部脱贫摘帽，农村贫困人口全部脱贫。

（五）加快生态乡村建设

当前，“美丽广西”活动转入“生态乡村”建设阶段。“十三五”时期，龙州将落实绿色发展战略，坚持绿色强县、生态惠民，深入推进生态文明建设，重点实施“村屯绿化”“饮水净化”“道路硬化”三个专项活动，把生态优势转化为发展优势，形成节约资源和保护环境的空间格局、产业结构、生产方式，建设生态长寿之乡，打造清洁乡村活动的“升级版”。

第七章

基于 SEM 的行动学习对县域治理能力影响的实证研究

近年来龙州县开展的行动学习对龙州经济社会治理能力和治理绩效的提升产生了积极的作用。那么，究竟龙州政府行动学习开展的质量如何？当前政府治理能力水平如何？政府行动学习是如何影响政府治理能力的？通过问卷调查和统计分析，来探究政府行动学习与政府治理能力的关联机理和关联强度，有利于客观把握政府行动学习的现状，加深对行动学习的深刻认识，并为未来龙州政府行动学习的优化提供实证支撑。

第一节 理论分析框架

一、基于组织学习的组织能力分析框架

长期以来，组织如何获取并保持其竞争优势一直都是战略管理领域的核心问题。20 世纪 80 年代，资源基础理论（RBV）开始兴旺起来。以沃纳菲尔特（Birger Wernerfelt）1984 年在《战略管理》杂志上发表的“企

业资源学说”一文为标志，提出公司内部资源对公司活力和维持竞争优势的重要意义。他认为，资源是指“企业所拥有的永久性资产（有形的和无形的），如品牌、内部的技术知识、技能型员工、贸易联系、机器、高效的程序、资本等”；而 Barney（1991）则把企业资源定义为“一个企业所控制的并使其能够制定和执行改进效率和效能之战略的所有资产、组织过程、企业特性、信息、知识，等等”。然而，仅有资源优势是不够的，企业需要拥有特殊的能力来更好地利用这些资源。在资源基础理论中，企业能力被确定为获得和发展竞争优势的一个主要源泉。Prahalad. C. K. 和 Gary Hamel 于 1990 年在《哈佛商业评论》上发表“企业核心能力”一文为标志，认为企业是一个能力体系或能力的集合，企业能力将最终决定企业的竞争优势和经营绩效，并明确提出核心能力就是“组织对企业拥有的资源、技能、知识的整合能力”。Mahoney 和 Pandian（1992）认为，企业潜在的资源转为活动就是能力，也就是说企业能力归于资源的最优配置和使用。

资源基础理论强调企业的资源和能力是企业获取竞争优势的源泉。但是并非所有的资源和能力都可以成为企业竞争优势的源泉，企业独特的资源和能力才可以保证企业取得持久的竞争优势。资源必须是有价值的、稀有的、难以模仿的、难以替代的（VRIN），这样才可以为企业带来竞争优势。与此同时，智力资本的研究也逐步兴起和深入。智力资本已成为继物质资本、货币资本后最重要的资本之一。通过智力资本解释知识经济背景下组织竞争优势的来源是一个崭新的视角，这引发了众多学者对智力资本理论的关注。在理论界，约翰·卡纳斯·加尔布雷斯（John Keneth Galbraith）1969 年发展了智力资本这一概念，他认为智力资本不仅仅是纯知识形态的知识，而还包括相应的智力活动，即智力资本不仅仅是静态的无形资产，而且还是有效利用知识的过程，一个实现目标手段。Feiwal（1975）、Stewart（1997）将智力资本定义为能够被利用于创造财富的智力材料——知识、信息、知识产权和经验等，并认为企业的智力资本就是体现在企业的人力资本、结构资本和客户资本三者中的价值。Roos et al.（1997）认为，组织里任何可以创造价值却看不见的资源均可称为智力资本。

综合资源基础理论和智力资本理论，我们可以认为，与组织的有形资产相比，组织的智力资本应更具有 VRIN 属性，智力资本存量能够在更大的程度上影响、决定着企业核心能力的形成。然而，这还尚未构成组织能力的完整链条。

资源基础理论对于解释组织竞争优势的获得提供了很好的理论依据，指出企业所拥有的独特、难以复制的资源或核心能力是企业赢得竞争优势的关键。然而资源基础理论是基于静态的观点来建构的，未能很好地解释在日益动态变化的环境中，组织“持续”优势的来源（Collis，1994）。这种挑战具体表现在，资源基础理论无法解释以下现实问题：为什么有些企业能够在快速变化、不可预测的环境中保持竞争优势，而有些原本成功的企业却无可奈何地衰落了？在不断变化的环境中，企业如何才能获得持续的竞争优势？另一方面，虽然 RBV 也提到了要对资源进行动态管理，但却没有对此进行深入分析，即没有回答以下关键问题：应当如何培育有价值的资源？企业能力的根源在哪里（能力演进问题）（孟晓斌、王重鸣、杨建锋，2007）？

动态能力的概念是通过对资源基础观的完善和继承而发展起来的。动态能力的概念首先由 Teece 和 Pisano 于 1994 年发表的“The Dynamic Capability of Firms：an Introduction”一文提出，另在 1997 年 Teece 发表的“Dynamic Capabilities and Strategic Management”一文中，对动态能力理论进行了更为系统的阐述。他认为，动态能力是企业为应对外部环境快速变化而构建、整合或重构内外部组织知识、资源和技能的能力。Winter（2003）根据组织能力阶层理论提出了常规能力或“零阶能力”与动态能力的概念，他们把常规能力或“零阶能力”定义为企业短期生存的能力，而把动态能力定义为扩展、改变或创造常规能力的高阶能力，并且认为高阶能力决定企业提升常规能力的速度。Cepeda 和 Vera（2007）直接将组织能力分为运营能力和动态能力两种，前者是指企业赖以生存的能力，而后者就是改变运营能力的能力，是一种高阶能力。Eisenhardt 和 Martin（2000）认为组织能力可以划分为核心能力和动态能力。

关于动态能力的形成，学界有很多观点，其中最主要的可以概括为组织学习观。组织学习是影响动态能力生成与累积的关键内生因素。动态能力理论认为企业为适应不断变换的环境必须更新自己的能力，而提高和更新能力的方法主要是通过技能的获取、知识和诀窍的管理以及学习（董俊武、黄江圳、陈震红，2004）。学习能够使组织不断适应外部环境的动态变化，而且作为一种过程，不易被竞争对手模仿（孟晓斌、王重鸣、杨建锋，2007)。Zollo 和 Winter（2002）认为，有准备的组织学习主要通过经验积累、知识表达和知识编码三种机制来推动过程研发、胜任力重构、流程再造和资源整合等动态能力关键构成因素的形成。Ethiraj 等（2005）提出企业内部的学习机制如“干中学”、“用中学”等是组织能力的主要来源。

组织学习除了能够影响组织动态能力的生成，还能对组织的运作能力产生影响。组织的运作能力往往在很大程度上依赖于组织现有的智力资本，而组织能够通过学习创造、积累更多的知识，促进组织智力资本的增加，也就是说组织学习能够产生组织智力资本的增量，进而提升组织的运作能力。Zollo 和 Winter（2002）也指出，通过组织的不断学习，组织能力所依赖的知识是在不断演化的，而这种知识的演化推动了组织动态能力和运作能力的变化发展。

在动态变化的环境中，基于组织学习的组织能力分析框架（见图 7－1）应该适用于任何组织。在政府组织中，在治理现代化的背景下，政府要逐步实现由管理到治理的转变，作为政府能力的升级版，政府治理能力的提升愈加受到重视。政府行动学习作为推动组织学习、建设学习型政府的有效形式，从理论上来说，既有利于政府治理能力的直接提升，又能够通过促进政府智力资本的生成间接提升政府的治理能力。

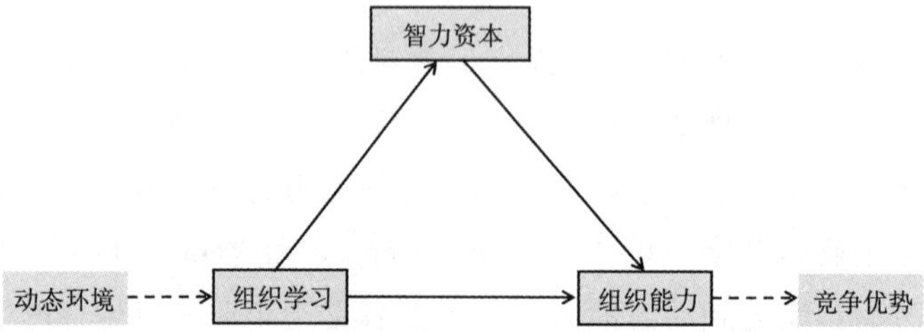

图 7－1 基于组织学习的组织能力分析框架

二、政府行动学习的维度划分

任何一个组织要进行学习，都必须为自己设计学习的步骤与程序，使组织能够系统地收集、分析、储存、传播和使用与组织绩效及组织成员有关的信息，这就是组织学习过程（杨智、刘新燕）。了解组织学习的过程，可以帮助我们更好地了解组织是如何学习的，这对于学习型组织的建立以及组织学习的水平测度指标体系的设计都是有所裨益的（李正卫，2003）。关于组织学习过程，国内外学者们进行了广泛的探讨（见表 7－1）。

表 7－1　　关于组织学习过程的代表性观点

作　　者	组织学习过程
Argyris&Schon（1978）	发现、发明、执行、推广
陈国权和马萌（2000）	发现、发明、执行、反馈、推广、组织知识库
Huber（1991）	知识获取、信息扩散、信息解释、组织记忆
Nevis，Dibella &Gould（1995）	知识获取、知识分享、知识运用
Sinkula（1994）	信息获得、信息扩散、分享解释
Slater&Narver（1995）	信息获得、信息扩散、分享解释、组织记忆
Dixon（1994）	创造、整合、解释、行动
Peter Pawlowsky（1999）	信息获取与鉴别、知识交流与扩散、知识整合与修正、知识转化或改变组织的常规
P. Jerez－Gomez et al.（2005）	知识获取、知识转移、知识整合

Argyris 和 Schon（1978）认为，组织学习的过程包括四个阶段：发现阶段，发现预期的而结果与实际情形间存在的差异；发明阶段，分析绩效差距并寻找各种可能的解决方案；执行阶段，执行后所制定出来的解决方案；推广阶段，评估过去的经验，并将成功的经验推广到组织的各个部门，使之成为组织的规范、惯例和政策。而陈国权和马萌在发现和推广之间增加了反馈阶段。Sinkula（1994）从信息加工的视角，将组织学习的过程划分为信息获得、信息扩散、分享解释三个阶段。Slater 和 Narver（1995）在 Sinkula 基础上，增加了“组织记忆”作为组织学习的反馈阶段，使得组织学习形成了一个闭环。Huber（1991）从“知识”的角度将组织学习归纳为四大过程：知识获取，经由天赋、经验、委托学习、移植、搜索等方法来获取知识的过程；信息扩散，分享不同渠道来源的信息，并因此获得新的信息和理解的过程；信息解释，扩散的信息被赋予定义的过程，发展共享的理解及构念的过程；组织记忆，知识得以存储以供未来使用的过程。Nevis，Dibella 和 Gould（1995）修正了 Huber 的观点，将组织学习分为知识获取（发展或创造技术、洞察力和关系等）、知识分

享（扩散学习的成果）及知识运用（整合学习，使得学习的效果可以被广泛地取得，且能一般化和适用于新的环境）三个基本阶段。Dixon（1994）认为，组织学习包括创造、整合、解释和行动四个阶段的循环过程。Peter Pawlowsky（1999）认为，组织学习包括四个基本阶段：信息的获取与鉴别、知识的交流与扩散、知识整合进入知识系统并进行相应的修正、知识的转化或改变组织的常规。P. Jerez - Gomez et al.（2005）认为，组织学习包括知识获取、知识转移和知识整合三个阶段。

上述学者从不同视角描述的组织学习过程虽有所区别，但通过分析也可以发现，组织学习过程基本都要包括知识（信息）获取（Argyris 和 Schon，1978；Huber，1991；Sinkula，1994）、信息解释/知识整合（Sinkula，1994；李正卫，2003；Huber，1991；Peter Pawlowsky，1999；P. Jerez - Gomez et al，2005）知识（信息）运用（Argyris 和 Schon，1978；陈国权等，2000；Dixon，1994）和组织记忆（Slater 和 Narver，1995；Huber，1991）等四个阶段。考虑到知识（信息）的获取与分享密不可分，加上行动学习尤其强调反思性的质询，本研究借鉴这些学者们的观点，将政府行动学习划分为信息获取与分享（information acquire and sharing，KAS）、知识反思与整合（knowledge introspection and integration，KII）、知识运用（knowledge utilization，KU）、组织记忆（organization memory，OM）四个维度。

三、政府智力资本的维度划分

在公共部门履行职责、发展改革的背后，真正发挥作用的是那些蕴含在组织中的法律、规则、制度、知识、方法和蕴含在人身上的知识、能力，而这些都属于智力资本的范畴（饶伟国，2013）。

在理论界，约翰·卡纳斯·加尔布雷斯（John Keneth Galbraith）1969年发展了智力资本这一概念，他认为智力资本不仅仅是纯知识形态的知识，而还包括相应的智力活动，即智力资本不仅仅是静态的无形资产，而且还是有效利用知识的过程，一个实现目标的手段（Feiwal，1975）。Stewart（1997）将智力资本定义为能够被用于创造财富的智力材料——知识、信息、知识产权和经验等，并认为企业的智力资本就是体现在企业的人力资本、结构资本和客户资本三者中的价值。在实务界，瑞典的斯堪地亚金融公司（Skandia AFS）是较早研究潜藏的智力资本的机构之一。该公司的智力资本主管 Leif Edvinsson 首创的 Skandia 智力资本模型（见图 7－2）基本上主导了智力资本理论框架的演化。

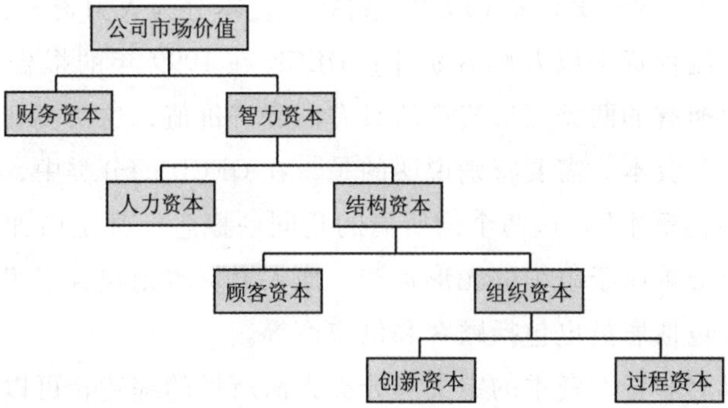

图 7－2　Skandia 智力资本模型

资料来源：Edvinsson 等（1997）。

Roos（1998）根据能否进行主动思考（thinking）将智力资本划分为人力资本（human capital）和结构资本（structural capital），并将结构资本划分为与外界互动的关系资本、提升内部运作效率的组织资本以及与未来密切相关的更新及开发资本。人力资本则源自于个体的竞争能力、工作态度与智力机敏性（intellectualagility）。其中竞争能力包括个体拥有的知识和技术；工作态度包括个体的动机、行为和品德（conduct）等方面；智力机敏性则包括创新能力（innovation）和模仿能力。结构资本包括关系资本（relationship）、组织资本（organization）及更新与开发资本（renewaland development）。其中关系资本指组织与顾客、供应商、股东、联盟伙伴及其他利益相关者之间的关系；组织资本指组织的创新、流程、知识产权等；更新与开发资本指任何能在未来创造价值但目前尚未显现价值的活动，包括新产品开发、培训开发、流程改造和组织重组等。Stewart（1997）也把智力资本分为人力资本和结构资本，结构资本又包含组织资本和顾客资本。也有研究者把顾客资本放到与人力资本和结构资本等同的层面，认为智力资本包含人力资本、结构资本、顾客资本，后来又发展出人力资本、结构资本、关系资本。另外 Lynn 把智力资本分为人力资本、组织资本、关系资本，其中人力资本包括组织成员可使用的知识、技能和能力；关系资本则来自于组织外部且能为组织创造价值的无形资本；组织资本是指除了人力资本及关系资本以外的其他部分。Bontis 也提出要把关系资本作为一个独立的部分，与人力资本、组织资本共同构成智力资本。Johnson（1999）认为智力资本可划分为人力资本、创新资本、流程资本以及关系资本。Van Buren（1999）将智力资本分为人力资本、结构资本、创新资本、流程资本以及顾客资本。OECD 在 1999 年的报告中认为智力资本是组织拥有的两类无形资产所具有的经济价值，这两类智力资本是组织资本和人力资本。需要特别说明的是，在 OECD 的分类中，也把组织资本称为“结构资本”。这两个词所指的是同一概念，都是诸如专利、软件系统、供应链等属于组织的无形资产。而人力资本则包含了组织内外的人力资源，既包括雇员也包括顾客和供应商等。

综合以上对智力资本的定义和分类方法所做的综述，可以看出智力资本主要包含了无形的智力资源，如知识、技能、结构、关系。个人层面和组织层面都存在智力资本的成分。本研究结合 Edvinsson 提出的 Skandia 智力资本模型、OECD 提出的智力资本框架，以及政府组织的特性，根据资本依附的载体不同，将政府智力资本划分为政府人力资本（human capital，HC）和关系资本（relationship capital，RC）两个构面。其中，政府人力资本是组织中的人员所具有的基础知识技能和行政素质的总和；而政府组织资本是依附于组织整体而存在的组织性资产，包含组织内部的关系资本和组织与外部主体间的关系资本。

四、政府治理能力的维度划分

相对于在极大范围内开展的治理实践，国内外对于政府治理能力的研究并不充分，人们对于治理能力的理解还停留在“治理能力意味着传统政府能力无法回应治理时期的能力要求”以及“治理能力的建设很重要”这样一些宽泛的认知上，强调治理能力的相关文献近年才出现一些（楼苏萍，2010）。究竟什么是政府治理能力，政府治理能力的构成要件有哪些，学者的研究和关注甚少，还相当缺乏深入、严谨的探讨。大多数研究将治理能力与国家能力或政府能力混为一谈，或相互代替。因此，要探究治理能力的维度划分须首先了解政府能力的结构要素。

通过文献阅读，可以发现以往学者主要从以下三个维度对政府能力的构成进行了探析：

一是从资源获取和能力运用维度，将政府能力分为政府集体行动的能力和政府获取资源的能力，包括社会汲取能力、合法性能力、政治强制能力、社会干预能力、改革适应能力等（胡宁生、张成福，1998），或分为汲取财政能力、宏观调控能力、合法化能力、强制能力（王绍光、胡鞍钢，1993）。

二是从政府职能维度，认为政府职能框定了政府能力的基本内容和发展方向（金太军，1998）。汪永成（2004）把政府的外显能力分为政治统治能力和社会管理能力，前者包括国家防卫能力、维护公共安全能力、民主建设能力等，后者包括经济管理能力、文化管理能力、社会保障能力等。周平（2002）认为，从横向的角度来看，县级政府能力与县级政府职能相联系，包括规划发展能力、制度创新能力、资源配置能力、市场规制能力、提供公共物品的能力、组织协调能力、社会控制能力。

三是从政府政策（手段、工具）维度或政府职能实现过程维度，强调政府能力表现为政府能否恰当运用政策、计划等工具。沈荣华（1999）认为，所谓政府能力，就是指政府制定切合实际的政策、有效地推行和贯彻这种政策、持续稳定地将这种政策引向深入的能力。郭爱君（1996）认为，政策能力是政府能力的主要表现，它“为衡量政府能力提供了一个分析框架”。从这个框架看，政府能力是由政策各个环节的能力所构成的一种综合能力，具体包括以下内容：政策问题的确认能力、利益整合能力、政策规划能力、政策执行能力、政策输出能力，政策评价能力。王骚、王达梅（2006）认为政府能力是指政府有效地制定公共政策和执行公共政策，以解决社会公共问题，推动社会、经济、政治、文化良性发展的能力，可划分为政策问题认定能力、方案规划和选择能力、政策执行能力、政策评估能力、政策调整能力。谢庆奎（2003）在把政府能力界定为政府制定和执行政策的势能和效力之后，提出衡量政府能力的三个标准。

可以看出，资源获取与能力运用的维度侧重于国家与社会的互动关系，即国家层面的政府能力或国家能力。国家能力衡量的是一个国家动员社会经济支持的能力，国家能力关注的是公共性目标的实现，聚焦于国家与社会的关系（Martin Painter and Jon Pierre，2005）。从公共行政学的学术视野，更倾向于从政府职能及职能实现过程的角度划分地方政府能力的外显能力（汪永成，2001）。

本研究倾向于从第三种即政府政策维度来界定政府治理能力。因为，公共行政的实践无非是公共政策制定与执行的完整过程（张康之，2001）。托马斯·戴伊（Thomas Dye，1992）认为，“现代政府的宏观公共行政能力可以理解为政府正确地制定公共政策和有效地执行公共政策的能力”。政府治理不仅是一个通过谈判进行决策的过程，它还包括如何执行政策（菲利普·施密特，2005）。

在一个稳定的、制度化水平较高的政治系统中，政府往往以大量的政策输出作为政府能动地作用于社会的主要手段。政策在现代政治和行政中占有独特的地位，政策能力从而成为政府能力的主要表征（郭爱君，1996）。公共政策作为政府管理活动的重要手段，可以全面体现于政府管理活动的具体过程之中，从某种程度说，政府能力则具体体现为政策能力。因此，以公共政策为研究视角，深入探索政府能力的来源和提升问题，在现阶段对于提高中国政府能力具有重要意义（王骚，2006）。

在政策科学或公共政策研究中，人们习惯上将政策从酝酿到退出过程划分为政策制定（规划）、政策执行和政策评估等阶段（陈振明，2001）。政策过程评估就是对政策制定、政策执行、政策评估、政策监控和政策终止等各个环节进行分析和评估（贠杰、杨诚虎，2006）。

当然，地方政府的治理能力应被理解为更高层次的政府能力，应着力体现治理的“善治”价值，即合法性、透明性、责任性、法制性、有效性、回应性。本研究认为，政府治理能力是指政府在政策制定、政策执行和政策监控的过程中，行使公共权力，管理公共事务，从而实现善治的能力。从过程视角看，政府治理能力主要包括政策制定能力（policy making ability，PMA）、政策执行能力（policy executive ability，PEA）和政策监控能力（policy supervising ability，PSA）。

第二节 研究假设与概念模型

一、政府行动学习对政府治理能力的直接影响

在公共治理结构中，合作互动的需要、信息的频繁交流、知识的展示和利用等，必然会在行动者之间产生相互学习的机会和过程。甚至可以说，合作治理的逻辑延伸，实际上就是一个相互学习的过程。有效的公共

治理过程就是一个持续学习的动态过程（韩志明，2007）。如果聚焦于政府组织中，政府行动学习实质是一种政策学习。彼特·霍尔（1988）将政策学习定义为“根据过去政策的结果和新的信息，调整政策的目标或技术的刻意的尝试，以更好地实现政府的终极目标”。政策学习实质上是一个获取和接受信息，进而使政策制定者改变理念并采纳特定政策的过程，并非是简单机械的政策模仿和照搬（王浦劬、赖先进，2013）。目前我国的公共政策具有弱势性，政策形成滞后于经济社会问题的发展状况，决策主体的决策能力薄弱。将学习过程引入社会政策领域，有助于对政策过程和政策机制进行深入探索。政策学习机制的研究有助于推动中国的社会政策从“适应性调整”向主动调适变迁（干咏昕，2010）。虽然由于路径依赖的存在，前一个阶段的政策选择往往会决定或影响后一个阶段的政策方案（Hall，1993）。但是，随着学习的主动性方面在政策制定和变迁中发挥越来越重要的作用，人们强调学习具有影响政策预期和改变认知、偏好和信仰的功能（Meseguer，2005）。因而，在公共政策视域下，政府行动学习能够直接促进政府治理能力的提升。根据政策学习的观点，可以提出如下假设：

H_1：政府行动学习对政府治理能力有显著正向的影响。

政策信息贯穿于政策从酝酿到退出的整个过程，是政策问题认定、政策方案规划和选择、政策评估等行为的前提和基础。在政府行动学习过程中，多元化的行动者形成了多中心的信息中心，换言之，每一个行动者实质就是一个信息聚合体。行动者之间的互动合作带来广泛的信息交流和互换，并促进资源和技术的有效利用（韩志明，2007）。也就是说，行动学习能够使政府部门及时准确地收集、获取各种信息，从而使政府作出正确的政策决策，有效地实施对政策运行的监督与控制。由此提出如下研究假设：

H_{1a}：政府行动学习中的信息获取与分享对政策制定能力有显著正向的影响。

H_{1b}：政府行动学习中的信息获取与分享对政策监控能力有显著正向的影响。

目前，我国的一些公共政策制定时所使用的知识仍旧处于不全面和整合不力的状态，在政策制定时未将很多处于碎片化的状态知识连通和整合，导致政策制定和修正方案的片面化（王军霞，2014）。而在政府行动学习过程中，参与者在催化师的引导下，借助头脑风暴法、团体列名法、六顶帽子法、鱼骨图法等科学化的决策工具，对现有问题进行深入反思，通过知识的整合，识别出真正需要解决的问题，分析问题的成因并形成科学的问题解决方案和下一步行动方案。由此提出如下研究假设：

H_{1c}：政府行动学习中的知识反思与整合对政策制定能力有显著正向的影响。

H_{1d}：政府行动学习中的知识反思与整合对政策监控能力有显著正向的影响。

政府行动学习中的知识运用体现在“行动”环节中。行动作为政府行动学习的核心部分，是区别于一般组织学习的关键要素。行动学习要求小组成员将行动学习研讨会产生的行动方案落实到实践中，在解决问题的过程中获得真正的学习。显然，政府行动学习中，知识的实践运用能够有力提高公务人员和组织集体的行动意识和行动能力，进而提升政策的执行能力。由此提出如下研究假设：

H_{1e}：政府行动学习中的知识运用对政策执行能力有显著正向的影响。

Tuna Baskoy、Bryan Evans 和 John Shields（2011）曾通过对加拿大联邦、省级和地方等不同层级政府的 403 位副部长和助理副部长的实证调查，发现加拿大公共服务的政策能力下降与领导者流动造成的组织记忆丧失呈显著性相关。在政府行动学习后期，学习小组将撰写行动学习报告，总结行动学习的成果，并建立学习成果有效保存和便利查询的机制，以便将学习成果固化，形成组织记忆。组织记忆有利于将在行动学习过程中找到的解决问题或提高能力的方法固定下来，为后续解决相关或类似的问题提供相应的变革思路，减少了重复开发解决方案的成本，并减少了人员流动造成的破坏性影响（Sánchez 和 Morrison-Saunders 2011）。由此提出如下研究假设：

H_{1f}：政府行动学习中的组织记忆对政策制定能力有显著正向的影响。

H_{1g}：政府行动学习中的组织记忆对政策监控能力有显著正向的影响。

二、政府行动学习对政府智力资本的影响

Bontis（2001）认为，智力资本代表组织内部特定时点知识存量的总和，反映了组织已经获取的知识与信息。但知识并不是静止不动的，而是不断流动和增长的。随着组织知识的转移与学习战略的实施，智力资本也

在不断发生变化，通过组织学习，知识得以扩展到个人、群体和组织的行为当中，从而促进了组织内部知识存量的提高，以及新的知识和行为的产生。Pike 等（2002）的研究也表明，组织学习系统能够通过促进组织知识持续不断的流动与转移，来提高知识的存量与质量，从而促进智力资本总量的提高。由此可见，在智力资本的发展过程中，组织学习起着不可或缺的推动作用。行动学习是组织学习的一种有效形式，由此提出如下假设：

H_2：政府行动学习对政府智力资本有显著正向的影响。

从人力资本来看，学习型政府建设的过程就是提高政府人力资本内在素质的过程，就是优化现有政府人力资本存量的过程。虽然建立学习型政府不是提高政府人力资本存量内在质量的唯一途径，但却是最为重要和直接的途径（应宏锋，2006）。卢卡斯也曾指出人力资本积累可以通过两种途径获得：一是通过脱离生产的正规、非正规学校教育；二是通过生产中边干边学、工作中的实际训练和经验积累。在行动学习中，由于小组成员的工作背景、知识、经验等不尽相同，学习小组是一个思想多元、经验多元的共同体。在这种环境中，学员通过交流、反思、质疑，可以打破个体思维定势，开阔视野，相互启发，促进问题的解决，实现经验的大范围迁移和思想的分享。因此，这种学习方式有利于培养领导干部的创新精神。此外，行动学习的优势在于注重学用结合，它能够使学习者运用所学知识解决传统政府培训中难以突破的理论与实践相脱节的难题（张素玲，2009）。基于此提出如下研究假设：

H_{2a}：政府行动学习中的信息获取与分享对政府人力资本有显著正向的影响。

H_{2b}：政府行动学习中的知识反思与整合对政府人力资本有显著正向的影响。

H_{2c}：政府行动学习中的知识运用对政府人力资本有显著正向的影响。

从组织层面的关系资本来看，政府组织中的行动学习有利于建立起个人之间、部门之间以及政府与企业和社会公众之间良好的信任与合作关系，丰富政府组织的关系资本，为提升政府工作的质量打下良好的基础。

首先，行动学习以团队学习为主，有利于培养小组成员的合作精神和沟通能力。行动学习是一种群体学习方式，学习任务的完成往往要依赖团队的精诚合作。在行动学习中，参与者是在一种平等和彼此信赖的环境中相互学习，提供给彼此支持和挑战，他们会意识到在不断变化的形势下“寻求新的路径”的重要性，意识到与他人彼此联系、不断提出问题、搜集信息、分析形势的重要性。在此过程中，参与者的团队意识得到加强，相互之间的人际关系得到增进（张素玲，2009）。其次，行动学习一般都是跨部门协同研究。在目前的体制下，部门的本位主义现象时有发生，甚至有的部门之间还存在一些工作矛盾。在一般的培训中，把不同部门的公务员集中起来进行理论培训的较多，而解决工作中具体问题的则较少。行动学习通过抽调不同部门骨干人员参加培训学习，共同解决通过互相配合才能解决的问题，为部门间的协作搭建了一个平台。在行动学习的过程中，虽有不同的专题，但要求学员们一起学习讨论。随着学习研究的深入，大家既从各自的角度去研究问题，又注意倾听其他部门同志的观点和意见，相互启发，从而带动了部门间的协作（杨斌、黄创，2009）。行动学习法的实施使得政府机构间能够建立起密切合作的工作网络关系。政府各部门、各地区不再是一个个的信息孤岛，而是结成了一个真正的工作网络，为提高政府工作质量打下了良好基础（陈伟兰，2006）。基于此提出如下研究假设：

H_{2d}：政府行动学习中的信息获取与分享对政府关系资本有显著正向的影响。

三、政府智力资本对政府治理能力的影响

政府智力资本可划分为人力资本和关系资本。Deborah H. Gleeson，David G. Legge 和 Deirdre O’Neill（2009）在“评估卫生公共政策：来自国际和澳大利亚的经验”一文中通过对英国、加拿大、新西兰和澳大利亚的比较分析，归纳了影响卫生政策能力的两大类要素：一是个人要素如知识经验、政策制定的实际技能和创造力、直觉判断等，二是组织要素如人力资源管理、咨询与沟通、跨部门协调网络、实施、监测和评价审查、战略管理和领导、行政文化等。可见人力资本和关系资本作为政府智力资本的组成部分，能够影响政府政策能力的提升。基于此提出如下假设：

H_3：政府智力资本对政府治理能力有显著正向的影响。

从政府人力资本的视角来看，人是行政之本，人力资源是政府能力的前提性因素，也是主导因素（汪永成，2004）。福山（2013）曾指出，政

府官员教育水平和专业化水平在很大程度上影响了政府治理的能力。政府人员活动于政策过程各环节之中，是重要的政策主体，是政策过程的重要因素，因此，他们素质的高低直接影响着政策质量、政策执行质量以及政策评估质量，也影响着政策变动时期社会的稳定（王骚，2006）。钱正荣（2012）认为政策能力是对政府决策过程中一系列基本、连续的过程的有效性的量度，既包括政策制定过程，也包括政策执行过程，也即一个政府能够做出符合公共目的的明智的集体选择并整合其所需的资源实施政策的能力，“做决定或明智选择”是其内核所在，体现了在复杂局面下的一种包含专家、知识、经验和理解的智力努力，这意味着公共部门政策制定者的素质的重要性，招聘、保留和发展“最优秀和最聪明”的政策人员的重要性。Tom Christensen 和 Per Laegreid 认为政策能力是指在一个民主的政治—行政制度下，以足够的理解、信息和权威为基础，系统地运用资源以做出明智的集体决策的能力。知识、专家、经验和理解是政策能力建设的基石，Martin Painter 和 Jon Pierre 也赞同这种观点，认为它们有助于“分配稀缺资源以做出明智的集体选择，实现符合公共目标的战略方向”。由此提出如下研究假设：

H_{3a}：政府人力资本对政策制定能力有显著正向的影响。

H_{3b}：政府人力资本对政策执行能力有显著正向的影响。

H_{3c}：政府人力资本对政策监控能力有显著正向的影响。

从政府关系资本的视角来看，一个地方能否成功地动员各方的力量形成集体行动，在很大程度上取决于地方的关系性资源（Relational Resources）的储量。随着需要处理的政策问题日益复杂，越来越多的政策仅凭单一的政府机构难以有效解决，两个或更多的政府机构通常参与政策执行过程，彼此间建立互动关系，从而形成了某种形式的政策执行网络。横向层面的组织间合作或协调不力，就很有可能产生政策执行的偏差问题（定明捷，2014）。政府组织拥有丰富的关系资本，有利于获得企业、公众等主体对政策的认可、支持与配合，进而促进政策执行过程顺利开展。基于此提出如下研究假设：

H_{3d}：政府关系资本对政策执行能力有显著正向的影响。

本章从组织能力的分析视角出发，依托资源基础理论、智力资本理论、动态能力等理论，通过文献回顾以及逻辑推演，指出政府行动学习不仅可以直接作用于政府治理能力，也可以通过政府智力资本包括人力资本和阻止资本的中介作用间接影响政府治理能力，并在此基础上提出了细化的研究假设。综合这些研究假设便可得到政府行动学习影响政府治理能力的总体概念模型（见图 7－3）。

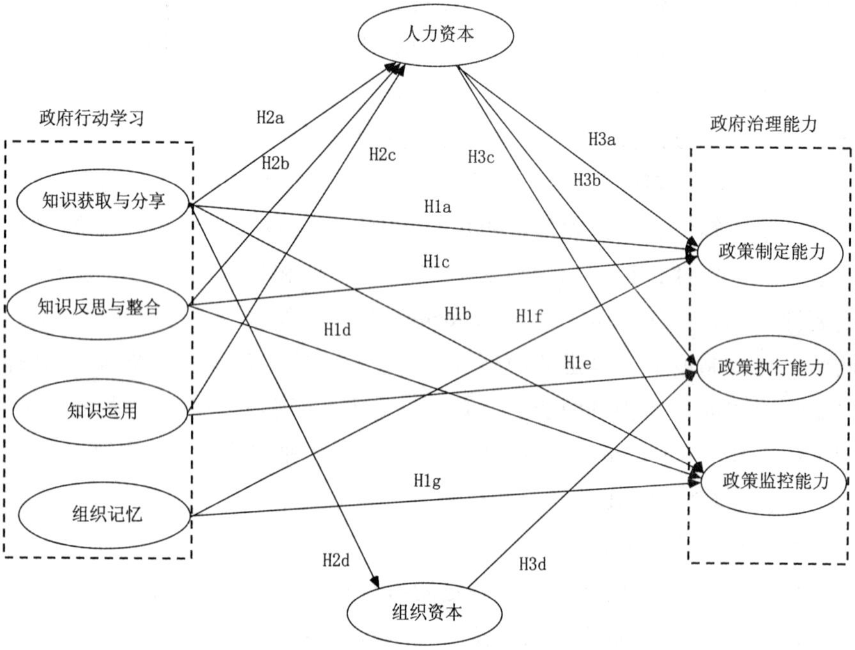

图 7－3 研究的总体概念模型

第三节 问卷设计与实际调查

上一节建立的总体概念模型为下一步实证研究奠定了比较扎实的理论基础，接下来便需要对相关构念进行操作化测量，以检验所提出的研究假设是否成立。

一、问卷设计

在公共管理研究领域，很多构念是无法直接进行测量的，只能通过问卷的方法进行间接调查（范柏乃、蓝志勇，2008）。本研究所考察的核心变量——政府行动学习、政府智力资本、政府治理能力，便是无法直接测量的复杂构念，需要通过问卷的设计及调查来间接获取相关数据。

（一）调查问卷的基本结构

调查问卷的基本结构一般包括引导语、背景资料和主体调查三个部分。引导语旨在说明调查研究的目的、意义和形式，让被调查者大致了解调查的背景和主要内容，以便有针对性地回答相关问题。背景资料是对被调查者的基本个人信息的描述，主要包括被调查者的性别、年龄、学历、工作单位等，通过对这些个人自然信息的采集进一步增强调查结果的效度。主体调查部分主要以表格的形式出现，被调查者根据自身工作经历或实际体会，对有关表述进行等级程度的判断，最常见的等级评定包括五点量表和七点量表，例如七点量表就是要求被调查者对有关表述进行 1 至 7 级的程度判断，分别以 1、2、3、4、5、6、7 来表示。本研究所使用的调查问卷同样具有这三个部分。在引导语部分，研究者介绍了调查的背景、目的、意义及实施单位等，并重点说明调查采用匿名方式进行，以使被调查者放心做答，降低各种个人偏误倾向发生的可能性。在背景资料部分，研究者设计了 6 个问题，用以采集被调查者性别、年龄、学历、工作单位等个人基本信息及行动学习参与频率和行动学习参与领域等基本情况。主体调查部分是调查问卷的核心内容，包括政府行动学习测评量表、政府智力资本测评量表及中介变量（政府治理资本）的测度指标。

（二）政府行动学习测评量表编制

在调查中，参考借鉴前人的研究成果，引用以往调查问卷中的题项是很常见的，也被认为是一种好的做法（Remler 和 Van Ryzin，2011）。但是，目前学术界对政府行动学习的研究尚处于起步阶段，更没有形成一套固定权威的指标体系。但是关于组织学习的测量量表已经比较丰富。为此，本研究一方面是尽可能多地收集、借鉴已有的组织学习测量指标，提炼并吸收适合于政府行动学习的相关指标。另一方面，本研究对包括政府治理和学习型组织相关领域研究专家及政府官员在内的10名人员进行了深度访谈，听取他们对政府行动学习测度指标设置的建议与意见，并就指标表述、量表形式等问题与他们进行了深入的交流。在这两项工作的基础上，形成了指标的条目池。随后，研究者以所在学术团队（包括数位教授、副教授和20多名博士研究生、硕士研究生）为专家咨询平台，将条目池中指标制成简明的专家咨询表，征求团队成员对指标的意见，根据团队成员的反馈，舍弃了部分指标，并对部分指标进行了调整与完善，从而形成了地方政府行动学习评价量表（见表7-2)，所有指标均采用李克特七点量表，要求被调查者结合自身的感受对龙州县开展政府行动学习的情况进行1至7级的评价。

表7-2　政府行动学习测评指标体系

一级指标	二级指标	指标来源
信息获取与分享	行动学习小组成员构成多元化	根据访谈设计
	行动学习小组成员前期准备度较高	根据访谈设计
	行动学习小组成员之间有充分的渠道和机会相互交流	Pilar，Jose和Ram6n（2005）
知识反思与整合	行动学习小组成员勇于突破陈规思考问题	Baker和Sinkula（1999）；李璟琰、焦豪（2008）
	行动学习小组对错误和失误进行了广泛讨论和分析	Pilar，Jose和Ram6n（2005）；陈国权（2009）
	催化师发挥了有效的干预和引导作用	根据访谈设计
知识运用	行动学习小组成员根据制定的行动方案及时采取了行动	陈国权（2009）
	行动方案按计划有效地贯彻执行	陈国权（2009）
	行动方案有效解决了实际问题	根据访谈设计
组织记忆	行动学习小组撰写的研究报告等资料有较高的实用价值	Kim和Jin（2008）
	行动学习小组有较好的保存已获取成果的手段措施	Hult（1998）；Hubber（1991）；陈国权（2009）
	行动学习小组成员能够便捷地查询学习成果	Hult（1998）；Hubber（1991）；Pilar，Jose和Ram6n（2005）

该评价量表共包含12个测度指标。其中，指标1至3用于测度信息

获取与分享，指标 4 至 6 用于测度知识反思与整合，指标 7 至 9 用于测度知识运用，指标 10 至 12 用于测度组织记忆。

（三）政府智力资本量表编制

遵循与政府行动学习测评量表相同的开发程序，即文献调研、深度访谈、专家咨询，研究者构建了初始的政府智力资本评价量表（见表 7-3）。该评价量表共包含 8 个测度指标。其中，指标 1 至 4 用于测度政府人力资本，指标 5 至 8 用于测度政府关系资本。

表 7-3 政府智力资本测评指标体系

一级指标	二级指标	指标来源
人力资本	政府公务人员普遍具有较强的专业基础能力	高学栋、刘士竹（2005）；祁光华（2008）；陈芳、鲁萌（2013）
	政府公务人员普遍具有较强的合作意识	祁光华（2008）；陈芳、鲁萌（2013）
	政府公务人员普遍具有较强的服务意识	陈芳、鲁萌（2013）；陈建斌、谭望（2009）；祁光华（2008）；高学栋、刘士竹（2005）
	政府公务人员普遍具有较强的责任意识	陈建斌、谭望（2009）；祁光华（2008）
组织资本	政府部门内部权责明确	莫勇波（2005）
	政府部门之间具有良好的合作、信任关系	根据访谈设计
	企业与政府之间具有良好的合作、信任关系	根据访谈设计
	公众与政府之间具有良好的合作、信任关系	根据访谈设计

（四）政府治理能力量表编制

目前，学界对政府治理能力的构成要件尚缺乏深入的探讨，对政府治理能力的测量也缺乏较为成形的量表。由于本研究从政策过程的视角来界定政府治理能力，为提升政府治理能力量表的质量，本研究采用文献调研及专家访谈的研究方法，在梳理政策能力要素及公共政策评估标准的基础上，融入善治的六条价值，即合法性、透明性、责任性、法制性、回应性、有效性，构建出政府治理能力的评价量表（见图 7－4 和表 7－4）。该评价量表共包含 10 个测度指标。其中，指标 1 至 3 用于测度政策制定能力，指标 4 至 7 用于测度政策执行能力，指标 8 至 10 用于测度政策监控能力。

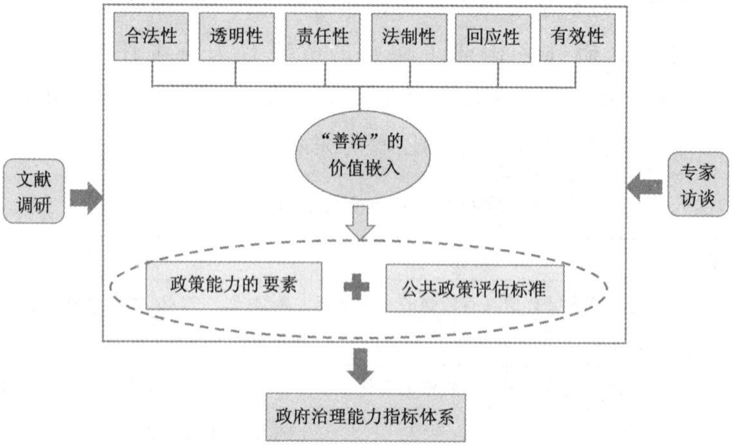

图 7－4　政府治理能力指标体系形成依据

表 7－4　　政府治理能力测评指标体系

一级指标	二级指标	善治价值	指标来源
政策制定能力	政策内容具有较强的公平性	责任性	Poister（1978）；威廉·N. 邓恩（2002）；林水波、张世贤（1987）；陈庆云（1996）；张金马（2004）；陈振明（2003）；负杰、杨诚虎（2006）；宁骚（2003）
	政策体系间具有较好的协调性	法制性	李宇环（2015）
	政策受到公众普遍认可和支持	合法性	宋健峰，袁汝华（2006）
政策执行能力	政策得到广泛宣传	透明性	根据访谈设计
	政策执行成本适当	有效性	Poister（1978）；威廉·N. 邓恩（2002）；林水波、张世贤（1987）；陈庆云（1996）；张金马（2004）；陈振明（2003）；负杰、杨诚虎（2006）；宁骚（2003）；王骚（2006）
	政策执行效率较高	有效性	
	公务人员依法行政	法制性	根据访谈设计

续表

一级指标	二级指标	善治价值	指标来源
政策监控能力	能够及时纠正执行过程的偏差	回应性	宋健峰、袁汝华（2006）
	能够准确评估政策执行效果	回应性	王骚（2006）
	能够合理实施政策终结或变更	回应性	王骚（2006）

二、数据采集与描述性统计

本调查问卷发放主要采用邮寄发放与电子发放的方式。问卷的发放对象主要包括龙州县直机关和乡镇政府部门中参与过行动学习的公务人员。整个问卷发放过程历时三个月，从 2015 年 4 月中旬到 2015 年 7 月中旬，期间共发放问卷 380 份，回收问卷 358 份，有效问卷 240 份，有效回收率达 60%。把问卷数据录入 SPSS16.0 统计软件后，对样本的背景信息和主体调查部分进行描述性统计分析，以掌握本次调查的最原始、最真实的基本情况。

（一）人口统计基本信息

表 7－5　　样本的人口统计基本信息

人口统计特征	类别	频数	频率(%)	人口统计特征	类别	频数	频率(%)
性别	男	140	58.3	工作单位	县直机关	110	45.8
	女	100	41.7		乡镇	130	54.2
年龄	25 岁及以下	22	9.2	学历	高中及以下	11	4.6
	26—35 岁	93	38.8		专科/中专	103	42.9
	36—45 岁	69	28.8		大学本科	118	49.2
	46—55 岁	46	19.2		研究生及以上	8	3.3
	56 岁及以上	10	4.2				

从表 7－5 可以看出，调查样本在性别、工作单位方面的分布较为均衡。男性被调查者占样本比重为 58.3%，略高于女性被调查者占比；来

自乡镇一级的被调查者占样本比重为54.2%，略高来自于县直机关被调查者的比重。从年龄层面看，被调查者在26—45岁的比重为67.6%，体现了龙州政府公务人员以中青年干部为主。在学历方面，被调查者学历在专科/中专以上的占95.4%，表明被调查者的受教育情况总体较高，能够较好理解测度指标的含义。但是对于政府公务人员来说，本科以上比重仅占50%左右，且研究生及以上比重仅占3.3%，在一定程度上显示了龙州县政府公务人员的受教育程度和知识结构还有待提升。

（二）行动学习的基本参与情况

从参与行动学习的频率来看，在240位被调查者中，选择偶尔参加行动学习的有176位，占被调查者总数的73.3%；而选择经常参加行动学习的有64位，占26.7%，对行动学习的实际参与能够保证被调查者对龙州县政府行动学习开展情况有较好的把握，保证调查结果的可靠性。但是经常参加行动学习的被调查者占比较低，也体现了龙州县开展政府行动学习的广度和深度还有待强化。

2013年，为推进行动学习的深入开展，龙州县成立了边境口岸、工业交通等十大工作组，基本覆盖龙州经济社会发展的各个方面。龙州行动学习项目也相应地划分为十大领域。被调查者行动学习参与涉及领域情况如表7－6、表7－7。

表7－6　　龙州行动学习涉及领域a

涉及领域数量	频数	频率（%）	涉及领域数量	频数	频率（%）
1	57	23.8	5	14	5.8
2	66	27.5	6	3	1.2
3	65	27.1	10	1	0.4
4	34	14.2			

从表7－6可以看出，被调查者行动学习涉及1—2个领域的约占51.3%；涉及3个及以上领域的被调查者约占48.7%。可见，调查样本在专业性行动学习参与者和综合性行动学习参与者方面的分布也较为均衡。表7－7则反映出，被调查者行动学习主要参与领域排在第一位的就是农业发展，约50%的被调查者都参与过农业发展领域的行动学习，这

与龙州县以农业经济为主体的发展现状密不可分。而除农业发展外，龙州县社会治理如民生工作、党建工作、社会综治等方面的行动学习开展较多；涉及经济治理如筹资融资、边境口岸、工业交通、项目招商等方面的行动学习开展较少。

表 7－7　龙州行动学习涉及领域 b

涉及领域	频数	频率（%）	涉及领域	频数	频率（%）
边境口岸	25	10.4	筹资融资	5	2.1
工业交通	25	10.4	文化旅游	40	16.7
农业发展	118	49.2	民生工作	111	46.3
城镇化建设	80	33.3	社会综治	84	35.0
项目招商	37	15.4	党建工作	93	38.8

（三）问卷调查主题项

表 7－8 给出了调查样本在各项一级维度上的平均得分。总的来看，政府行动学习、政府智力资本、政府治理能力三大变量在其一级维度上的平均得分差异不大，都处于中等偏上的水平。

表 7－8　各变量的平均得分

变量	一级维度	平均值
政府行动学习	知识获取与分享	5.50
	知识反思与分享	5.53
	知识运用	5.49
	组织记忆	5.52
政府智力资本	人力资本	5.63
	关系资本	5.64
政府治理能力	政策制定能力	5.64
	政策执行能力	5.66
	政策监控能力	5.67

第四节
基于结构方程的统计分析

结构方程模型（structural equation modeling，简称 SEM）是一门基于统计分析技术的研究方法学，是当前非常流行的用于研究变量之间因果关系的一种统计方法。结构方程分析的基本原理是比较两个或更多个不同协方差矩阵（或相关矩阵），然后通过分析这些不同的协方差矩阵（或相关矩阵）之间的拟合指数来判断原模型是否符合研究要求（范柏乃，2014）。

在社会科学领域，有很多假设构念是较为抽象的概念，是无法直接被测量或观察到的，只能间接以量表或观察到的实际指标数值来反映该构念的特质。这种构念被称为潜变量，而用于反应潜变量特质的指标变量被称为观察变量（吴明隆，2010）。结构方程模型主要由验证性因子模型和各潜变量之间的因果关系模型两部分组合而成，其中包含因子模型的部分称为测量模型（measurement model），所涉及的方程称为测量方程（measurement equation），它描述的是潜变量与指标之间的关系。结构方程模型所包含的因果模型的部分称为潜变量模型（latent variable model），也称为结构模型（structural model），所涉及的方程称为结构方程（structural equation），它描述的是各个潜变量之间的相互关系。

一、验证性因子分析

结构方程模型具有高度的理论先验性，只有在对潜在变量提出适当的测量变量以组成测量模型后才可通过结构方程模型分析程序对潜在变量的结构或影响关系进行有效分析。验证性因子分析要探究的是量表的因素结构模型是否与实际搜集的数据相契合，指标变量是否可以有效作为因素构念（潜在变量）的测量变量。因此，一般而言，验证性因子分析是进行整合性结构方程模型分析的一个前置步骤或基础架构（周子敬，2006）。遵循这种惯例，本研究也将在结构方程模型分析之前首先对政府行动学习、政府智力资本和政府治理能力评价量表上的测量变量进行验证性因子分析。由于在性质上验证性因子分析属于结构方程模型的一种次模型，是结构方程模型分析的一种特殊运用（吴明隆，2010），所以研究将运用 SEM 分析软件 AMOS 17.0 进行验证性因子分析。

（一）政府行动学习验证性因子分析

初始政府行动学习验证性因子分析模型包含了量表中所有 12 个指标，模型整体拟合效果较为理想，仅有 3 个指标未达到适配标准。根据 AMOS 提供的修正指标对模型进行进一步修正，增列了两对误差变量间的共变关系之后，模型整体拟合效果得到明显改善，已达到理想状态（见表 7－9 和图 7－5）。

表 7－9　　修正后政府行动学习一阶验证性因子分析结果

绝对适配度指标	适配的标准或临界值	检验结果数据	模型适配判断
χ^2	$p>0.05$（未达显著水平）	88.022（$p=0.000<0.05$）	否
RMR	<0.05	0.033	是
RMSEA	<0.08（若 <0.05 优良；<0.08 良好）	0.076	是
GFI	>0.90 以上	0.947	是
AGFI	>0.90 以上	0.910	是
增值适配度指标			
NFI	>0.90 以上	0.968	是
RFI	>0.90 以上	0.954	是
IFI	>0.90 以上	0.984	是
TLI	>0.90 以上	0.978	是
CFI	>0.90 以上	0.984	是

续表

简约适配度指标	适配的标准或临界值	检验结果数据	模型适配判断
PGFI	>0.50 以上	0.558	是
PNFI	>0.50 以上	0.675	是
PCFI	>0.50 以上	0.686	是
χ^2 自由度比	<3.00	1.914	是
AIC	理论模型值小于独立模型值和饱和模型值	152.022<156.000 152.022<2773.428	是
CAIC	理论模型值小于独立模型值和饱和模型值	295.402<505.490 295.402<2827.196	是

由表7-9可见，虽然 χ^2 依旧显著①，但是 χ^2/df 小于3，而且其余绝对适配度指标和增值适配度指标均已超过0.9，简约适配指标也都超过0.5，同时RMSEA值为0.076，已基本达到适配标准。这表明研究提出的假设模型与实际数据具有较好的拟合度。图7-5即为修正后的政府行动学习验证性因子分析模型。图中各一阶因素构念与测量变量间的路径系数均为标准化回归系数，所有路径系数均达到0.01的显著性水平，且因素负荷量都在0.8以上，表明测量变量能有效反映其要测得的构念特质。此外，信息获取与分享、知识反思与整合、知识运用、组织记忆相互间的相关系数均在0.8至1之间，表明这四个一阶因素构念作为政府行动学习的不同组成部分既具有较紧密的联系，又具有一定的区别。

（二）政府智力资本验证性因子分析

同样，对政府智力资本也进行验证性因子分析。初始的政府智力资本验证性因子模型包含8个指标，且初始模型拟合效果非常理想，全部达到适配标准（见表7-10和图7-6）。

---

① 该统计检验量对于本研究可能并不适合，因为卡方值对于大样本量往往十分敏感（Byrne，2001；Kline，1998）。此时即使隐含的协方差矩阵（假设模型导出的协方差矩阵）与样本数据协方差矩阵差异很小，卡方值也会变得很大，造成显著性概率值P变得很小，容易拒绝虚无假设——假设模型与样本数据无法适配。

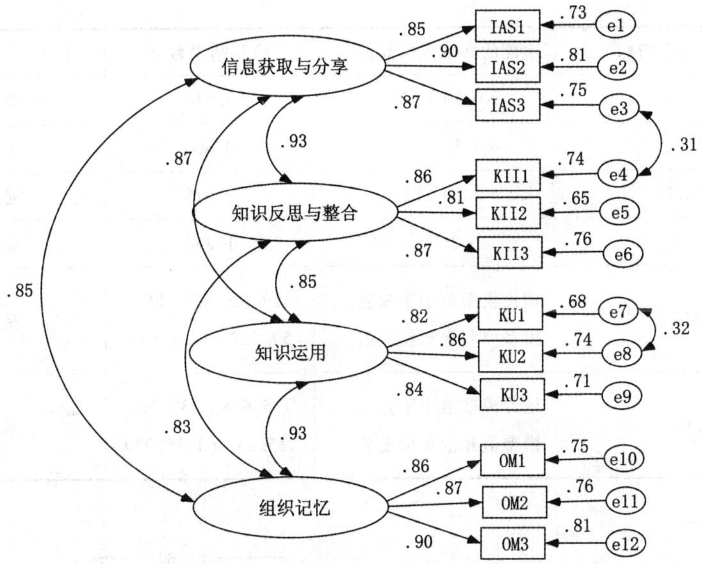

图 7－5　修正后的政府行动学习验证性因子分析模型

表 7－10　　初始政府智力资本验证性因子分析结果

绝对适配度指标	适配的标准或临界值	检验结果数据	模型适配判断
χ^2	$p>0.05$（未达显著水平）	25.527（$p=0.144>0.05$）	是
RMR	<0.05	0.029	是
RMSEA	<0.08（若<0.05 优良；<0.08 良好）	0.076	是
GFI	>0.90 以上	0.974	是
AGFI	>0.90 以上	0.951	是
增值适配度指标			
NFI	>0.90 以上	0.982	是
RFI	>0.90 以上	0.973	是
IFI	>0.90 以上	0.995	是
TLI	>0.90 以上	0.993	是
CFI	>0.90 以上	0.995	是

续表

简约适配度指标	适配的标准或临界值	检验结果数据	模型适配判断
PGFI	>0.50 以上	0.514	是
PNFI	>0.50 以上	0.666	是
PCFI	>0.50 以上	0.675	是
χ^2 自由度比	<3.00	1.344	是
AIC	理论模型值小于独立模型值和饱和模型值	59.527 < 72.000 59.527 < 1401.094	是
CAIC	理论模型值小于独立模型值和饱和模型值	135.698 < 233.303 135.698 < 1436.939	是

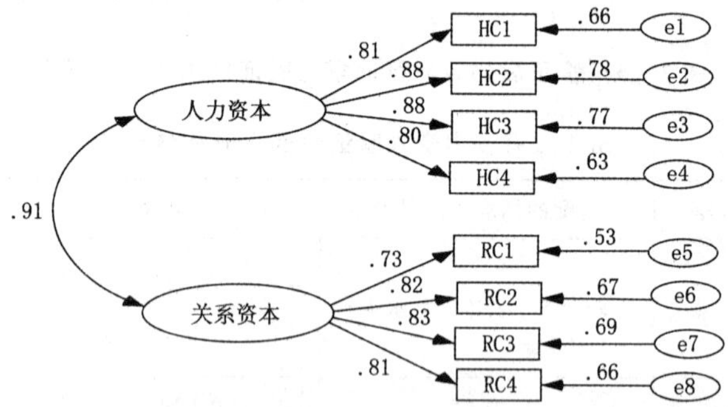

图 7-6 初始政府智力资本验证性因子分析模型

从表 7-10 可以看出，政府智力资本的验证性因子分析模型 χ^2 值为 25.527，未达到显著性水平，符合绝对适配的标准，且其他绝对适配度指标和增值适配度指标均已超过 0.9，简约适配指标也都超过 0.5，各项指标全部达到适配标准。这表明研究提出的假设模型与实际数据具有较好的拟合度。图 7-6 即为修正后的政府智力资本验证性因子分析模型。图中各一阶因素构念与测量变量间的路径系数均为标准化回归系数，所有路径系数均达到 0.01 的显著性水平，且因素负荷量最小的也超过 0.7，表明测量变量能有效反映其要测得的构念特质。此外，人力资本和关系资本相互间的相关系数为 0.91，这表明这两个构念作为政府智力资本的不同组成部分既具有较紧密的联系，又具有一定的区别。

（三）政府治理能力验证性因子分析

最后按照同样的方法对政府治理能力也进行验证性因子分析。初始的政府治理能力验证性因子模型包含了 10 个指标，模型整体拟合效果较为理想，仅有 2 个指标未达到适配标准。根据 AMOS 提供的修正指标对模型进行进一步修正，增列了两对误差变量间的共变关系之后，模型整体拟合效果得到明显改善，已达到理想状态（见表 7 - 11 和图 7 - 7）。

表 7 - 11　修正后政府治理能力验证性因子分析结果

绝对适配度指标	适配的标准或临界值	检验结果数据	模型适配判断
χ^2	p > 0.05（未达显著水平）	54.907 （p = 0.004 < 0.05）	否
RMR	< 0.05	0.028	是
RMSEA	< 0.08（若 < 0.05 优良；< 0.08 良好）	0.059	是
GFI	> 0.90 以上	0.958	是
AGFI	> 0.90 以上	0.922	是
增值适配度指标			
NFI	> 0.90 以上	0.973	是
RFI	> 0.90 以上	0.959	是
IFI	> 0.90 以上	0.987	是
TLI	> 0.90 以上	0.981	是
CFI	> 0.90 以上	0.987	是
简约适配度指标			
PGFI	> 0.50 以上	0.522	是
PNFI	> 0.50 以上	0.648	是
PCFI	> 0.50 以上	0.658	是
χ^2 自由度比	< 3.00	1.830	是
AIC	理论模型值小于独立模型值和饱和模型值	104.906 < 110.000 104.906 < 2021.275	是
CAIC	理论模型值小于独立模型值和饱和模型值	216.922 < 356.345 216.922 < 2066.082	是

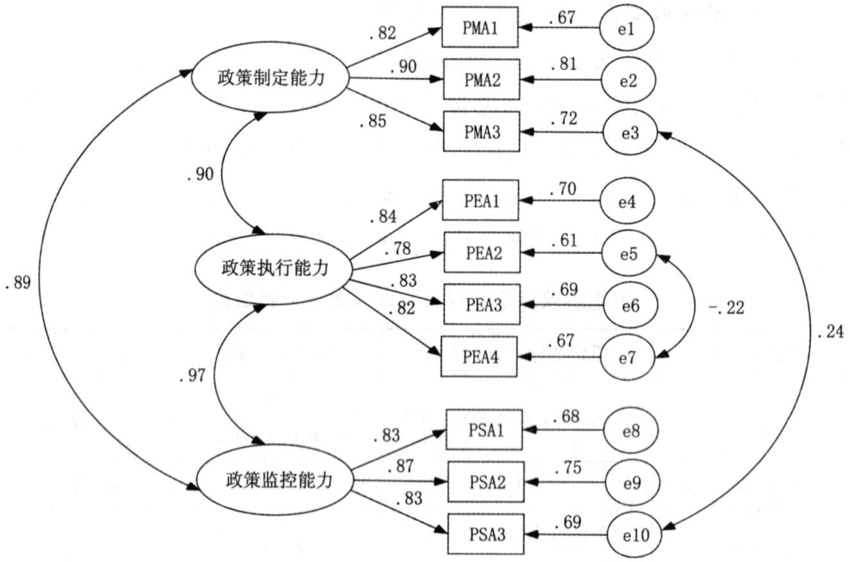

图 7-7 修正后的政府治理能力验证性因子分析模型

由表 7-11 可见，对于修正后的政府治理能力验证性因子分析模型，虽然 χ^2 依旧显著，但是修正后 χ^2/df 降低为 1.830，小于 3，而且其余绝对适配度指标和增值适配度指标均已超过 0.9，简约适配指标也都超过 0.5，同时 RMSEA 值降低为 0.059，已基本达到适配标准。这表明研究提出的假设模型与实际数据具有较好的拟合度。图 7-7 即为修正后的政府治理能力验证性因子分析模型。图中各一阶因素构念与测量变量间的路径系数均为标准化回归系数，所有路径系数均达到 0.01 的显著性水平，且因素负荷量都在 0.8 以上，表明测量变量能有效反映其要测得的构念特质。此外，政策制定能力、政策执行能力、政策监控能力相互间的相关系数均在 0.8 至 1 之间，表明这三个一阶因素构念作为政府治理能力的不同组成部分既具有较紧密的联系，又具有一定的区别。

此外，根据政府行动学习、政府智力资本、政府治理能力的验证性因素分析模型得到的标准化回归系数（因素负荷量）的估计值可以计算潜在变量的组合信度和平均变异量抽取值。表 7-12 显示，政府行动学习、政府智力资本和政府治理能力所包含潜在变量在组合信度均大于 0.6，平均变异量抽取值均大于 0.5，表明政府行动学习、政府智力资本和政府治理能力的验证性因素分析模型的内在质量理想。

表 7－12　　　　各潜变量的组合信度和平均变异抽取值

	一阶级因素构念	组合信度	平均变异量抽取值
政府行动学习	信息获取与分享	0.907	0.765
	知识反思与整合	0.884	0.717
	知识运用	0.880	0.710
	组织记忆	0.911	0.773
政府智力资本	人力资本	0.907	0.709
	关系资本	0.876	0.604
政府治理能力	政策制定能力	0.893	0.735
	政策执行能力	0.889	0.667
	政策监控能力	0.879	0.708

综上所述，修正后的政府行动学习、政府智力资本与政府治理能力的模型既拥有扎实的理论基础，也具有充分的经验证据，因而是完全成立的，可以作为结构方程模型分析的测量模型。

二、结构方程模型分析

结构方程模型（structural equation modeling，SEM）是基于变量的协方差来分析变量之间关系的一种统计方法，它能够根据模型与数据关系的一致性程度，对理论模型进行适当的评价，从而验证概念模型中提出的研究假设。在对测量模型进行检验、修正使其符合结构方程建模的基本要求之后，研究将运用 AMOS 17.0 进行 SEM 分析。

（一）初始结构方程模型

根据第二节构建的概念模型，本研究运用 AMOS 17.0 软件绘制了初始结构方程路径图（见图 7－8），其中，潜变量用椭圆形表示，显变量用矩形表示，残差项用圆形表示，直接效果或单方向的路径关系用单向箭号表示，相关关系或共变关系用双向箭号表示。初始模型中共有 9 个潜变量和 30 个显变量。其中，信息获取与分享、知识反思与整合、知识运用和组织记忆属于外生潜变量，分别对应 IAS1－IAS4、KII1－KII4、KU1－

KU3、OM1 - OM3 共 12 个外生显变量。人力资本、关系资本、政策制定能力、政策执行能力、政策监控能力属于内生潜变量，分别对应 HC1 - HC4、RC1 - RC4、PMA1 - PMA3、PEA1 - PEA4、PSA1 - PSA3 共 18 个内生显变量。外生变量在模型中不受其他变量的影响，作为其他变量的“因”而存在，其值由外部输入，相当于自变量的概念。内生变量在模型中受其他变量的影响，其值由其他变量决定，相当于因变量的概念。除了潜变量与显变量，模型中还存在 el 至 e30 共 30 个显变量的残余变量和 e31 至 e35 共 5 个潜变量的残差变量，它们的非标准化路径系数值默认为 1，其作用是为了保证模型的验证过程能够成立。

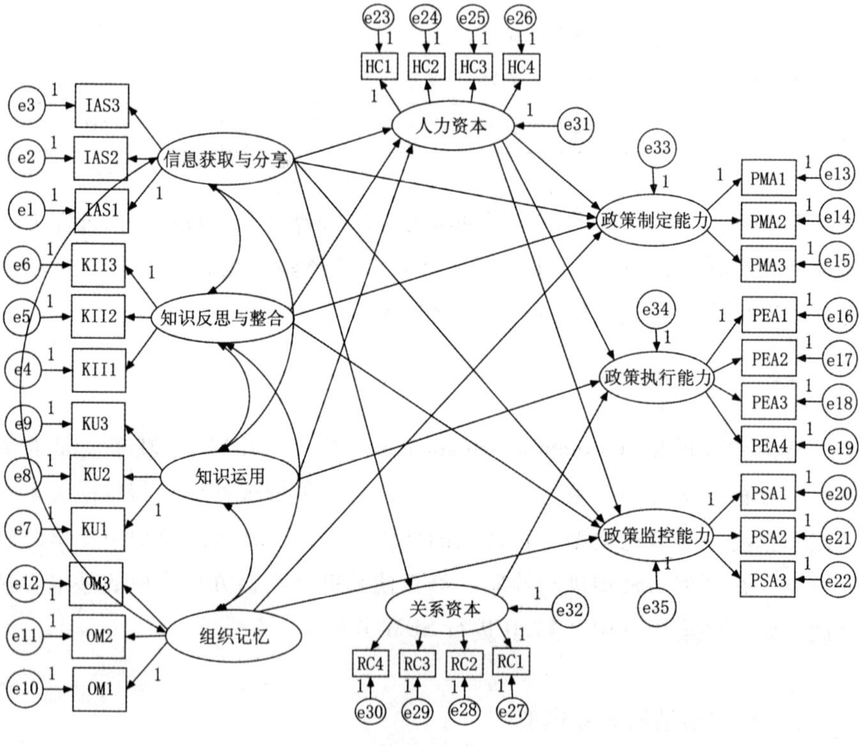

图 7 - 8 初始结构方程模型路径图

通过 Amos Graphics 第一次 Calculate Estimation 计算之后，得到了初始结构方程模型估计的各个系数，表 7 - 13 列出了初始结构方程模型拟合检验结果。

表 7－13　　初始结构方程模型拟合效果

绝对适配度指标	适配的标准或临界值	检验结果数据	模型适配判断
χ^2	p＞0.05（未达显著水平）	908.016 （p＝0.000＜0.05）	否
RMR	＜0.05	0.084	否
RMSEA	＜0.08（若＜0.05 优良； ＜0.08 良好）	0.076	是
GFI	＞0.90 以上	0.803	否
AGFI	＞0.90 以上	0.761	否
增值适配度指标			
NFI	＞0.90 以上	0.875	否
RFI	＞0.90 以上	0.849	否
IFI	＞0.90 以上	0.924	是
TLI	＞0.90 以上	0.913	是
CFI	＞0.90 以上	0.923	是
简约适配度指标			
PGFI	＞0.50 以上	0.663	是
PNFI	＞0.50 以上	0.773	是
PCFI	＞0.50 以上	0.815	是
χ^2 自由度比	＜3.00	2.365	是
AIC	理论模型值小于独立 模型值和饱和模型值	1070.016＞930.000 1070.016＜7334.836	否
CAIC	理论模型值小于独立 模型值和饱和模型值	1432.948＜3013.497 1432.948＜7469.255	是

从表 7－13 的拟合效果来看，在自由度为 384 时，χ^2 在 0.05 的水平上显著，χ^2 自由度比为 2.365，已符合小于 3 的标准。RMSEA、IFI、TLI、CFI 等统计检验量的值已达到适配标准。然而 GFI、AGFI、NFI、RFI 四个统计量的值尚小于 0.90 的适配标准，RMR、AIC 两个统计量也

没有满足适配标准，但差距并不是很大。这表明初始模型的拟合效果尚需要进一步改进，以使之更符合问卷数据所反映的模型。

表7-14列出了初始结构方程模型非标准化的路径系数，从表中可见大部分的路径系数都在 $p \leqslant 0.10$ 的水平上，达到统计显著性水平，但“信息获取与分享→人力资本”、“知识反思与整合→人力资本”、“组织记忆→政策监控能力”这三条路径系数未通过统计显著性检验，与理论预设相反。反映出这三条路径的设置存在一定问题，无法与所得数据内含的关系相匹配。事实上，很少有模型经过一次运算就能够达到完美的拟合效果，其原因一方面包括构建的概念模型本身可能存在问题，另一方面可能是问卷收集数据所带来的偏差。因此，随后需要做的工作就是通过微调初始模型，使各项指标逐渐接近甚至达到理想状态。

表7-14　　初始结构方程模型非标准化路径系数

			Estimate	S. E.	C. R.	P
信息获取与分享	→	人力资本	.364	.161	1.174	.240
知识反思与整合	→	人力资本	.190	.121	1.084	.278
知识运用	→	人力资本	.388	.055	1.195	.056
信息获取与分享	→	关系资本	.684	.062	7.011	***
信息获取与分享	→	政策制定能力	.187	.048	1.708	.088
知识反思与整合	→	政策制定能力	.594	.063	1.685	.092
组织记忆	→	政策制定能力	.283	.038	2.632	.027
知识运用	→	政策执行能力	.283	.042	4.232	***
信息获取与分享	→	政策监控能力	.848	.095	1.910	.056
知识反思与整合	→	政策监控能力	.637	.127	1.877	.061
组织记忆	→	政策监控能力	.437	.148	1.012	.312
人力资本	→	政策制定能力	.130	.044	5.264	***
人力资本	→	政策执行能力	.652	.082	6.218	***
人力资本	→	政策监控能力	.747	.084	6.155	***
关系资本	→	政策执行能力	.374	.078	4.776	***

注：*** 表示 $p < 0.001$。

（二）结构方程模型的修正

由于所构建的初始结构方程模型可能存在一些问题，因此需要对其进行修正。AMOS 软件不仅给出了模型的检验结果，同时还给出了修正指标（modification indices）。某些变量的修正指标比较大，说明原来假设的模型没有考虑这几个变量的共变关系，使得路径分析的条件无法达到，需要对模型做出修正，主要是增加残差项之间的共变关系。然而，这些修正指标并非全部具有理论意义，某些修正指标甚至本身就是违背模型构建原则的，比如测量指标误差项对其他潜变量的影响路径。所以，AMOS 提供的修正指标仅为模型调整提供了一种可供参考的选项，更重要的是要有理论上的依据。

由于政策的监控是针对政策执行过程中出现的问题和偏差进行的监督与控制，因而政策执行能力较差的基层政府，很难让人相信其具有较强的政策监控能力。综合考虑 AMOS 提供的修正指标以及初始结构方程模型的路径系数，研究者决定增加“政策执行能力→政策监控能力”的影响路径，并增列残差项 e7 与残差项 e8、残差项 e24 与残差项 e25、残差项 e31 与残差项 e32 之间的共变关系，导入 SPSS18.0 统计软件包中相应数据并重新进行运算，运算结果如图 7－9、表 7－15 及表 7－16 所示。

从表 7－15 可见，修正之后模型的拟合效果有了明显的提升。具体而言，RMR 值由 0.084 降为 0.055，基本达到了适配的标准；IFI、TLI、CFI 的值分别为 0.950、0.942、0.950，已明显高于 0.90 的临界值；NFI 值提升到 0.90，GFI 值提升到 0.909，达到了适配标准；AGFI、RFI 的值分别为 0.893、0.886，虽还未达到 0.90 的临界值，但已非常接近了。在适配度指标中，只有卡方值仍然高度显著，未达显著水平的适配要求。但正如前面所指出的，在样本量很大的情况下，卡方值并不适合作为判断模型适配的主要标准，而且模型修正后，卡方值 χ^2 由初始模型的 908.016 下降到 724.658，χ^2 自由比也由初始模型的 2.365 下降为 1.907。综合上文提到的指标适配情况，可以认为目前的结构方程模型已达到了较好的拟合优度，与实际数据具有良好的适配度。

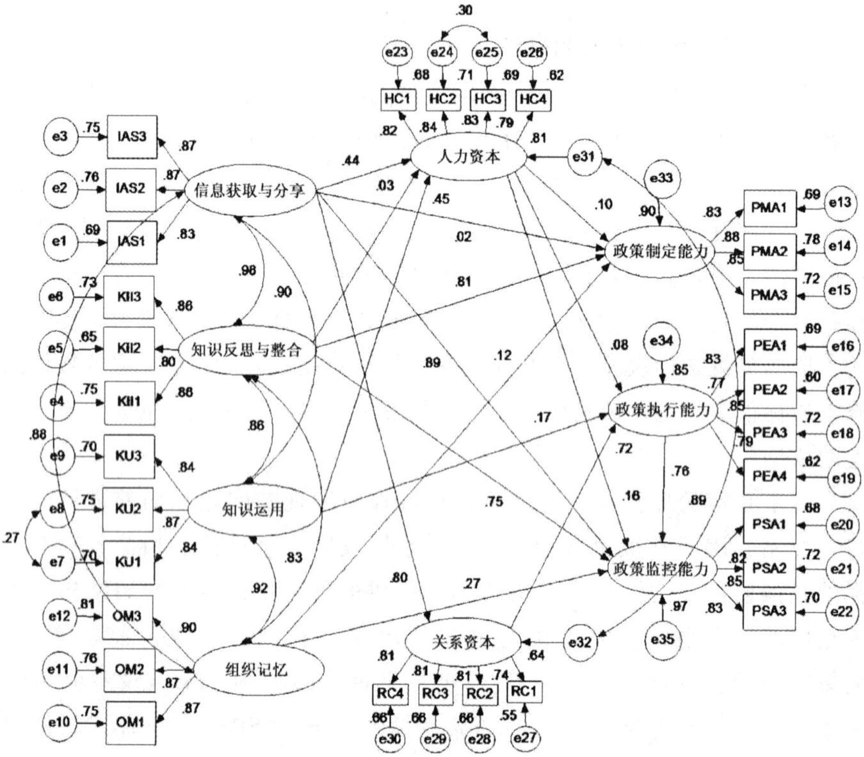

图 7-9 修正后的结构方程模型路径系数图

表 7-15 修正后的结构方程模型拟合效果

绝对适配度指标	适配的标准或临界值	检验结果数据	模型适配判断
χ^2	p>0.05（未达显著水平）	724.658（p=0.000<0.05）	否
RMR	<0.05	0.055	基本达到
RMSEA	<0.08（若<0.05 优良；<0.08 良好）	0.076	是
GFI	>0.90 以上	0.909	是
AGFI	>0.90 以上	0.893	基本达到
增值适配度指标			
NFI	>0.90 以上	0.900	是
RFI	>0.90 以上	0.886	基本达到

续表

增值适配度指标	适配的标准或临界值	检验结果数据	模型适配判断
IFI	>0.90 以上	0.950	是
TLI	>0.90 以上	0.942	是
CFI	>0.90 以上	0.950	是
简约适配度指标			
PGFI	>0.50 以上	0.686	是
PNFI	>0.50 以上	0.787	是
PCFI	>0.50 以上	0.830	是
χ^2 自由度比	<3.00	1.907	是
AIC	理论模型值小于独立模型值和饱和模型值	894.658 <930.000 1070.016 <7334.836	是
CAIC	理论模型值小于独立模型值和饱和模型值	1275.513 <3013.497 1432.948 <7469.255	是

表 7－16 列出了修正之后结构方程模型的非标准化路径系数，从表中可见，目前模型中所有的路径系数均在 $p \leq 0.10$ 的水平上达到统计显著性水平。综上所述，模型经过修正后，各项拟合指标均已基本符合适配标准，并且较初始模型整体拟合优度有了大幅改善，也更具有理论依据和现实意义。因此，本研究将再次修正后的模型确定为最终的结构方程模型。

表 7－16　　修正后结构方程模型非标准化路径系数

			Estimate	S. E.	C. R.	P
信息获取与分享	→	人力资本	.491	.084	2.669	.008
知识反思与整合	→	人力资本	.038	.091	2.253	.024
知识运用	→	人力资本	.490	.040	2.993	.003
信息获取与分享	→	关系资本	.649	.060	8.841	***
信息获取与分享	→	政策制定能力	.020	.099	1.775	.060
知识反思与整合	→	政策制定能力	.851	.054	3.271	.023
组织记忆	→	政策制定能力	.114	.056	2.671	.035

续表

			Estimate	S. E.	C. R.	P
知识运用	→	政策执行能力	.145	.064	3.541	.028
信息获取与分享	→	政策监控能力	.768	.093	1.591	.082
知识反思与整合	→	政策监控能力	.619	.072	1.981	.044
组织记忆	→	政策监控能力	.288	.107	1.530	.106
人力资本	→	政策制定能力	.150	.045	7.249	***
人力资本	→	政策执行能力	.080	.100	1.802	.088
人力资本	→	政策监控能力	.167	.057	1.903	.056
关系资本	→	政策执行能力	.780	.061	4.843	***
政策执行能力	→	政策监控能力	.739	.033	6.005	***

注：*** 表示 $p < 0.001$。

（三）假设检验与结果讨论

根据结构方程模型的整体拟合情况及各潜变量之间路径系数的统计检验结果，便可判断研究假设的成立与否。表 7－17 列出了本研究中所有假设的检验情况，总的来看研究假设普遍得到了支持，在修正过程中新增的假设"政策执行能力对政策监控能力有显著正向影响"也得到证实。

表 7－17　假设检验结果汇总

假设	假设内容	检验情况
H_{1a}	政府行动学习中信息获取与分享对政策制定能力有显著正向影响	是
H_{1b}	政府行动学习中信息获取与分享对政策监控能力有显著正向影响	是
H_{1c}	政府行动学习中知识反思与整合对政策制定能力有显著正向影响	是
H_{1d}	政府行动学习中知识反思与整合对政策监控能力有显著正向影响	是
H_{1e}	政府行动学习中知识运用对政策执行能力有显著正向影响	是
H_{1f}	政府行动学习中组织记忆对政策制定能力有显著正向影响	是
H_{1g}	政府行动学习中的组织记忆对政策监控能力有显著正向的影响	是
H_{2a}	政府行动学习中信息获取与分享对政府人力资本有显著正向影响	是
H_{2b}	政府行动学习中知识反思与整合对政府人力资本有显著正向影响	是

续表

假设	假设内容	检验情况
H_{2c}	政府行动学习中知识运用对政府人力资本有显著正向影响	是
H_{2d}	政府行动学习中信息获取与分享对政府关系资本有显著正向影响	是
H_{3a}	政府人力资本对政策制定能力有显著正向影响	是
H_{3b}	政府人力资本对政策执行能力有显著正向影响	是
H_{3c}	政府人力资本对政策监控能力有显著正向影响	是
H_{3d}	政府关系资本对政策执行能力有显著正向影响	是
新增假设	政策执行能力对政策监控能力有显著正向影响	是

表 7－18 是在 AMOS 输出的运算结果基础上整理而成的潜变量间影响路径各项效果值的一览表，表中的效果值均为标准化的估计值。从表中可见，所有影响路径可归纳为三大类，即“政府行动学习→政府智力资本”、“政府智力资本→政府治理能力”、“政府行动学习→政府治理能力”。

表 7－18　　潜变量间影响路径效果值一览表

路　　径	直接效果	间接效果	总效果值
政府行动学习→政府智力资本			
信息获取与分享→人力资本	0.44	—	0.44
知识反思与整合 →人力资本	0.03	—	0.03
知识运用→人力资本	0.45	—	0.45
信息获取与分享→关系资本	0.80	—	0.80
政府智力资本→政府治理能力			
人力资本→政策制定能力	0.10	—	0.10
人力资本→政策执行能力	0.08	—	0.08
人力资本→政策监控能力	0.16	—	0.16
关系资本→政策执行能力	0.72	—	0.72
关系资本→政策监控能力	—	0.55	0.55

续表

路　　径	直接效果	间接效果	总效果值
政府行动学习→政府治理能力			
信息获取与分享→政策制定能力	0.02	0.044	0.064
信息获取与分享→政策执行能力	—	0.576	0.576
信息获取与分享→政策监控能力	0.89	0.44	1.33
知识反思与整合→政策制定能力	0.81	0.003	0.813
知识反思与整合→政策监控能力	0.75	0.005	0.755
知识运用→政策执行能力	0.17	0.036	0.206
知识运用→政策监控能力	—	0.157	0.157
组织记忆→政策制定能力	0.12	—	0.12
组织记忆→政策监控能力	0.27	—	0.27
政府治理能力内部			
政策执行能力→政策监控能力	0.76	—	0.76

从“政府行动学习→政府智力资本”的影响路径来看，信息获取与分享、知识反思与整合、知识运用对人力资本都产生了显著影响。其中，知识运用对人力资本的直接影响系数最大，为0.45，即知识运用的水平每提高1个单位，人力资本将提升0.45个单位。信息获取与分享对人力资本的直接影响系数也较大，为0.44。而知识反思与整合对人力资本产生的直接影响很小，仅为0.03，这很可能是由于在龙州政府行动学习的开展中，学习小组内部没有形成民主决策、畅所欲言的氛围，催化师也未能有效引导小组成员突破陈规、突破以往的心智模式，对过去工作中存在的问题和失误进行深入反思，从而导致行动学习中知识反思与整合的质量不高，进而对人力资本的影响较小。此外，信息获取与分享也对关系资本产生了较为显著的正向直接影响，影响系数为0.80，证实了前文作出的假设，即信息获取与分享能够促进多元化的决策主体间实现信息的沟通与交流，进而推动政府组织内部、政府与企业、政府与公众间形成相互信任与合作的关系。

从“政府智力资本→政府治理能力”的影响路径来看，人力资本对政策制定能力、政策执行能力和政策监控能力均产生了显著的正向直接影响，但影响系数并不大。关系资本对政策执行能力也产生了较强的直接正向影响，影响系数为 0.72，由此也证实了前文给出的假设，即政府组织拥有丰富的关系资本，有利于获得企业、公众等主体对政策的认可、支持与配合，进而促进政策顺利执行。此外，关系资本还能通过政策执行能力的中介作用对政策监控能力产生正向的间接影响，影响系数为 0.55。

从“政府行动学习→政府治理能力”的影响路径来看，信息获取与分享对政策制定能力的直接影响与间接影响都较小。但是信息获取与分享通过关系资本的中介作用对政策执行能力产生了较为明显的间接影响，间接影响系数达到 0.576。信息获取与分享对政策监控能力也产生了强有力的直接影响，影响系数达到 0.89。同时，刚刚提到，信息获取与分享可以通过关系资本的中介作用对政策执行能力产生正向影响，而政策执行能力被证实也能直接影响政策监控能力，因而信息获取与分享能够通过“信息获取与分享→关系资本→政策执行能力→政策监控能力”的影响路径对政策监控能力产生较强的间接影响，间接影响强度达 0.44。也就是说，在行动学习中，信息获取与分享能够通过直接和间接作用对政策监控能力产生的正向影响系数高达 1.33，信息获取与分享的水平每提升 1 个单位，政策监控能力将提升 1.33 个单位。知识的反思与整合对政策制定能力和政策监控能力的影响以直接影响为主，影响强度也较大，系数分别为 0.81 和 0.75。知识运用对政策执行能力的影响也以直接影响为主，影响强度系数为 0.17，并通过政策执行能力对政策监控能力产生较强的间接影响。组织记忆对政策制定能力和政策监控能力的影响均为直接影响，影响系数分别为 0.12 和 0.27。

上述研究结果表明，行动学习通过信息获取与分享、知识反思与整合、知识应用、组织记忆的过程，尤其是信息获取与分享、知识反思与整合，不仅能够对政策制定能力、政策执行能力和政策监控能力产生正向的直接影响，还能通过政府智力资本尤其是关系资本的中介作用，间接对政策制定能力、政策执行能力和政策监控能力产生正向影响，从而促进县域治理能力的整体提升。

第八章

龙州行动学习的突破路径与未来设计

自 2012 年开展行动学习以来，龙州县在广西壮族自治区率先实现了行动学习的全县推广，经过理论与实践的检验发现，行动学习有效地提升了龙州政府的治理能力，大大推动了龙州经济社会的发展。行动学习的理念已逐步融入龙州党政工作中，行动学习的成果也得到龙州百姓的肯定。

面临国家加快沿边地区开发开放战略、“一带一路”总体部署、打造中国—东盟自贸区升级版、构建我国西南中南开放发展新的战略支点和自治区深入实施“双核驱动、三区统筹”战略等叠加机遇，龙州县提出了“十三五”时期，大力实施“富民兴边、生态立县、贸工强县、旅游旺县、文化兴县”的发展战略，努力建成“东盟商务港、产业桥头堡、生态长寿乡、富裕边关城”的发展方向，全面建成口岸经济大县、特色旅游名县的发展目标。上述战略目标的实现，依赖于龙州立足新形势、抓住新机遇，继续深入开展行动学习，及时发现和解决经济社会治理中的难题。今后，龙州应全面系统地总结以往行动学习实践的经验和不足，在制度保障、公民参与、人才培训、标杆激励、信息系统建设、绩效评估等方面重点突破，推动行动学习的规范化与常态化，着力打造地方政府治理模式的升级版，着力推进县域治理能力的全面提升！

第一节
强化行动学习的制度保障体系

行动学习的制度化建设就是在现行法律框架和体制范围内，对行动学习的内容、过程、途径等作出明确的规定，使其可以按一定的程序进行操作，并用法律的形式固定下来，依靠法制加以确认和保障。在广西壮族自治区，龙州县率先在全县范围内推广行动学习。对龙州各行动学习小组成员的访谈调查也表明，龙州政府公务人员普遍认为行动学习转变了工作作风，更新了工作观念，实现了工作学习后、学习工作后，基本都赞同行动学习这种新的工作机制，并希望未来能够继续开展行动学习。这显然为龙州行动学习的制度化提供了较为坚实的民意基础与实践基础。

一、制度建设的理论指引：新制度主义

政治学作为一门独立的学科出现以后，对制度的研究和分析曾一度是整个学科的核心。从政治学说史的角度看，政治学研究中的制度传统更为久远，亚里士多德对城邦制度的研究，开启了政治学制度研究的先河，直至19世纪和20世纪前期，制度分析在西方政治学中始终占据主流地位。彼特斯（Guye Petsr）在《政治科学中的制度理论》一书中，将传统政治学的制度研究特征概括为律法尊重主义、结构主义、整体主义、历史相对论和规范分析。

20世纪50年代的行为主义革命改变了政治学研究中的制度传统，政治制度的重要性日益降低。然而行为主义政治学自身的缺陷使其成为政治学史上的昙花一现。1969年，戴维·伊斯顿在美国政治学年会上以“政治学的新革命”为题的发言，宣告了行为主义政治学走向衰落。

正是在这种背景下，新制度主义政治学在批判行为主义政治学的基础上产生了，它反对把个体行为作为政治学研究的中心，重视制度在政治生活中的作用。最早提出“新制度主义政治学”这一概念的美国学者马奇和奥尔森指出：“制度乃是组织中的行为规则、常规和全部程序。政治制

度是相互联系的规则和常规的集合，它们决定着与角色和处境相适应的适当行动。”[①] 美国政治学家亨廷顿（1988）也指出：“所谓制度，是指稳定的、受到尊重的和不断重现的行为模式，制度化是组织与程序获得价值和稳定性的过程。”[②] 我国学者也指出，当今世界国家与地区间的竞争，最终取决于制度的竞争（张紧跟，2010），一个国家的经济社会发展速度与它的制度设计的合理与否有很大关系，制度的差距反映了经济社会发展的差异（丁伟忠，2003）。

制度带有根本性、全局性、稳定性和长期性，制度塑造甚至决定人的行为，对制度的研究将具有永恒的生命力。随着大量公共治理问题的出现，我们必须积极探索实现地方政府治理的制度创新。在地方政府治理的道路上，根本就不存在万能的单一治理机制，不应去寻求一种唯一正确的治理模式，而应关注各种可能的治理模式，对经过实践检验确属比较成熟的做法和经验，要在总结完善的基础上固定下来，及时转化为制度，从制度上解决政府治理创新的动力问题。

二、突破路径与未来设计：法制化与规范化

（一）行动学习的法制化

法律是治国之重器，法治是国家治理体系和治理能力的重要依托。党的十八大提出，法治是治国理政的基本方式，要加快建设社会主义法治国家，全面推进依法治国。当下迫切需要为龙州行动学习赋予法律效力，用法律的形式将其经验固定下来，将行动学习纳入法制化轨道。

虽然县级人大不具有立法权，但却拥有宪法和地方组织法赋予地方人大常委会的一项重要职权——重大事项决定权。《中华人民共和国宪法》第一百零四条规定：“县级以上的地方各级人民代表大会常务委员会讨论、决定本行政区域内各方面工作的重大事项”。《中华人民共和国地方各级人民代表大会和地方各级人民政府组织法》第四十四条规定：县级以上地方各级人民代表大会常务委员会“讨论、决定本行政区域内的政治、经济、教育、科学、文化、卫生、环境和资源保护、民政、民族等工

---

① 转引自凯尔布尔. 政治学和社会学中的“新制度学派”［J］. 现代外国哲学社会科学文摘，1996（3）.

② 塞缪尔·P. 亨廷顿：《变动社会的政治秩序》［M］，张岱云等译，上海：上海译文出版社，1988：35。

作的重大事项”。中共十八大与十八届三中全会都提出，要健全重大决策社会稳定风险评估机制。这是党和政府加强创新社会治理，维护群众权益的重要举措。为贯彻落实这一精神，建议龙州县各级党政领导机关对凡是直接关系人民群众切身利益且涉及面广、容易影响社会稳定的重大事项，都要首先采用行动学习法开展咨询论证。

建议由龙州县政府提出《建立健全龙州县重大决策的行动学习机制的建议》议案，提交龙州县人大常委会会议听取审议，并通过相关决定。通过县人大常委会重大事项决定通过的途径，对龙州县政府部门的行动学习作出具有法律效力的决定，使行动学习成为对龙州县政府的法定要求。

（二）优化行动学习方案

建议龙州县政府、十大工作组、县直机构及各乡镇对现有的行动学习方案进行更新完善，增强行动学习方案的可操作性，使之成为开展行动学习的指南，推动龙州行动学习的规范化、程序化。一方面，要进一步细化、明确行动学习的实施程序，包括行动学习项目的选择、行动学习小组成员的确定、行动学习前期的调研考察、行动学习讨论会的开展流程、行动方案的实际执行及行动方案执行效果评估。另一方面，还要全面推进行动学习的各项配套制度建设，如行动学习的经费保障制度、绩效评估机制、奖惩激励机制和成果宣传机制，进一步规范行动学习的相关工作。

（三）完善行动学习机构

行动学习的制度化还表现为相关机构的建立完善。2012 年行动学习开展以来，龙州也组建了相应的行动学习组织机构，成立了以县委书记为组长的领导小组，领导小组下设推动小组和项目执行办公室。龙州县行动学习领导小组的职责主要包括：①审议、通过行动学习项目工作；②统一领导全县行动学习实施工作；③审议、决定县行动学习推进过程中的重大事项，协调解决有关问题。下一阶段要继续完善龙州行动学习的组织机构，除了继续发挥龙州县行动学习领导小组以往在行动学习推进过程中的统筹指导功能外，还要强化领导小组对全县行动学习的信息宣传、绩效评估及监督检查的功能。首先要加强对全县各部门行动学习相关信息的汇总，加大行动学习的对外宣传；其次，组织开展对县十大工作组、县直单位和乡镇行动学习的绩效评估，并对绩效评估结果进行汇总排名；最后，对一些部门或乡镇开展不定期的检查，督促各单位行动学习的规范性，核实行动学习信息的准确性、真实性。

第二节 探索行动学习的公众参与方式

党的十八届三中全会通过的《决定》提出“更加注重健全民主制度、丰富民主形式，从各层次各领域扩大公民有序政治参与，充分发挥我国社会主义政治制度优越性”，“在党的领导下，以经济社会发展重大问题和涉及群众切身利益的实际问题为内容，在全社会开展广泛协商，坚持协商于决策之前和决策实施之中”，既是规定了应当在全社会开展广泛协商的任务，也明确了“坚持协商于决策之前和决策实施之中”的具体要求。公民的有序政治参与也有一个学习和实践的过程，而且，政治参与的有序性只有在参与的过程中才能实现[①]。在国家治理体系建设的背景下，积极探索龙州政府行动学习的公众参与方式也是践行治理理念，是提升地方治理能力的重要路径。

一、公众参与的理论基础：协商民主理论

协商民主最初是作为一种决策机制而提出，即认为所有受到政策影响的公民或其代表都应该能够参与集体决策。随着集体决策过程中的协商模式被运用于政治生活领域后，协商民主又成为一种民主治理模式，即自由和平等的公民在公共利益的导向下，通过对话、商谈、讨论等形式达成共识并最终形成具有约束力的公共政策过程。协商民主与传统民主在参与上的最重要区别在于：传统的民主模式让公众参与决定选择某个既定的选择项，而协商民主则是公众参与政府运作的整个过程。在协商民主中，公民与政府是协商合作的关系。瓦拉德斯（2001）认为，“协商民主是一种具有巨大潜能的民主治理形式，它能够有效回应不同文化间对话和多元文化

① 汤啸天.畅通公民有序政治参与的机制［N］.法制日报，2014－02－19.

社会认知的某些核心问题。它尤其强调对于公共利益的责任，促进政治话语的相互理解，辨别所有政治意愿，以及支持那些对所有人需求与利益的具有集体约束力的政策。”① 公民具有选择特定决策的权利，然而可供选择决策的决定也应该由社会各利益团体协商决定，也就是说任何公共政策都是在最广范围公民及公民组织的平等参与和磋商的条件下产生的。协商民主强调公民加入共同体中，通过理性对话、平等交流参与公共事务活动，以此培育公民的责任心，培育公民精神，完善公民美德，提升民主品质，从而弥补和克服自由民主的不足，这为公众参与提供了理论基础。

公众参与，是指公民为了实现自身或公共利益以合法有效的途径直接或间接影响公共政策和公共生活的过程。政府行动学习是提升地方政府治理能力的重要途径。民主治理是现代国家治理体系的本质特征，是区别于传统国家治理体系的根本所在（俞可平，2014）。因此，行动学习的公众参与能够有效提升政府决策的科学化和民主化，是其中的应有之义。

二、突破路径与未来设计：全过程的公众参与

行动学习的公众参与是公众参政议政、民主协商的重要载体和有效途径。当前，在龙州县政府行动学习的过程中，跨部门的相互协作发挥了较为突出的作用，然而行动学习公众参与的范围和力度都非常小。政府行动学习本身并不是目的，而是为了有效解决具有重要现实意义的工作难题，最大限度地保障公众的切身利益。公民作为政府公共决策的最终受体与公共服务的对象，对政府治理过程中存在的关键问题有深切了解。如果公民对行动学习的参与只限于部分环节，那么公民的实际需求就不能真正、完全地反映出来，公众参与就不能产生实际的影响和作用，公众参与就失去了本来的意义。因此，要实现龙州县政府决策的民主化、科学化，必须提高公民对政府行动学习的参与度，实现公众对政府行动学习的全程参与。

（一）公众参与行动学习选题

选题是政府行动学习的关键第一步。当前龙州政府行动学习过程中，

① 瓦尔德斯．多元文化社会中的协商民主、政治合法性和自我民主［M］．北京：商务印书馆，2001：30．

行动学习项目主要围绕上级安排的中心工作来确定，一般以领导关注为主，也就是说，龙州行动学习项目的产生方式仍然是自上而下的，面向公众需求的选题较少。今后，龙州各级行动学习小组一方面要深入基层走访调研，及时掌握群众关注的热点、难点问题，更全面深入地把握民情民意；另一方面，行动学习小组可面向公众征集行动学习的项目选题，扩大公众对行动学习项目选择的参与程度，提升行动学习项目的针对性和现实意义。

（二）公众参与行动学习研讨会

行动学习项目确定后，行动学习小组需要在现状分析的基础上，对项目当前存在的问题进行诊断、探寻其产生原因，并寻找出有效的解决方案。为保障行动学习的效果和质量，促进政府决策的科学化、民主化，行动学习小组应结合选题，对小组成员构成进行适当调整，吸纳与该选题利益相关的公众代表加入行动学习小组，参与行动学习的具体开展。通过公众的参与，行动学习小组能够全面了解所选议题存在的最真实的问题，深入透析源于政府部门的问题成因，并帮助提出更具现实性和可操作性的问题解决方案，最大限度地提升公众对行动学习成果的认可度和支持度。

（三）行动学习进展面向公众公开

党的十八届三中全会通过的《决定》提出：“坚持以公开为常态、不公开为例外原则，推进决策公开、执行公开、管理公开、服务公开、结果公开。”这表明，政务公开不是政府可以自由选择的权力，而是对社会公众应尽的义务。政务公开，就是以有效的制度安排，保障人民群众对政府行使权力的内容、程序和过程享有知情权、参与权、表达权、监督权。全面推进行动学习进展的信息公开，有利于让公众更主动、更有效、更方便地参与政府工作；有利于公众通过事前了解、事中参与、事后监督等多种手段监督行动学习的有效开展；也有利于增强政府行动学习小组高效服务的自觉性和责任感（高虎城，2014）。

第三节
优化行动学习的人才培训方案

一、人才培训的理论依据：人力资本理论

20 世纪 60 年代，美国经济学家舒尔茨第一次明确地阐述了人力资本理论的概念与性质、人力资本投资的内容与途径、人力资本再经济增长中的作用等思想，开启了现代人力资本理论研究的浪潮。他认为，人力资本是体现在劳动者身上，通过投资形式并由劳动者的知识、技能和体力构成的资本，是影响现代经济增长的最重要因素。① 其中，教育培训被认为是人力资本投资的关键途径之一，舒尔茨还曾测算过，在 1929—1957 年间，教育投资对美国经济增长的贡献率高达 33%②。

其实，早在 20 世纪初，人才培训对人力资本形成的重要性就已引起学者的重视。科学管理之父——弗雷德里克·泰勒就曾提出科学管理的原则，“科学地挑选工人，并对他们进行培训、教育和使之成长”。著名的政治学家马克思·韦伯，曾提出理想的“官僚行政组织模式”，认为在理想的官僚行政组织中，职务工作的开展要以深入的专业培训为前提，员工必须经过正规培训才能获得良好的组织绩效。

同样，在公共部门人力资源管理中，培训与开发担当着十分重要的职责，它不仅是公共组织人力资源开发的重要手段，而且也是组织战略管理的重要部分，关系到公共部门的公职人员队伍素质和能力的提升，关系到为社会提供公共服务的质量和水平。尤其是在推动国家治理能力现代化的背景下，这一全新改革理念的运作与落实需要一支庞大的有改革开拓思想的和创新观念的干部队伍，尤其需要加强对行政人员教育培训，大力提升他们的素质和能力。

---

① ［美］西奥多·W. 舒尔茨. 论人力资本投资［M］. 北京：北京经济学院出版社，1990：13 - 163.

② ［美］西奥多·W. 舒尔茨. 人力资本投资——教育和研究的作用［M］. 北京：商务印书馆，1990：31 - 55.

行动学习是提升地方政府治理能力的关键路径，但行动学习本身作为发源于企业的组织学习方式，对政府部门来说还是新鲜事物。龙州县委、县政府迫切需要完善当前行动学习的培训体系，使行动学习的理念深深根植于政府组织文化，内化于干部的日常工作中。

二、突破路径与未来设计：多层次的行动学习培训方案

一直以来，在干部人事制度改革中，培训这一环节的改革普遍相对滞后。2012 年龙州县政府行动学习开展以来，针对全县公务员队伍也进行了一系列的培训，但由于培训方案缺乏针对性、培训覆盖面不均衡等原因，龙州行动学习的效果不是很理想，行动学习的理念、内涵尚没有被真正掌握，行动学习的开展水平参差不齐。为了深入推进龙州行动学习的开展，完善行动学习的培训方案，壮大行动学习的人才队伍，为行动学习的有效运行提供强有力的人才支撑。

（一）培育一支优秀的行动学习催化师团队

行动学习的成功需要组织有一批专业的催化师队伍，他们运用专业的促动技巧，协助组织提升个人及团队绩效，通过开发组织内部潜能而解决问题，促进组织发展。催化师的职责体现在催化师对行动学习的内容中，但必须通过过程的设计和引导，促进参与者思考的严谨性（比如建立在更为客观依据上的思维）以及思考的深度（比如反思自己得出结论的深层假设或心智模式），从而达到行动学习研讨的目的，实现深度学习。

当前，龙州行动学习的催化师大多来由部门内部的领导经过短期的培训即上岗担任，催化技能还不纯熟，在行动学习会议中更多地只是发挥会议组织者的作用，尚难做到穿针引线、画龙点睛、引导参与者畅所欲言。催化师是行动学习的“助产士”，催化师技能的不足往往使得行动学习效果大打折扣。

今后，龙州要首先加大对催化师的培训力度，培育一支优秀的行动学习催化师团队，强化行动学习的智力支撑。一方面，从龙州县委党校选拔一批青年教师，参加广西壮族自治区举办的行动学习催化师培训，或者派遣其出国学习最前沿、最全面的行动学习理论知识及催化核心技能，致力于将党校青年教师培养为行动学习催化师队伍的中坚力量。另一方面，从每个县直单位和乡镇至少抽取 1—2 名公务员，组成龙州行动学习催化师

后备队伍，共同接受党校催化师的集中培训，通过口授、视频、案例分析、小组讨论、角色扮演等多种途径掌握行动学习的集体研讨方法及群策群力的催化方法。

（二）壮大一批深谙行动学习技能的公务员队伍

在调研访谈中，课题组发现，仍然有很多干部由于前期接受行动学习培训时间较短、力度较小，并没有真正掌握行动学习法的理念与方法，没有认清行动学习区别于一般会议讨论的主要优势，故而对行动学习的认识还存在偏见和抵触，仍然把行动学习看作工作之外的负担。今后，龙州县要继续深化对公务员行动学习理论与实践的培训，壮大一批深谙行动学习技能的公务员队伍。

一方面，抓好全县范围内公务员行动学习理论知识的再培训。建议由龙州县委党校教师及催化师团队，合力编著一部专门的行动学习培训教材，编写一套适应于龙州县发展实际的行动学习案例库。催化师团队根据行动学习培训教材和案例库，对全县范围内的公务员进行分批培训，实现公务员队伍行动学习知识的更新与扩充，提升公务员队伍对行动学习的认可度与支持度，促进行动学习理念的内化。

另一方面，龙州县可以将行动学习法与干部教育培训相结合，把“行动学习”融入干部教育培训各大环节，实施“行动学习进课堂”活动，将“行动学习教学法”确立为今后教学的主要教学模式，使行动学习式的培训成为干部教育培训的新常态。

（三）发展一批具有行动学习理念的公众群体

行动学习的公众参与能够提高公众对政策制定与执行过程的认可与支持。实现公众的有序参与，首先依赖于公众参与能力的提升。陈芳、陈振明（2008）曾指出，要扩大地方治理中的公民参与，积极推进公民参与的健康发展，就要引进和应用公众参与的新技术和策略，尤其要强化提高公众参与技术与策略的“软件”投入，开设强化公众参与技术与策略的培训课程。由于行动学习是一种全新的理念，行动学习的公众参与必然以公众具备行动学习技能为前提，因此，龙州行动学习的深化推进还需要发展一批具有行动学习理念的公众群体。

建议龙州县委党校组建行动学习的公众参与技术与策略研究团队，着力保障公众参与行动学习能力与质量的提升。一是印发行动学习宣传册，促进行动学习进群众，实现行动学习理念的落地；二是组织开展面向公众的“行动学习——我为家乡谋发展”的系列大讲堂，由党校教师为公众讲授参与行动学习的基本技能；三是推进行动学习重大项目的公开化，公众可以通过现场旁听或网络直播的形式近距离接触行动学习的实际开展，以便更深入地掌握行动学习的内涵与理念。

第四节 建立行动学习的标杆激励机制

管理学家西蒙曾提出，决策是管理的首要职能。常言道：正确的决策决胜千里，错误的决策南辕北辙。在行动学习过程中，解决方案的制定是行动学习的关键环节，是方案执行的基础，决定着行动的方向。当前，龙州政府行动学习实践中，行动学习小组成员基本都是政府部门的行政人员，因此，行动学习解决方案主要来源于政府组织内部，较难突破固定思维，难以产生具有创新性、开放性和有效性的解决方案。建立行动学习的标杆激励机制，有利于龙州借鉴较为成熟的先进经验，打开思路，拓宽视野，探寻科学合理的解决方案，快速有效地解决经济社会发展中的难题。

一、标杆激励的理论来源：标杆管理理论

标杆管理起源于20世纪70年代末80年代初美国学习日本的运动中，首先是在企业中流行起来的，它最初的定义是指企业将自己的产品、服务和经营管理方式同行业内或其他行业的领袖企业进行比较和衡量，找出自己的不足，学习他人的长处，从而提高自身产品质量和经营管理水平，增强企业竞争力，并最终超越他们（林爱华，2004）[①]。古人提出的“以铜为镜，可正衣冠；以史为镜，可知兴替；以人为镜，可明得失”中，蕴含的就是以“镜”为标杆，发现自身不足，找到改进方向的主要思想。

---

① 林爱华.标杆管理及其对我国政府管理的启示［J］.甘肃行政学院学报，2004（3）.

一般来说，标杆管理活动分为四个阶段。一是计划阶段，主要包括组建项目小组，明确标杆管理目标，确定标杆项目和标杆对象，从而制定资料收集计划。二是资料搜集与分析阶段，主要包括收集标杆对象公开发布的信息；通过调查和实地访问收集标杆对象的一手研究资料；分析收集相关数据，与自身绩效计量相比较，提出最终标杆管理报告。三是实施与调整，根据标杆管理报告，制定详细的行动计划，实施明确的行动并监测进展情况。在组织内部实施最佳实践，并不断对实施结果进行监控和评估，及时作出调整。四是持续改进，标杆管理是持续的管理过程，不是一次性行为，组织通过重新调整标杆，制定和实施持续的绩效改进计划，以不断学习和提高。

标杆管理作为一种学习先进经验的系统、科学、高效的方法，在企业和政府管理中得到了广泛的应用，它与业务流程再造、战略联盟一起并称为 20 世纪 90 年代的三大管理方法创新。在政府部门实施标杆管理，能够为政府组织提供各种已经被实践所证明的、正确的行动计划和方案，有助于组织博采他人之长为自己所用，缩短摸索经验的时间，是提升政府绩效的有效手段。

行动学习的标杆激励是指：行动学习小组针对当前的研究项目，通过参与具有标杆管理性质的最佳实践的搜寻活动，找准自身与最佳实践的差距，激发行动学习小组向最佳实践看齐，不断在交流、互动和追赶过程中获益。

二、突破路径与未来设计：先进经验的学习考察

他山之石，可以攻玉。行动学习的解决方案不可能凭空产生，未来龙州政府行动学习小组要积极挖掘全国范围内相关领域的标杆，寻找最佳实践，充分借鉴外地经验，助力于龙州经济社会的快速发展。结合标杆管理的一般流程，行动学习的标杆激励程序如下：

（一）寻找行动学习标杆

标杆激励的第一步在于标杆的选取，因此，对每个行动学习小组来说，要根据行动学习项目寻找、确定标杆对象：①每位行动学习小组成员围绕行动学习项目，搜索并归纳相关领域的主要做法和先进经验；②行动学习小组汇集小组成员搜寻的信息，采用头脑风暴、矩阵分析、隶属度分

析等技术方法，对诸多方案进行分析、比较，确定具有可复制性、可推广性、符合本县经济社会发展实际的学习标杆；③行动学习小组针对所选标杆，制定出明确的标杆学习计划。

（二）先进经验的学习考察

选定行动学习标杆后，如果小组成员发现仅通过标杆对象公开发布的资料，尚不能完全准确把握标杆实践的关键要件及基本流程，很可能需要对先进经验进行现场观摩和考察学习。

对标杆对象进行参观考察时必须认真对待，不能草草了事。标杆管理不是一种逸闻趣事式的比较分析，也不是行业内的旅游观光。对一个标杆管理对象进行现场调查必须认真对待。首先必须为现场考察作出规划，如拟订在现场考察中所要提出的问题，收集资料的办法，参观小组每个成员在考察过程中所担任的角色，如何回避使受访者感到尴尬的内容，出发前如何与受访者商议日程，如何使受访者了解来访者的简要状况等等。其次是在考察的实施过程中必须注意：如何以专业方式与受访者进行交谈；如何通过自己掌握的资料吸引对方；如何安排适当的间歇时间以便小组成员私下碰头交换信息和感受；如何以礼貌的方式密切与合作伙伴之间的关系等。

（三）先进经验的本地化

先进经验只有与本地的经济社会发展实际相结合，才能获得长久的生命力。①对标杆对象考察结束后，行动学习小组首先要针对先进经验进行系统总结和提炼；②将本地与标杆地的发展条件进行比对，针对先进经验在本地的引入进行 SWOT 分析，从而制定出具有当地特色的先进实践开展方案；③行动学习小组组织相关专家学者和公众代表对本地的先进实践开展方案进行风险评估，并邀请标杆单位的相关负责人座谈交流，对龙州本地先进实践的开展进行指导纠偏。

三、先进标杆案例

浙江是我国经济相对发达的沿海省份，30 年来创造了发展的奇迹，城镇居民人均可支配收入连续 13 年仅次于上海、北京，居全国 31 个省（市、区）第三位，农村居民人均纯收入连续 29 年居全国各省区首位。

浙江一直试验探索、不断创新，以改革促发展，走在改革前沿，积累了丰富的经济发展与改革经验。如在农业发展方面，有浙江安吉县的观光农业，浙江嘉兴、慈溪、义乌土地流转的先进经验；在旅游发展方面，桐庐县依托文化旅游致力打造“中国旅游第一大县”；在商品贸易方面，义乌的小商品市场、电子商务及蓬勃发展的物流业都值得借鉴。浙江在整体推进经济发展的过程中，还抓住社会建设和社会管理中一些重点领域和关键环节，积极探索、大胆实践，初步建立了具有浙江特色的社会管理体系，形成了舟山网格化管理、宁波海曙区社会公共服务平台、三门县食品安全检验检测资源整合工程、慈溪市基层和谐促进会、平湖新居民事务局，温岭民主恳谈会、义乌工会社会化维权机制、金华社会应急联动救助平台、杭州矛盾纠纷民间调解机制及兰溪社会稳定风险评估机制等十大社会治理创新经验。

除了浙江以外，广东、江苏、山东等东部发达地区也积极探索，以改革促发展，积累了丰富的改革经验。结合龙州发展实际，本书主要从现代农业、文化旅游、美丽乡村建设三方面选取了典型样本以供参考。

（一）打造现代农业：德州经验

山东省德州市是传统的农业大市、产粮大市，农业占有重要的基础地位。近年来，德州在农业发展改革上亮出了一套漂亮的“组合拳”，正逐步实现由传统农业向现代农业的华丽转身。2015 年，德州市入选国家第三批现代农业示范区。

1. 加强领导和统筹

为促进德州市现代农业的健康稳定发展，德州市委、市政府把建设现代农业摆在农业农村工作的中心位置，多管齐下，狠抓落实。一是明确责任，完善市、县、乡三级目标责任管理体系。市、县、乡三级签订目标责任书，将粮食生产和现代农业发展目标完成情况列为对各级党委、政府主要负责同志年度重点考核内容，实施“一把手”工程。二是科学规划，完善扶持政策。编制实施德州市国家现代农业示范区粮食产业规划、现代农业示范区循环经济规划；落实粮食高产创建示范方奖励、“渤海粮仓”科技示范工程等稳产增效政策。三是推动财政支农资金整合，发挥资金规模效益。实施小型农田水利重点县、农业综合开发、土地整理和千亿斤粮食生产资金和项目整合，为农业综合生产力水平的提高奠定资金保障。

2. 加强农业基础设施建设

德州市大力加强农业基础设施建设，重点抓土地整治、土壤改良、农田水利建设和新机械、新技术、新品种的推广应用。近5年来，德州"小农水"建设累计投入14.05亿元，建成"旱能浇、涝能排"高标准农田160万亩；耕种收综合机械化水平达90.7%，小麦机收率99.8%，玉米机收率92.8%，良种良法普及率接近100%，保护了广大农民的种田积极性，粮食生产连续11年持续增产，连续10年全省第一，连续5年整建制"亩产过吨粮、总产过百亿斤"。

3. 实施土地规模化集约化经营

随着国家惠农政策力度的不断加大和农村劳动力转移速度的逐步加快，德州市农村土地流转和适度规模经营呈现快速发展态势。发展现代农业必须解决好土地规模化经营问题，依法有序推进土地流转。德州大力推动农村土地产权制度改革，推动土地流转市场化，全面推行土地承包经营权确权登记，激活土地资源要素。目前，德州全市129个乡镇的3766个村开展确权登记工作，占总村数的47.7%。各县市区全部建立县级土地流转服务平台，138个乡镇（街道）成立农村土地流转服务中心，设立了流转服务大厅，每个村聘请了土地流转服务信息员，县、乡、村三级土地流转服务网络日益完善。2014上半年，德州市土地流转总面积达210万亩，占耕地总面积的23.2%。

德州还大力发展家庭农场、农民合作社，推动土地由分散经营向集中经营和规模经营转变。全市共发展农村合作社10477家，入社社员25万户，延伸服务30万户，培育家庭农场484家。

4. 着力培育龙头企业

当前，信息技术的突飞猛进和日趋激烈的市场竞争，使传统农业生产、农耕生活模式遇到前所未有的挑战，小生产与大市场的矛盾十分突出。为解决这一问题，德州大力推行"产加销"一体化发展，实施"龙头企业+基地+农业工人"、"合作社+基地+农民"等多种形式，真正把农民组织起来，搞好农副产品的深加工，抱起团来闯市场，尽可能拉伸产业链条，让农民得实惠。截至目前，德州农产品加工企业发展到1280多家，其中国家级龙头企业17家，省级龙头企业45家，市级龙头企业289家。2013年，规模以上龙头企业实现销售收入3250亿元，成为拉动德州经济发展新的增长极。

（二）做大文化旅游业：桐乡模式

2014 年 11 月，国务院新闻办公室举行发布会正式对外宣布，今后乌镇将作为世界互联网大会的永久性会址。目前，乌镇已成功举办了第 2 届世界互联网大会，极大地提升了乌镇文化旅游的世界知名度和影响力。近些年来乌镇已经逐渐成为国内国际上重要的商务会议举办地，这里不仅保存了古朴的生活，也有接待大型国际会议的基础设施。乌镇成功的背后折射出桐乡市“大旅游”的发展理念。

中共浙江省桐乡市第十三次党代会提出在未来五年把桐乡建设成为“中国旅游第一大县、世界知名旅游城市”的战略目标，坚持政府主导型旅游发展战略，把旅游业作为全市战略性新兴产业，全面推进旅游产业的转型升级。桐乡还提出要“举全市之力”将旅游业打造成最具标志性的产业，力争实现“双十双百双千”目标，即创建“十大景区”、“十大系列旅游”，打造“一百个好景点”、引进“一百位旅游领军人物”，到 2020 年实现一千亿元旅游投入和一千亿元旅游收入。

2013 年，桐乡市获批成为全国旅游综合改革试点县，此举有利于该市旅游事业的发展繁荣。桐乡通过文化旅游业的大发展，带动产业的转型升级，实现旅游国际化与新型工业化、新型农业化和新型城镇化的相互融合，以“大旅游”撬动区域经济再升级。桐乡主要通过“三改”切实推动文化旅游的大发展。

一是建立三级旅游领导体制。市级层面建立四套班子一把手以及市委副书记、常务副市长参加的旅游工作联席会议制度，统筹解决全市旅游业发展中的重大问题；各镇、街道层面成立旅游委员会，书记任主任，并配备专职副主任；旅游资源丰富的村设立旅游办公室，村书记任主任。

二是改革旅游行政管理体制。旅游局改组为旅游委员会，其职能由单纯的景区、饭店、旅行社等核心行业管理转变为统筹协调促进全市旅游和涉旅工作，并由市委书记兼任旅游委员会党工委书记，解决“小马拉大车”的局面。改革旅游行政管理职能：旅游委员会内部设四部一室，分别为规划发展部、营销推广部、行业监管部、产业融合部和办公室。规划发展部由原来单一的负责旅游规划转变为对全市旅游新旧业态的统筹，并协助有关部门开展旅游招商工作；营销推广部由原来的旅游专项营销拓展到城市公共形象的营销推广；行业监管部不仅要对传统旅游核心行业进行监管，还要对产业融合后产生的新业态进行协调和管理。

三是完善投融资体系。大幅度提高旅游发展专项基金，使旅游局“有钱可用”；成立国有旅游投资公司（卢跃东，徐云松，刘晖，2014）。

（三）美丽乡村建设：安吉样本

浙江省安吉县是“中国美丽乡村”建设的先行者，是中国首个生态县，是全国首批生态文明建设试点区，也是我国2012年“联合国人居奖”的唯一获得者。自2008年起，安吉县围绕“一个标准、四个方面、三十六项指标”创新开展美丽乡村创建工作，走出了一条三产联动、城乡融合、农民富裕、生态和谐的符合地方特色的科学发展道路。2010年，安吉县又率先提出将标准化作为指导新农村建设的重要手段，以研制标准、构建体系、实施标准为重点，充分发挥标准化在城乡统筹协调发展和新农村建设中的基础作用。目前，安吉县已入围国家“美丽乡村建设标准化试点”项目，安吉“中国美丽乡村”建设经验已成为制定全国标准的重要依据。

1. 创标准，明确美丽乡村标准化建设方向

安吉县组建了由30余位县内外新农村专家、标准化专家组成的“中国美丽乡村”专家库，并聘请了7名“三农”专家、教授作为专家库顾问，经3年多努力，设计了“中国美丽乡村”标准体系。“中国美丽乡村”标准体系以“一中心、四个面、三十六个点”为元素构成了一个有机整体，“一中心”就是中国美丽乡村总目标，“四个面”就是“村村优美、家家创业、处处和谐、人人幸福”，也就是中国“美丽乡村”创建的四项子目标，“三十六个点”就是三十六项考核指标。整个体系涵盖了各项法律法规及标准、规范近280项。从功能上分为：农村基础设施建设标准体系、环境提升标准体系、服务保障标准体系、产业经营标准体系、公共服务标准体系。

该标准体系包括20项“中国美丽乡村”建设相关标准，并作为安吉县地方标准规范发布实施。其中《户外拓展安全管理与服务规范》已成为市级地方标准规范；《生态村建设规范》、《农村生活污水处理技术规范》已发布为省级地方标准；2014年4月发布实施的《美丽乡村建设规范》，已成为全国首个“中国美丽乡村”省级地方标准。系列标准的出台，使“中国美丽乡村”各环节建设变的“有据可依”，使各环节创建工

作变得简便、易行，创建内容与评价标准通过标准发布形式得以固化，方便了政府对“中国美丽乡村”建设的监督，有利于考核考评的公正、公平。

2. 重实施，实现美丽乡村标准化建设全覆盖

为确保“中国美丽乡村”标准化建设富有成效，安吉县制定出台了《“中国美丽乡村”标准化示范村建设实施方案》、《安吉县建设“中国美丽乡村”考核指标和验收办法》等工作细则，按照“标准化建设，规范化管理”的原则，对照标准体系查找改进空间，同时以点带面做好标准体系的推广、实施、改进工作，以奖代补的政策提高了老百姓对美丽乡村建设的认可度和参与度，并实现12个乡镇全覆盖。

一是通过大力实施以“垃圾处理、卫生改厕、污水治理和村庄绿化”等内容的《中国美丽乡村村庄、社区环境及公共卫生通用要求》，乡村环境有效提升。二是通过乡村旅游发展及高效生态农业发展的标准化建设，推动乡村产业蓬勃发展。三是通过加大农村社区公共服务设施建设，推进农村公共服务规范化、均等化供给。四是通过制定实施《中国美丽乡村村落文化展示馆建设与服务规范》，保护和弘扬乡村文化。五是通过制定实施《中国美丽乡村村务管理规范》，推动农村工作的标准化、规范化、信息化、透明化。

3. 严监管，推动美丽乡村标准化建设可持续

“中国美丽乡村”标准体系中包括《美丽乡村考核指标与验收规则》、《安吉县中国美丽乡村长效管理规范》，安吉县严格按照标准内容进行考核和监管，实现了“中国美丽乡村”标准化建设可持续发展，摆脱以往“搞了好、好了停、停了乱、乱了再搞”这样一个不良循环的局面。

一是抓骨干培训，提升服务指导能力。邀请浙江省标准化研究院的专家，对“中国美丽乡村”国家标准化示范区创建工作领导小组成员单位及全县各乡镇（街道）负责人进行专项培训。同时，召开安吉县县委中心理论学习会，组织全县领导干部学习“中国美丽乡村”标准化建设知识。二是抓基层培训，促进标准走村入户。组织全县各个行政村（社区）负责人参加“中国美丽乡村”标准化培训，采取现场演示、现场答疑等方式，结合有奖问答和网络知识竞赛，进一步加深基层实施人员对“中国美丽乡村”标准化知识的掌握度。三是抓宣传造势，营造标准化建设氛围。通过报刊、电视等媒体以及城市大屏幕、各村（社区）电子屏幕、

宣传栏、重要交通沿线高炮等平台进行广泛的“中国美丽乡村”标准化宣传，提升美丽乡村标准化建设的知晓率，使其深入人心。

第五节 推进行动学习的信息系统建设

一、信息系统建设的战略指引：政务信息化

2012 年 4 月 18 日，国务院正式批复了国家发改委组织编制的《“十二五”国家政务信息化工程建设规划》（以下简称《规划》）。批复意见强调指出，要加快推进国家政务信息化工程建设，加强顶层设计，坚持需求主导，强化信息共享、业务协同和互联互通，突出建设效能。《规划》是继《国家信息化领导小组关于我国电子政务建设指导意见》、《国家信息化领导小组关于推进国家电子政务网络建设的意见》和《2006—2020年国家信息化发展战略》之后，全面指导我国政务信息化和国家信息化基础设施建设深入发展的又一份重要文件。党的十八届四中全会出台的《中共中央关于全面推进依法治国若干重大问题的决定》中强调，全面推进政务公开，坚持以公开为常态、不公开为例外原则，推进决策公开、执行公开、管理公开、服务公开、结果公开，推进政务公开信息化，加强互联网政务信息数据服务平台和便民服务平台建设。政策导向的相继出台，可以看出党和国家对加强政务信息化建设的重视日益加深。随着信息化与工业化、城镇化、农业现代化并举提升至国家发展战略的高度，政务信息化作为我国信息化建设的重要组成部分，也必将逐渐成为政府治理的新常态。

政务信息化就是将现代信息技术全面应用到政府的行政管理领域，从而提高政府的办公效率，改善决策，增强政府的管理透明度，实现为民众服务与沟通的现代管理模式。政务信息化的核心作用就是推广应用信息技术改造和提升传统的政务工作流程，促进政府职能结构的调整升级。从理论上讲，利用先进的信息技术电子政务可以在很大程度上提高政府的办事效率，更好地向公民传递各种服务，促进公民与政府部门之间的交流，从

而提高政府部门的公信力（杨雅芬、李广建，2014）。

二、突破路径与未来设计：行动学习的智能化实现

在对龙州县行动学习进行调研访谈和现场观摩后，我们发现龙州行动学习开展方式还停留在高成本、低效率的原始阶段。例如，大多数单位在行动学习过程中采用头脑风暴、团体列名、鱼骨图法时，都需要有一位专门的速记员，现场将小组成员的观点逐条记录下来，记录后还需要小组成员共同对行动学习产生的观点进行提取、归纳。由于在问题诊断、成因探寻及方案寻找等每个环节，小组成员都可能产生数十种观点，如果单纯依靠人工记录和归纳会使行动学习过程较为繁琐，占用时间较长，效率低下。为此，很多行动学习参与者都曾表示，行动学习有利于转变工作作风，有利于更深入、全面的认识和解决问题，但是行动学习的开展耗时、费力，使得解决“工学矛盾”的效果大打折扣，小组成员对行动学习的态度既支持又抵触，十分矛盾。

传统行动学习高成本、低效率的粗放开展方式，限制了龙州行动学习进一步的深入开展。未来龙州行动学习应逐步走向智能化，促进公民参与的技术改进及行动学习的流程优化。龙州行动学习的智能化实现具有较好的现实基础。自 2011 年起，龙州县成为全国 100 个、全区 4 个依托电子政务平台加强县级政府政务公开和政务服务试点县之一。龙州县已经具备了较好的电子政务服务平台和网络基础设施，今后可依托现有基础，增设行动学习模块，通过流程的改进与完善，推动行动学习的智能化实现，最大限度地发挥电子政务项目的功效（见图 8 - 1）。

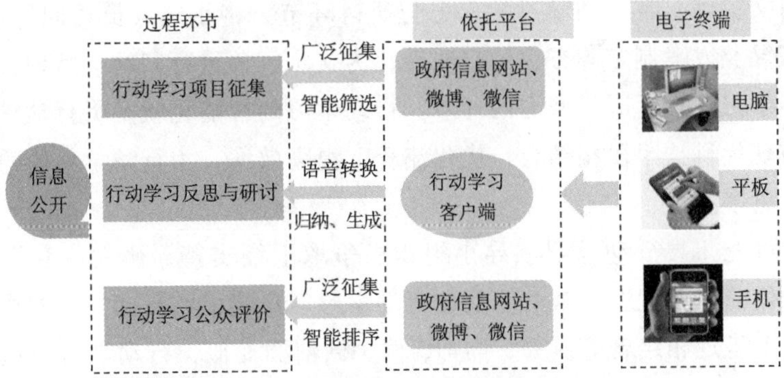

图 8 - 1　龙州县行动学习的智能化

此外，电子政务系统的开发建设也要随着电子终端发展而发展，这样才能增加民众的参与，体现政务系统服务功能。21世纪初，电子政务的服务端只有PC机，随着科技进步，出现智能手机、平板电脑等，民众越来越能够在行走中便捷地表达个人的观点和建议（郑佳荣，王强，李青元；2014）。因此，政府应与时俱进，充分开发以微博、微信为代表的网络新媒体在提供信息和信息服务方面的潜力（丁艺，王益民，刘密霞；2014），提升公众的参与意识与参与程度。

（一）行动学习项目的网络征集

行动学习起始于行动学习项目的选择。治理现代化的实现要求公众成为确定行动学习项目的关键主体之一。多渠道的网络征集与筛选是行动学习项目选择的智能化发展方向。

今后，龙州县每个季度都可定期开展一次大规模的行动学习项目征集活动。公众可以通过龙州政府信息网、龙州行动学习官方微博、龙州行动学习官方微信的项目征集板块自由表达个人的建议。为便于项目的整理、分类和统计，可对项目征集板块进行细化，如分为“您最希望开展行动学习的领域（十大工作领域与十大工作组对应）→您最希望哪个单位解决此问题（十大工作组、县直单位、乡镇）→您最希望通过行动学习解决的具体问题是（自由作答）”三部分，以便系统能够根据公众的选择，对公众最为关心的问题领域及相关的行动单位进行自动筛选和排序。

（二）行动学习反思与研讨

前文提到，在行动学习的反思与研讨环节，将小组成员在问题诊断、成因探寻及方案制定等方面的想法转化为文字，并进行归纳、整理，是传统行动学习较为耗时、费力的环节。行动学习的智能化就是将行动学习的开展与现代科技手段相结合，优化流程、提高效率，为行动学习的顺利开展提供更多便利。

建议龙州县行动学习领导小组积极争取上级支持，研发一套界面良好、操作简单、视图直观的智能化行动学习客户端，将行动学习的线下互动与线上呈现相结合。例如，与QQ群、微信群类似，行动学习小组成员可在电脑、平板、智能手机等电子终端登陆行动学习客户端后，进行行动学习小组讨论。为了便于行动学习讨论的高效开展，行动学习客户端应具备以下功能：①语音转换功能，亦即行动学习客户端要具备将语音转化为文字的能力，以便小组成员直接说出自己的建议或观点，就可即时转化为可视化的文字，记录在案，方便查阅；②智能归纳功能，即该软件能够通过关键字的识别，对小组成员提供的每条记录进行智能归纳；③自动生成功能，即该软件能够根据归纳结果逐步生成“问题诊断→成因探寻→制定方案”的行动学习脉络流程图，以便小组成员能够直观地把握行动学习的全局。

（三）行动学习的公众评价

行动学习的目的是解决地方经济社会在发展中遇到的实际问题。建立行动学习的公众评价机制，获取有价值的公众反馈和意见，有利于行动学习的及时纠偏，从而更有效地解决现实工作问题，提升政府服务质量。

信息对称是保证评价质量的关键前提。为此，应充分利用新兴信息技术在公众与政府间建立有效的联络机制，尤其要推进政府行动学习信息的网上公开。建议每半年开展一次对各政府机构行动学习效果的公众评价。各单位在政府信息网、官方微信、官方微博等平台，公开本单位行动学习开展的基本情况以及所取得的成效。公众可根据网上公布的信息及自身的感受，选择对自己最了解的一个或多个单位行动学习开展成效进行评价；也可采用类似行动项目征集的方法，提出个人对某一领域或某单位行动学习的建议。行动学习的公众评价结果应作为政府部门绩效评估的重要组成和关键依据。

第六节　构建行动学习的绩效评估机制

一、绩效评估的理论背景：新公共管理运动

为应对国际化、信息化和市场化的挑战，解决越来越复杂的国内社会问题，减轻日益沉重的财政压力和债务负担，自 20 世纪 70 年代以

来，英国开展了以市场化为导向，强调公众利益至上的公共行政改革运动。这场改革的主导理论是企业家政府理论，主张向企业学习，将企业经营上重视成本、效益、质量、顾客满意的理念引入政府管理，运用企业管理的成功机制来改造传统的官僚体系，使政府的运作更有效率、更具品质，使政府充满活力、积极性和创造性。这场政府改革运动被人们称之为新公共管理运动，它强调以结果为本的新观念，追求以更少的投入产生更多更好的效果，注重政府行政的效率、效益和效果，主张借鉴企业人力资源管理与开发中重视绩效评价与奖惩激励的有效的做法，对政府和政府部门的绩效进行全面科学的评估，并按评估结果进行管理、按效果进行财政预算。

英国政府从 1979 年的“雷纳评审改革”到 1991 年的“公民宪章”运动，再到 1999 年的“政府现代化”运动，历时 20 年建立起了一整套政府再造计划和政府绩效评估方法。美国在 1993 年通过了《政府绩效与结果法案》，率先以法律的形式规定各部门、各机构以可测量的标准来提供促进绩效管理的框架。以英美为代表的西方国家新公共管理运动本质上是一场在绩效评估理论指导下的行政改革运动。政府绩效评估作为新公共管理运动的一种有效管理工具，在公共行政中受到广泛关注。政府绩效评估作为新公共管理运动的一种有效管理工具，迅速掀起了一股国际化的改革潮流，并引领至今。

绩效评估是运用科学的标准、方法和程序，对个体或组织的业绩、成就和实际作为做出尽可能准确的评价。依据评估的对象，绩效评估包括个人绩效评估和组织绩效评估。从政府组织的角度来讲，绩效评估为管理者提供有效履行职责、改善管理以及提高公共服务水平所需要的信息，帮助改进组织决策和管理。从政府组织中的个人来讲，绩效评估能够将个人与组织绩效相结合创造激励和责任机制，既有利于开发人力资源，又能创造一种充满竞争、激励向上、追求卓越的组织文化（张定安，谭功荣，2004）。

二、突破路径与未来设计：基于认同度的绩效评估

党的十八大报告提出，“创新行政管理方式，提高政府公信力和执行力，推进政府绩效管理”。近些年来，我国各地政府也在积极探索和开展政府绩效评估的实践，绩效评估的理念早已深入人心。然而遗憾的

是，各地政府绩效评估的开展五花八门，政府绩效评估普遍存在以下问题。

一是自评与他评相互割裂。在以往的政府部门绩效评估或人力资源绩效评估中，人们普遍存在一种错误性认知，即把自我评价看作是“终结性评价”的一部分，自评结果与他评结果一样，分别按照一定的权重直接加总在最终的绩效得分中。这种错误性体现在，如果将被评主体的自我评估结果与最终的绩效评估结果甚至晋级、提升、奖惩等利害关系直接挂钩，那么被评主体就必然不会主动剖析自身的不足和弱点，甚至驱动被评主体本能地对自身过高评估，而对其他被评主体给予较低的评价。最终，造成自评与他评的相互割裂，自评结果与他评结果高度不一致。要解决自评与他评的相互割裂，关键在于自评结果不能作为“终结性”评价的一部分，而应看作“形成性”评价的重要组成部分。也就是说，应避免被评部门或个人的自评分与最终绩效得分的直接对等或部分直接对等，而是应把被评主体的自评结果作为他评主体的重要评估信息和评估对象，也即让他评主体对被评主体的自评结果进行评估，从而实现自评与他评的相互制约。

二是评估信息不对称。绩效评估的过程就是一个信息的收集、筛选、加工、输出和反馈的过程。因此，全面占有评估信息是任何组织开展绩效评估的现实基础，以不可靠信息为凭据所形成的绩效评估结果的信度和效度是让人质疑的（汪玉凯，黎映桃，2006）。在政府部门或公务员个体自评的过程中，由于评估主体与评估对象具有同一性，评估信息是个高度对称的。然而，在他评的过程中，由于被评主体在自身的努力程度、工作水平及工作成效等方面所掌握的信息要多于他评主体，从而造成评估过程中的信息不对称。自评与他评的相互割裂使得被评主体真实的绩效信息无法传达给他评主体，更加剧了他评主体评估信息的不对称。当评估主体所占有的评估信息不充分时，偏见心理往往成为评估主体准确认知和判断评估信息的心理梗阻，致使评估主体难以获得科学、客观的评估结论（苏曦凌，2011）。

三是评估结果缺乏解释力。第四代评估理论的创始人埃贡·G. 古贝（2008）曾指出，在一些专业评估者的会议上，讨论最多的问题就是评估的结果被推定为没有作用。1988 年的美国评估协会主席迈克尔·帕顿还曾鼓励协会成员将自己想象成推销人员，并使用那些成功的销售技巧来获得人们对他们的产品，也就是评估结果的认可①。这一问题同样存在于政府部门和个人的绩效评估中，无论是自评结果还是绩效的最终得分，都缺乏足够的解释力，社会各界对绩效评估的结果普遍疑虑重重。一方面，社会称许性和宽大效应在自我评估中的普遍存在，使得自我评估容易形成评估偏差②。另一方面，自评与他评的相互割裂以及他评主体的信息不对称，造成绩效评估最终结果缺乏准确性，常常出现工作表现好的部门或个人反而绩效评估分数低的情况。

政府绩效评估存在的症结使得评估结果往往不能得到普遍认可，也未能得到有效利用，政府绩效评估的开展大多流于形式。目前针对行动学习，就组织层面而言，龙州县十大工作组、各县直单位及各乡镇每年都有年度工作总结回顾，但远没有达到绩效评估的水平；就参与者个人层面而言，基本没有对行动学习参与者的绩效评估，很多参与者因害怕承担责任，行动学习参与的积极性并不是很高。今后，龙州县要抓好行动学习组织与个人层面的绩效评估，着力解决当前存在的突出问题，充分发挥政府绩效评估的导向、激励、约束作用，不断提升龙州县行动学习的质量和水平。为有效解决传统绩效评估中普遍存在的自评与他评相互割裂、评估信息不对称、评估结果缺乏解释力等问题，课题组提出了一种基于认同度的行动学习绩效评估机制。

（一）认同度评估的基本思想

所谓政府行动学习绩效的认同度评估，是指以评估对象（参与行动学习的政府部门或公务人员个体）的自我评估为基础，由利益相关群体组成的他评主体③根据一定的评估指标和评估标准④，对评估对象的自我

---

① ［美］埃贡·G. 古贝，伊冯娜·S. 林肯. 第四代评估［M］. 秦霖、蒋燕玲等译，北京：中国人民大学出版社，2008.

② M. M. Harris，J. Schaubroeck. A meta - analysis of self - supervisor，self - peer and peer - supervisor ratings［J］. *Personnel Psychology*，1988，Vol. 41，No. 1：43 - 62.

③ 就政府部门行动学习绩效的评估而言，他评主体应主要包括县行动学习领导小组、催化师团队、各部门行动学习小组代表、公众代表等；就政府公务员的行动学习绩效评估而言，他评主体应主要包括部门领导、催化师、行动学习小组成员、公众代表等。

④ 政府部门行动学习绩效评估的指标可参照第六章中，从组织学习的角度设计的测评指标；在文献调研及对龙州县行动学习参与者与催化师深入访谈的基础上，将政府公务员的行动学习绩效评估指标确定为参与性、准备度、反思性、合作性和行动性五大部分。

评估结果进行认同度判断，评估对象的绩效综合评分等于评估对象的自我评估、他评主体的认同度以及他评主体重要性的加权平均得分。可以看出，在认同度评估中，他评主体不再直接对评估对象的行动学习绩效进行评估，而是对评估对象的自评结果进行评估；评估对象的绩效得分不再是自评得分与他评得分的简单加权，而是自评得分与他评主体认同度乘积的加权。具体来说，认同度评估主要包含以下四个结构要素：自评分、认同度、认同度评分、综合评分。

（1）自评分。它是指评估对象根据评估指标和标准，对自身的行动学习绩效进行自我评估的得分，各指标的评分范围均可设定为0—100分。

（2）认同度。它是指他评主体根据一定的评估信息，结合自身的感受，针对评估对象的自评分所给出的认同程度。课题组通过专家访谈、与政府绩效考核部门及行动学习领导小组的座谈，最终确定认同度的区间为0—1.2。认同度可精确到两位小数点，数值越大，表示认同度越高。其中，0表示完全不认同，1表示完全认同，当他评主体认为评估对象的自评分高于实际应得分时，认同度应小于1，区间在0—1；当他评主体认为评估对象的自评分低于实际应得分时，认同度应大于1，区间在1—1.2。

（3）认同度评分。它是指他评主体对评估对象进行认同度判断后的得分，等于自评分与认同度的乘积。

（4）综合评分。它是指将各类他评主体对评估对象的认同度评分加权求和后得到的总分。

（二）基于认同度的评估程序设计

一套能良好运行的绩效评估方法，必须要有流程清晰、操作易行的评估程序与之匹配，尤其要避免评估工作过于简单化、形式化。行动学习绩效的认同度评估主要包括9大程序（见图8－2）。

1. 组建评估小组

各评估单元应首先成立行动学习绩效评估小组。评估小组主要负责本单元内行动学习绩效评估工作的整体组织、统筹、指导和监督；同时也参与本单元内绩效评估工作的具体实施，包括评估资料的搜集与公开、认同度判断、评估分数的统计与核算、结果评定与反馈等。就政府部门（包括十大工作组、各县直单位、各乡镇）行动学习绩效的评估而言，评估小组可由县行动学习领导小组成员、催化师团队组成；就政府公务员的行

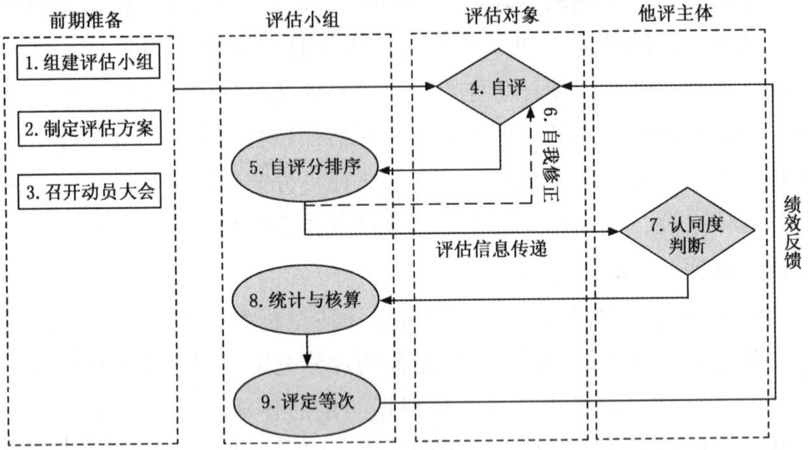

图 8－2　认同度评估的基本程序

动学习绩效评估而言，评估小组可由部门内部领导班子成员、催化师等组成。

2. 制定评估方案

评估小组成员共同商讨，初步确定政府部门或公务员行动学习绩效评估的方案，包括评估的对象与范围、评估指标与标准、评估权重、评估程序与方法、评估结果等次及运用等内容。评估方案的制定应充分发扬民主，将该方案在评估单元内公开，广泛征求评估对象的建议，对本单元内行动学习绩效评估方案进行修改、调整，并公示最终评估方案。

3. 召开动员大会

评估小组在本单元内组织召开政府部门或公务员行动学习绩效评估动员大会，组织评估对象学习相关的文件和方案，明确认同度评估的目的、要求、方法、步骤，增强评估对象参与绩效评估工作的自觉性和主动性。

4. 评估对象自我评估

评估对象（参与行动学习的政府部门或公务员个人）填写行动学习绩效评估表，根据评估指标的具体内容和评分标准，结合自身工作，对各评估指标 X_1，X_2，X_3，X_4…进行自评，评分区间为 0—100 分，并简要进行工作描述，给出相应的评分理由。

5. 自评分排序

评估小组审核评估对象自我评价的相关信息，并统计出评估对象各项自评分在本评估单元中的排名。

6. 修正自评结果

评估小组公示本单元内评估对象的自评结果及相关排名情况，评估对象可对自我评分进行修正，并将修正后的结果上报评估小组。

7. 认同度判断

评估小组将评估对象最终的自我评估信息，包括自评分、工作描述及自评分排名等传递给他评主体，他评主体（包括评估小组）对评估对象的各项自评分进行认同度判断。评估小组可以通过组织召开本单元内评估对象的述职大会，来实现评估信息的传递；或将评估对象的相关信息以纸质、电子版的方式反馈给他评主体。

8. 统计与核算

评估小组对各类他评主体的认同度进行统计，并核算评估对象的绩效综合评分。为解决传统评估中拉关系、讲人情的问题，从而最大限度地保证评估结果的客观性，在计算各类他评主体对某一项自评分的平均认同度时，建议都去掉 10% 的最高认同度和 10% 的最低认同度。评估对象的绩效综合评分等于评估对象的自我评分、他评主体的认同度以及他评主体重要性的加权平均得分。

即：认同度评分 = 自评分 × 认同度

$$综合评分 = \sum(认同度评分 \times 评估主体权重)$$

用数学公式可表达为：

$$\begin{cases} F_j = \sum(h_i x_i r_{ij}), i = 1,2,3,\cdots,n \\ Z = \sum(F_j w_j), j = 1,2,3,\cdots,n \end{cases}$$

其中，下标 i 与 j 分别表示评估指标和他评主体，F_j 表示第 j 类他评主体对评估对象的认同度评分，h_i 表示第 i 个评估指标的权重，x_i 表示评估对象对第 i 个评估指标的自评分，r_{ij} 表示第 j 类他评主体对第 i 个指标自评分的平均认同度，Z 表示评估对象的绩效综合得分，w_j 表示第 j 类他评主体的权重。

9. 等次评定及绩效反馈

评估小组根据评估对象的行动学习绩效综合评分，对评估对象进行等次评定，写出绩效评估鉴定意见，并将确定为优秀等次的被评对象在评估单元范围内公示。此外，评估小组还要将绩效评估结果包括综合评分、评估等次及评估意见以书面形式及时反馈给评估对象。

（三）认同度评估结果的运用

由认同度评估的基本思想和基本程序可以看出，行动学习的认同度评估具有如下优势：一是评估主体的多元化及评估对象的自主性、参与性使得认同度评估能够体现较强的治理性；二是认同度评估能够建立自评与他评的相互联系，通过他评主体的认同度判断形成对评估对象的震慑作用，实现对评估对象的潜在制约，迫使评估对象客观地自我评估；三是认同度评估中自我评分的修正机制可以保证自我评估相对绩效的有效性和准确性；四是通过评估对象的工作描述、自我评估及自评分排名等程序设计，以及评估信息在他评主体中的公开和传递，认同度评估能够保障他评主体获取更充分的评估信息，最大限度地掌握评估对象的绩效水平，从而有效地减少行动学习绩效评估中的信息不对称。

行动学习绩效的认同度评估机制所具有的优势，使得认同度评估能够最大限度地增强评估结果的客观性和可靠性。在这一前提下，将行动学习的绩效评估结果实际应用于对政府部门和公务人员的激励机制，将能够获得广大公务员的信任、认同和支持，从而有效地激发政府部门人力资源的潜力与活力。一是评估结果与职位晋升相挂钩，要冲破以往政府部门中职位晋升“论资排辈”的牢笼，将行动学习绩效评估的结果纳入年终综合绩效评估的结果中，作为专业技术职务晋升与聘任、行政职务的提拔等安排的关键依据，对评估结果排名靠前的公务员和行动学习单位负责人，尤其是对行动学习被采纳的重要建议的提出者予以优先晋升。二是评估结果与评奖评优相挂钩。评估小组可根据不同类别的他评主体对评估对象的绩效评分，直接评选出相应的优秀单位或个人。例如，根据公众代表对行动学习参与部门或个人的评估结果，直接评选出“公众心中的优秀单位”、“公众心中的好公仆”。根据同行对行动学习参与部门或个人的评估结果，直接评选出“同行心中的优秀单位”、“同事心中的好公仆”。根据行动学习绩效评估的综合评分，直接评选出“行动学习先进单位”、“行动学习先进个人”。根据评估对象自评分与综合评分的差距或综合排名的差距，评选出“最客观自评的公务员”、“最客观自评的单位”，并加强当地各种媒体对评选结果的宣传表彰，促进对政府开展行动学习的精神激励。三是评估结果与行动学习外出培训相挂钩，为行动学习的先进个人和先进单位提供外出培训与进修的机会。

附录

行动学习与县域治理能力关系研究调查问卷

尊敬的女士/先生：

您好！非常感谢您参与本问卷调查！

浙江大学“龙州县政府行动学习”课题组正在开展行动学习与县域治理能力的相关研究，旨在了解龙州县县域行动学习、智力资本及治理能力的基本状况与水平。本问卷采用匿名调查的方式，所获得的数据仅供研究之用，内容不会涉及您的个人隐私，请您充分发表自己的看法并客观填写相关信息，我们将尊重您的观点。

再次感谢您在百忙之中协助我们完成调查！

浙江大学“行动学习与县域治理”课题组

2015年4月

【背景资料】

1. 您的性别：A. 男　　B. 女

2. 您的年龄：A. 25岁及以下　　B. 26—35岁　　C. 36—45岁　　D. 46—55岁　　E. 56岁及以上

3. 您的学历：A. 高中及以下　　B. 专科/中专　　C. 大学本科　　D. 研究生及以上

4. 您的工作单位：A. 县直机关　　B. 乡镇

5. 您参与行动学习活动的频率：

A. 从不参加　　B. 偶尔参加　　C. 经常参加

6. 您参与的行动学习项目主要涉及的领域（可多选）：

A. 边境口岸　　B. 工业交通　　C. 农业发展　　D. 城镇化建设

E. 项目招商　F. 筹资融资　G. 文化旅游　H. 民生工作
I. 社会综治　J. 党建工作

【填写说明】问卷中所涉及的是您对龙州县县域的行动学习、智力资本及治理能力的总体感知。请您根据自己的实际体会对下列表述做出1—7级的判断，并请在合适的数字上打“√”。1—7表示程度等级，其中1表示完全不符合（完全不同意），7表示完全符合（完全同意）。

【行动学习】

评价指标	1（完全不同意）→7（完全同意）						
1. 行动学习小组的成员组成多元化	1	2	3	4	5	6	7
2. 行动学习小组成员前期准备度较高	1	2	3	4	5	6	7
3. 行动学习小组成员能够积极地互动交流	1	2	3	4	5	6	7
4. 行动学习小组成员勇于突破陈规思考问题	1	2	3	4	5	6	7
5. 行动学习小组对错误和失误进行了深入讨论分析	1	2	3	4	5	6	7
6. 催化师发挥了有效的干预和引导作用	1	2	3	4	5	6	7
7. 行动学习小组成员根据行动方案采取了具体行动	1	2	3	4	5	6	7
8. 行动方案按计划有效地贯彻执行	1	2	3	4	5	6	7
9. 行动方案有效解决了实际问题	1	2	3	4	5	6	7
10. 行动学习小组撰写的研究报告等资料有较高的实用价值	1	2	3	4	5	6	7
11. 行动学习小组有较好保存已获取成果的手段措施	1	2	3	4	5	6	7
12. 行动学习小组成员能够便捷地查询学习成果	1	2	3	4	5	6	7

【县域智力资本】

评价指标	1（完全不同意）→7（完全同意）						
1. 政府公务人员普遍具有较强的专业基础能力	1	2	3	4	5	6	7
2. 政府公务人员普遍具有较强的合作意识	1	2	3	4	5	6	7
3. 政府公务人员普遍具有较强的服务意识	1	2	3	4	5	6	7

续表

评价指标	1（完全不同意）→7（完全同意）						
4. 政府公务人员普遍具有较强的责任意识	1	2	3	4	5	6	7
5. 政府部门内部权责明确	1	2	3	4	5	6	7
6. 政府部门之间具有良好的合作、信任关系	1	2	3	4	5	6	7
7. 企业与政府之间具有良好的合作、信任关系	1	2	3	4	5	6	7
8. 公众与政府之间具有良好的合作、信任关系	1	2	3	4	5	6	7

【县域治理能力】

评价指标	1（完全不同意）→7（完全同意）						
1. 政府制定的政策具有较强的公平性	1	2	3	4	5	6	7
2. 政府制定的政策体系具有较好的协调性	1	2	3	4	5	6	7
3. 政府制定的政策受到公众的普遍认可和支持	1	2	3	4	5	6	7
4. 政策在执行过程中得到广泛宣传	1	2	3	4	5	6	7
5. 政策执行过程中的执行成本适当	1	2	3	4	5	6	7
6. 政策执行过程中的执行效率较高	1	2	3	4	5	6	7
7. 政策执行人员能够做到依法行政	1	2	3	4	5	6	7
8. 政府能够及时纠正执行过程的偏差	1	2	3	4	5	6	7
9. 政府能够准确评估政策执行效果	1	2	3	4	5	6	7
10. 政府能够合理实施政策终结或变更	1	2	3	4	5	6	7

参考文献

[1] 包国宪，霍春龙.中国政府治理研究的回顾与展望［J］.南京社会科学，2011（9）：62－68.

[2] 陈国权.学习型组织的学习能力系统、学习导向人力资源管理系统及其相互关系研究［J］.管理学报，2007（6）：719－728.

[3] 陈国权.组织学习和学习型组织：概念、能力模型、测量及对绩效的影响［J］.管理评论，2009（1）：107－116.

[4] 陈家刚.从政府管理走向政府治理［J］.决策探索（下半月），2013（12），32－33.

[5] 陈汉荣.研究式培训与行动学习法的实践思考——绍兴市干部教育培训模式的创新探索［J］.石油化工管理干部学院学报，2010（3）：19－22.

[6] 陈庆云.公共政策分析［M］.北京：中国经济出版社 1996.

[7] 陈振明.政策科学——公共政策分析导论（第 2 版）［M］.北京：中国人民大学出版社，2003.

[8] 陈振明.公共政策分析［M］.北京：中国人民大学出版社，2003.

[9] 陈伟兰，谷昀，陈菲.行动学习法及其在我国的应用研究［J］.福建行政学院学报，2009（3）：15－21.

[10] 陈伟兰.行动学习法在公务员培训中的实践——甘肃省中高级公务员培训案例［J］.国家行政学院学报，2002（3）：30－33.

[11] 陈秀峰，李莉.文明社会：党的执政能力与政府治理能力的双向构建［J］.湖北社会科学，2005（11）：29－31.

[12] 定明捷.中国政策执行研究的回顾与反思（1987—2013）甘肃行政学院学报，2014（1），17－28.

[13] 董俊武，黄江圳，陈震红.基于知识的动态能力演化模型研究[J].中国工业经济，2004（2），77－85.

[14] 高小平.国家治理体系与治理能力现代化的实现路径［J].中国行政管理，2014（1）：9.

[15] 顾建光.政策能力与国家公共治理［J].公共管理学报，2010（1）：8－12.

[16] 顾增旺.行动学习——组织能力提升新境界［M].江苏：江苏人民出版社，2010.

[17] 贺东航，牛宗岭."五化同步"引领综合扶贫改革［N].光明日报，2015－05－20.

[18] 何显明.信用政府的逻辑：转型期地方政府信用缺失现象的制度分析［M].上海：学林出版社，2007.

[19] 何艳玲.城市的政治逻辑：国外城市权力结构研究述评［J].中山大学学报（社会科学版），2008（5）：182－191.

[20] 胡宁生，张成福等.中国政府形象战略［M].北京：中共中央党校出版社，1998.

[21] 江彩云，成秋英.行动学习法在干部教育培训中的效用分析研究——以中瑞合作项目海南子项目为主要分析对象.中共福建省委党校学报，2011（9）：54－59.

[22] 金太军.政府能力引论［J].宁夏社会科学，1998（6）：27－32.

[23] 蓝志勇，陈国权.当代西方公共管理前沿理论述评［J].公共管理学报，2007（3）：1－12.

[24] 李红波.论行动学习在干部教育培训中的运用［J].广西青年干部学院学报，2010（5）：55－58.

[25] 林尚立.党政关系建设的制度安排［N].学习时报，2002－05－27.

[26] 刘滨.浅谈中医药在医疗卫生服务中的发展及其重要性［J].医学与社会，2008（8）：18－20.

[27] 刘金林，王春明，黄刚.优化我国政府债务管理的政策建议[J].管理世界，2014（1），171－172.

[28] 刘霞，向良云.公共危机决策网络治理结构学习机理探析［J].

软科学，2006（2）：1－4.

［29］楼苏萍.地方治理的能力挑战：治理能力的分析框架及其关键要素［J］.中国行政管理，2010（9）：97－100.

［30］卢跃东，徐云松，刘晖．“一业驱四化”，桐乡市旅游综合改革的核心内涵［J］.旅游学刊，2014（10）：8－9.

［31］明茨柏格，阿尔斯泰兰德，兰佩尔.战略历程：纵览战略管理学派［M］.机械工业出版社，2002.7－8.

［32］宁骚.公共政策学［M］.北京：高等教育出版社，2003.

［33］饶伟国．公共组织智力资本配置之道［M］.北京：北京大学出版社，2013.

［34］萨日娜，刘守亮．县域治理体系要件建设和治理能力提升的着力点［J］.山东社会科学，2015（9）：166－171.

［35］尚虎平.从治理到政府治理绩效：数据挖掘视域下的政府治理绩效评估［J］.辽宁师范大学学报（社会科学版），2009（1）：16－20.

［36］绍祖文.引入行动学习理念创新干部教育模式——绍兴市突破单一理论学习培训模式，积极探索开展研究型培训［J］.今日浙江，2009（16）：16－17.

［37］施雪华.论政府能力及其特性［J］.政治学研究，1996（1）：63－68.

［38］孙柏瑛.当代政府治理变革中的制度设计与选择［J］.中国行政管理，2002（2），19－22.

［39］孙琪.县域经济创新发展的路径选择［J］.理论前沿，2009（6）：41－42.

［40］谭英俊.地方政府公共事务合作治理能力测评体系构建探究［J］.广东行政学院学报，2012（1）：45－50.

［41］滕世华.公共治理理论及其引发的变革［J］.国家行政学院学报，2003（1），44－45.

［42］王敬尧.县级治理能力的制度基础：一个分析框架的尝试［J］.政治学研究，2009（3）：36－46.

［43］王军，张蕴萍.县域经济创新发展研究［M］.北京：人民出版社，2011.

［44］王军霞.政府知识管理成为提高政策执行力的抓手［N］.中国社

会科学报，2014 - 10 - 17.

[45] 王浦劬. 国家治理、政府治理和社会治理的基本含义及其相互关系辨析 [J]. 社会学评论，2014 (3)：12 - 20.

[46] 王绍光，胡鞍钢. 中国国家能力报告 [M]. 辽宁：辽宁人民出版社，1993.

[47] 汪永成. 中国现代化进程中的政府能力——国内学术界关于政府能力研究的现状与展望 [J]. 政治学研究，2001 (4)：79 - 88.

[48] 王雁飞，朱瑜. 组织创新、组织学习与绩效——一个调节效应模型的实证分析 [J]. 管理学报，2009 (9)：1257 - 1265.

[49] 谢洪明，葛志良，王成. 社会资本、组织学习与组织创新的关系研究 [J]. 管理工程学报，2008 (1)：5 - 10.

[50] 谢洪明，吴隆增，王成. 组织学习、知识整合与核心能力的关系研究 [J]. 科学学研究，2007 (2)：312 - 318.

[51] 谢洪明，吴隆增，王成，葛志良. 组织学习的前因后果：一个新的理论框架 [J]. 科学学与科学技术管理，2006 (8)：161 - 168.

[52] 原欣伟，覃正，伊景冰. 学习——绩效互动对创新和绩效影响的实证研究 [J]. 科学学研究，2006 (6)：939 - 944.

[53] 原欣伟，覃正，伊景冰. 组织中学习与绩效相互作用机理研究 [J]. 科研管理，2006 (6)：136 - 143.

[54] 原欣伟，覃正，伊景冰. 学习与绩效：基于学习——绩效环的组织学习框架 [J]. 科技管理研究，2006 (3)：71 - 73.

[55] 原欣伟，伊景冰. 近年来国内组织学习研究概要 [J]. 科学学研究，2006，S1：210 - 216.

[56] 周玉泉，李垣. 组织学习、能力与创新方式选择关系研究 [J]. 经济管理，2005 (4)：54 - 63.

[57] 周玉泉，李垣. 合作学习、组织柔性与创新方式选择的关系研究 [J]. 科研管理，2006 (2)：9 - 14.

[58] 辛向阳. 新政府论 [M]. 北京：中国工人出版社，1994：198.

[59] 易学志. 善治视野下政府治理能力基本要素探析 [J]. 辽宁行政学院学报，2009 (4)：11 - 12.

[60] 俞可平. 治理和善治：一种新的政治分析框架 [J]. 南京社会科学，2001 (9)：40 - 44.

[61] 俞可平. 中国治理评估框架 [J]. 经济社会体制比较，2008 (6)：1－9.

[62] 贠杰，杨诚虎. 公共政策评估：理论与方法 [M]. 北京：中国社会科学出版社，2006.

[63] 张鼎昆. 行动学习：再造企业优势的秘密武器 [M]. 北京：机械工业出版社，2005.

[64] 张金马. 公共政策分析：概念、过程、方法 [M]. 北京：人民出版社，2004.

[65] 张康之. 社会治理的历史叙事 [M]. 北京：北京大学出版社，2006.

[66] 张立明. 旅游学概论 [M]. 湖北：武汉大学出版社，2003.

[67] 张鸣. 政府信用与政府绩效关联机理研究——基于 268 个县级政府的实证调查 [D]. 浙江大学公共管理学院.

[68] 张素玲. 行动学习及其在我国领导人才培训中的应用研究 [J]. 国家教育行政学院学报，2009 (12)：32－35.

[69] 张忠友，彭强. 行动学习法的理念与实践 [J]. 桂海论丛，2006，22 (6)：49－52.

[70] 周湘莲，林琛. 政府治理中的制度权威探讨 [J]. 中国行政管理，2007 (11)：39－42.

[71] 周业安. 中国制度变迁的演进论解释 [J]. 经济研究，2000 (5)：3－11.

[72] 周志忍，蒋敏娟. 中国政府跨部门协同机制探析——一个叙事与诊断框架 [J]. 公共行政评论，2013 (1)：91－117.

[73] (美) 威廉·N. 邓恩. 公共政策分析导论 (第二版) [M]. 北京：中国人民大学出版社，2002.

[74] (美) 奥尼尔，马席克，唐长军，郝君帅，曹慧青译. 破解行动学习——行动学习的四大实施路径 [M]. 江苏：江苏人民出版社，2013.

[75] (美) 菲利普·施密特. 民主化、治理和政府能力 [J]. 经济社会体制比较，2005 (5)：40－44.

[76] (美) 卡尔·帕顿，大卫·萨维奇. 政策分析和规划的初步方法 (第 2 版) [M]. 北京：华夏出版社，2002.

[77] (美) 克里斯蒂纳·阿尔恩特，查尔斯·欧曼，杨永恒译. 政府

治理指标［M］. 北京：清华大学出版社，2007：6－12.

［78］（美）马奎特，郝君帅等译. 行动学习实务操作——设计、实施与评估（第二版）［M］. 北京：中国人民大学出版社，2013.

［79］Archon Fung. Putting the public back into governance：the challenges of citizen participation and its future［J］. *Public Administration Review*，2015，75（4）：513－522.

［80］Barney. Firm resources and sustained competitive advantage［J］. *Journal of Management*，1991（17）：99－122.

［81］Bontis，N. Assessing knowledge assets：a review of the models used to measure intellectual capital［J］. *International Journal of Management Reviews*，2001，（3）：41－60.

［82］Cepeda G.，Vera D. Dynamic capabilities and operational capabilities：a knowledge management perspective［J］. *Journal of Business Research*，2007，60（5）：426－437.

［83］Collis，D J. Research note：how valuable are organizational capabilities［J］. *Strategic Management Journal*，1994，15（1）：143－152.

［84］Eisenhardt K M，Martin J A. Dynamic capabilities：what are they?［J］. *Strategic Management Journal*，2000（21）：1105－1121.

［85］Ethiraj S K，Kale P，Krishnan M S，Singh J V. Wheredo capabilities come from and how do they matter? A study in thesoftware services industry［J］. *Strategic Management Journal*，2005（26）：25－45.

［86］Gleeson Deborah H，Legge David G，O'Neill Deirdre. Evaluating health policy capacity：Learning from international and Australian experience［J］. *Australia & New Zealand Health Policy*，2009，6（1）：3.

［87］Hall，PeterA.. Policy paradigms，social learning and the State：the case of economic policy－making in Britain［J］. *Comparative Politics*，1993，25（3）：278.

［88］Johnson W H A. Integrative taxonomy of intellectual capital：measuring the stock and flow of intellectual capital components in the firm［J］. *International Journal of Technology Management*，1999，18（5）：562－575.

［89］Kim，Hyunjung；Mac Donald，Roderick H；Andersen，David F. Simulation and managerial decision making：a double－loop learning framework

[J]. *Public Administration Review*, 2013, 73 (2): 291 -300.

[90] Lucas, R. E. On the mechanics of economic development [J]. *Journal of Monetary Economics*, 1998, (22): 3 -42.

[91] M. Ángeles Oviedo - García, Mario Castellanos - Verdugo, Julio García Del Junco & Adriana Riquelme - Miranda. Organizational learning capacity and its impact on the results in a government agency in Chile [J]. *International Public Management Journal*, 2014, 17 (1): 74 -110.

[92] Moynihan D P. Goal - Based learning and the future of performance Management [J]. *Public Administration Review*, 2005, 65 (2): 203 -216.

[93] Meseguer, Covadonga. Policy learning, policy diffusion, and the making of a new order [J]. *Annals of American Acadamy of Political and Social Science*, 2005, 598 (March): 67 -82.

[94] Mahoney, J. T. and Pandian, J. R. The resource - based view within the conversation of strategic management [J]. *Strategic Management Journal*, 1992, (13): 363 -380

[95] Pan Suk Kim, Jongsoon Jin. Action learning and its applications in government: the case of South Korea [J]. *Public Administration Quarterly*, 2008, 32 (2): 193 -213.

[96] Polidano C, Measuring public sector capacity [J]. World Development, 2000, (28),: 805 -822 .

[97] Rashman, L., E. Withers, and J. Hartley. Organizational learning and knowledge in public service organizations: a systematic review of the literature [J]. *International Journal of Management Reviews*, 2009, 11 (4): 463 -494.

[98] Rrahalad C K, Hamel G. The core of competence of the corporation [J]. *Harvard Business Review*, 1990, 68 (3): 79 -91.

[99] Sánchez, L. E. and A. Morrison - Saunders. Learning about knowledge management for improving environmental impact assessment in a government agency: the Western Australian experience [J]. *Journal of Environmental Management*, 2011, 92 (9): 2260 -2271.

[100] Sotirakou, T. and M. Zeppou. The 'MATE' model: a strategic knowledge management technique on the chessboard of public - sector moderni-

zation [J]. *Management Decision*, 2004, 42 (1): 69 -88.

[101] Scott P & Macdorald R J. Local policy management needs: the federal response [J]. *Public Administration Review*, 1975, 35 (Special Issue): 786 -794.

[102] Thomas. R. Dye, *Understanding public policy*, Englewood Cliffs, N. J. : Prentice Hall, 1992.

[103] Teece D J. , Pisan G. The dynamic capability of firms: anintroduction [J]. *Industrial & Corporate Change*, 1994, 3 (3): 537 -556.

[104] Tuna Baskoy, Bryan Evans, John Shields. Assessing policy capacity in Canada's public services: perspectives of deputy and assistant deputy ministers [J]. *CanadianPublic Administration*, 2011, 54 (2): 217 -234.

[105] Van Buren. Organizational social capital and employment practices [J]. *The academy of management review*, 1999, 24 (3): 538 -555.

[106] Wright J. W. Building the capacities of municipal governments [J]. *Public Administration Review*, 1975, 35 (Special Issue): 748 -754.

[107] Winter S G. Understanding dynamic capabilities [J]. *Strategic Management Journal*, 2003, 24 (10): 991 -995.

[108] Wernerfelt, B. A resource - based view of the firm [J]. *Strategic Management Journal*, 1984, 5 (2): 171.

[109] Zollo M, Winter S G. Deliberate learning and the evolution of dynamic capabilities [J]. *Organization Science*, 2002, 13: 339 -351.